军工产品研制管理丛书

军工产品研制
技术文件编写指南

梅文华　罗乖林　黄宏诚　杨蕊琴　编

国防工业出版社

·北京·

内 容 简 介

本书全面系统地阐述了军工产品研制过程中形成的文字类技术文件，包括一般过程文件、软件文档、工艺文件、标准化文件、质量文件、风险管理文件、可靠性文件、维修性文件、测试性文件、保障性文件、安全性文件、环境适应性文件、电磁兼容性文件、人机工程文件、项目成果文件等技术文件的用途、编制时机、编制依据和目次格式，并阐述了技术文件的管理规定和编写规则，是指导军工产品研制过程中编写相关技术文件的一本实用工具书，对规范技术文件内容、提高技术文件质量、完善设计开发过程，具有重要的应用价值。

本书可供从事军工产品论证验证人员、研制生产人员、型号管理人员参考使用。

图书在版编目(CIP)数据

军工产品研制技术文件编写指南 / 梅文华等编.
—北京：国防工业出版社，2022.6重印
（军工产品研制管理丛书）
ISBN 978－7－118－07123－8

Ⅰ.①军… Ⅱ.①梅… Ⅲ.①国防工业－工业产品－研制－文件－编制－指南
Ⅳ.①F407.486.3－62

中国版本图书馆 CIP 数据核字（2010）第 193101 号

※

*国防工业出版社*出版发行
（北京市海淀区紫竹院南路 23 号　邮政编码 100048）
三河市腾飞印务有限公司印刷
新华书店经售

*

开本 710×1000　1/16　印张 21½　字数 376 千字
2022 年 6 月第 1 版第 5 次印刷　印数 9001—11000 册　定价 98.00 元

（本书如有印装错误，我社负责调换）

国防书店：(010)88540777　　　发行邮购：(010)88540776
发行传真：(010)88540755　　　发行业务：(010)88540717

序　言

60 年来，我国武器装备的研制，走过了一个由仿制、合作到自主创新，由"有什么武器打什么仗"到"打什么仗研制什么武器"的发展历程。我国武器装备也开始进入了一个跨越式发展阶段，大量新型武器装备陆续问世。

随着国民经济和科学技术的快速发展，武器装备的科技含量越来越高，武器装备系统也越来越复杂。军工产品设计、生产、管理的每一个环节都关系到产品的性能和质量。提高装备质量，规范武器装备研制过程，是从事军工产品论证、研制、试验和管理的人员面临的一个重大课题。为此陆续颁发了相关的国家军用标准，对规范军工产品研制过程，提高军工产品技术质量，起到了重要的推动作用。

在军工产品研制过程中，国防工业部门贯彻执行有关军工产品研制的国家军用标准，积累了一定的经验，但是，由于各个单位重视程度不同、理解上存在差异，加上研发人员不断更替，这些国家军用标准的执行情况并不尽如人意，造成有些军工产品在定型时仍然存在各种各样的问题。

为了更好地规范军工产品研制过程，提高军工产品技术质量，空军装备部组织一批长期从事军工产品研制和管理的专家学者，在总结工作经验和教训的基础上，依据国家标准、国家军用标准和有关文件规定，编写了《军工产品研制管理丛书》。

《军工产品研制管理丛书》的编写目标是作为指导军工产品研制与管理的一套实用参考书，力求全面系统，深入浅出，并给出了典型的范例。本丛书实用性强，各册既具有相对独立性，可独立使用，又具有一定的联系，可结合起来阅读。希望丛书的出版发行，能对规范研制过程，降低研制风险，提高研制质量，促进人才成长，作出一些贡献。

中国工程院院士

2010 年 10 月 15 日

前　言

　　军事装备的跨越式发展，对军工产品的技术和质量提出了更高的要求。为了规范军工产品研制过程，提高军工产品技术质量，空军装备部组织编写了《军工产品研制管理丛书》。

　　本书是《军工产品研制技术文件编写指南》。作者根据长期从事军工产品研制和技术管理工作经验，依据国家标准、国家军用标准和有关文件规定，全面系统地阐述了军工产品研制过程中形成的文字类技术文件，包括一般过程文件、软件文档、工艺文件、标准化文件、质量文件、风险管理文件、可靠性文件、维修性文件、测试性文件、保障性文件、安全性文件、环境适应性文件、电磁兼容性文件、人机工程文件、项目成果文件等技术文件的用途、编制时机、编制依据和目次格式，并阐述了技术文件的管理规定和编写规则，是指导军工产品研制过程中编写相关技术文件的一本实用工具书，对规范技术文件内容、提高技术文件质量、完善设计开发过程，具有重要的应用价值。

　　本书由梅文华、罗乖林、黄宏诚、杨蕊琴编写，由梅文华统稿。

　　本书作者感谢海军装备部、空军装备部、空军装备研究院领导的支持。感谢王越院士、王小谟院士的指导。感谢总参 61 所，总装备部论证研究中心，空军装备研究院航空装备研究所，中航工业 301 所、601 所、607 所、611 所、628 所、631 所，中国电子科技集团公司 10 所、28 所，国营 712 厂等单位领导和专家的帮助。在本书编写过程中，张令波、贾志波、王永胜、刘晓东、李冬炜、徐凤金、葛莉、董欧、李红军、黄勃等同志给予了支持帮助，陈国华、孙超英、侯建、全力民、吕俊启、董蕙茹、徐兵、杜振华、陈强、张金华、祝耀昌、黄永葵、潘华、程丛高、王欣、王光芦、曾相戈、吕娟、张宝珍、代为群、王海峰、胡权、邓明春、许平、卢建川、王涛、肖鹏、赵明、王利泉等同志提出了许多宝贵的意见和建议，在此一并表示衷心感谢。

　　本书适用于从事军工产品论证验证人员、研制生产人员、型号管理人员参考使用。

　　作者期望本书的出版能够抛砖引玉，为广大读者提供有益的参考。由于作者水平所限，缺点和不足在所难免，欢迎批评指正。修改意见和建议烦请寄至 wenhuamei@sina.com。

编　者

2010 年 9 月 15 日

目 录

第1章 技术文件概述 ·· 1
1.1 定义与分类 ·· 1
1.2 系统工程管理 ··· 2
1.3 研制阶段的技术文件 ·· 3
1.4 定型文件 ·· 22
1.4.1 定型文件的分类 ·· 22
1.4.2 定型文件的格式 ·· 23
1.4.3 定型文件的整理 ·· 24
1.4.4 定型文件的上报 ·· 24
1.4.5 定型文件的使用 ·· 27
1.4.6 定型文件的修改 ·· 27
1.5 技术文件管理 ·· 27
1.5.1 技术文件的分类代码 ·· 27
1.5.2 技术文件的版本标识 ·· 28
1.5.3 技术文件的版本管理 ·· 29
1.6 特点 ·· 31
1.6.1 技术性 ·· 31
1.6.2 专业性 ·· 31
1.6.3 实用性 ·· 31
1.6.4 规范性 ·· 32
1.6.5 可读性 ·· 32
1.6.6 保密性 ·· 32
1.7 编写要求 ·· 32
1.7.1 完整 ··· 32
1.7.2 准确 ··· 33
1.7.3 协调 ··· 33
1.7.4 规范 ··· 33

第 2 章　技术文件编写规则 … 34
2.1　语言文字 … 34
2.1.1　规范要求 … 34
2.1.2　常见错误 … 34
2.2　名词术语、人名、地名、机构名称 … 35
2.2.1　规范要求 … 35
2.2.2　常见错误 … 36
2.3　量和计量单位 … 36
2.3.1　规范要求 … 36
2.3.2　常见错误 … 39
2.4　公式 … 40
2.4.1　规范要求 … 40
2.4.2　常见错误 … 41
2.5　插图 … 41
2.5.1　规范要求 … 41
2.5.2　常见错误 … 43
2.6　表格 … 43
2.6.1　规范要求 … 43
2.6.2　常见错误 … 46
2.7　数字用法及数值范围 … 47
2.7.1　规范要求 … 47
2.7.2　常见错误 … 48
2.8　标点符号 … 48
2.8.1　规范要求 … 48
2.8.2　常见错误 … 50
2.9　外文字体 … 50
2.9.1　规范要求 … 50
2.9.2　常见错误 … 53
2.10　注释和附录 … 54
2.10.1　规范要求 … 54
2.10.2　常见错误 … 54
2.11　符号、代号和缩略语 … 54
2.11.1　规范要求 … 54
2.11.2　常见错误 … 55

2.12　引用文件 ……………………………………………………… 55
　　　　2.12.1　规范要求 …………………………………………………… 55
　　　　2.12.2　常见错误 …………………………………………………… 56
　　2.13　参考文献 ……………………………………………………… 56
　　　　2.13.1　规范要求 …………………………………………………… 56
　　　　2.13.2　常见错误 …………………………………………………… 59

第3章　技术文件目次格式 ………………………………………… 60
　　3.1　一般过程文件 …………………………………………………… 60
　　　　3.1.1　研制立项综合论证报告 …………………………………… 60
　　　　3.1.2　招标书 ……………………………………………………… 61
　　　　3.1.3　投标书 ……………………………………………………… 62
　　　　3.1.4　可行性论证报告 …………………………………………… 63
　　　　3.1.5　生产性分析报告（论证阶段） ……………………………… 64
　　　　3.1.6　研制总要求 ………………………………………………… 65
　　　　3.1.7　研制总要求论证工作报告 ………………………………… 66
　　　　3.1.8　工作分解结构 ……………………………………………… 66
　　　　3.1.9　研制合同 …………………………………………………… 67
　　　　3.1.10　工作说明 ………………………………………………… 68
　　　　3.1.11　技术规范 ………………………………………………… 69
　　　　3.1.12　系统规范（A类规范） …………………………………… 70
　　　　3.1.13　研制规范（B类规范） …………………………………… 72
　　　　3.1.14　研制计划 ………………………………………………… 75
　　　　3.1.15　生产性分析报告（方案阶段） …………………………… 76
　　　　3.1.16　研制方案 ………………………………………………… 77
　　　　3.1.17　技术状态管理计划 ……………………………………… 78
　　　　3.1.18　接口控制文件 …………………………………………… 80
　　　　3.1.19　试验与评定总计划 ……………………………………… 81
　　　　3.1.20　研制任务书 ……………………………………………… 83
　　　　3.1.21　详细设计 ………………………………………………… 83
　　　　3.1.22　设计计算报告 …………………………………………… 84
　　　　3.1.23　特性分析报告 …………………………………………… 85
　　　　3.1.24　生产性分析报告（工程研制阶段） ……………………… 86
　　　　3.1.25　研制试验大纲 …………………………………………… 87
　　　　3.1.26　研制试验报告 …………………………………………… 87

- 3.1.27 验收测试规范 ……………………………… 88
- 3.1.28 验收测试程序 ……………………………… 89
- 3.1.29 产品规范（C类规范） ……………………… 90
- 3.1.30 技术说明书 ………………………………… 93
- 3.1.31 使用维护说明书 …………………………… 94
- 3.1.32 改装方案 …………………………………… 95
- 3.1.33 设计定型试验申请报告 …………………… 98
- 3.1.34 设计定型试验大纲 ………………………… 98
- 3.1.35 设计定型试验大纲（部队试验） …………… 99
- 3.1.36 设计定型试验大纲编制说明 ……………… 100
- 3.1.37 设计定型试验报告 ………………………… 101
- 3.1.38 设计定型试验报告（部队试验） …………… 101
- 3.1.39 重大技术问题的技术攻关报告 …………… 103
- 3.1.40 质量问题报告 ……………………………… 103
- 3.1.41 价值工程和成本分析报告 ………………… 104
- 3.1.42 生产性分析报告（设计定型阶段） ………… 105
- 3.1.43 改装总结 …………………………………… 106
- 3.1.44 研制总结（设计定型用） …………………… 108
- 3.1.45 设计定型录像片解说词 …………………… 109
- 3.1.46 总体单位对设计定型的意见 ……………… 110
- 3.1.47 军事代表机构对设计定型的意见 ………… 110
- 3.1.48 设计定型申请报告 ………………………… 111
- 3.1.49 设计定型审查意见书 ……………………… 111
- 3.1.50 部队试用申请报告 ………………………… 113
- 3.1.51 部队试用大纲 ……………………………… 113
- 3.1.52 部队试用大纲编制说明 …………………… 115
- 3.1.53 部队试用报告 ……………………………… 115
- 3.1.54 技术状态更改建议 ………………………… 117
- 3.1.55 偏离（超差）申请 …………………………… 118
- 3.1.56 技术通报 …………………………………… 118
- 3.1.57 生产定型试验申请报告 …………………… 119
- 3.1.58 生产定型试验大纲 ………………………… 120
- 3.1.59 生产定型试验报告 ………………………… 121
- 3.1.60 价值工程分析和成本核算报告 …………… 122

3.1.61　生产性分析报告(生产定型阶段) ················ 123
　　3.1.62　试生产总结 ···································· 124
　　3.1.63　生产定型录像片解说词 ·························· 124
　　3.1.64　军事代表机构对生产定型的意见 ·················· 125
　　3.1.65　生产定型申请报告 ······························ 125
　　3.1.66　生产定型审查意见书 ···························· 126
3.2　软件文档 ·· 127
　　3.2.1　运行方案说明 ·································· 127
　　3.2.2　系统/子系统规格说明 ··························· 129
　　3.2.3　接口需求规格说明 ······························ 130
　　3.2.4　系统/子系统设计说明 ··························· 131
　　3.2.5　接口设计说明 ·································· 132
　　3.2.6　软件研制任务书 ································ 133
　　3.2.7　软件开发计划 ·································· 134
　　3.2.8　软件配置管理计划 ······························ 136
　　3.2.9　软件质量保证计划 ······························ 137
　　3.2.10　软件安装计划 ································· 138
　　3.2.11　软件移交计划 ································· 139
　　3.2.12　软件测试计划 ································· 140
　　3.2.13　软件需求规格说明 ····························· 141
　　3.2.14　软件设计说明 ································· 143
　　3.2.15　数据库设计说明 ······························· 144
　　3.2.16　软件测试说明 ································· 145
　　3.2.17　软件测试报告 ································· 146
　　3.2.18　软件产品规格说明 ····························· 147
　　3.2.19　软件版本说明 ································· 148
　　3.2.20　软件用户手册 ································· 149
　　3.2.21　软件输入/输出手册 ···························· 150
　　3.2.22　软件中心操作员手册 ··························· 152
　　3.2.23　计算机编程手册 ······························· 153
　　3.2.24　计算机操作手册 ······························· 154
　　3.2.25　固件保障手册 ································· 155
　　3.2.26　软件研制总结报告 ····························· 156
　　3.2.27　软件配置管理报告 ····························· 158

3.2.28 软件质量保证报告 …… 158
3.2.29 软件定型测评大纲 …… 159
3.2.30 软件定型测评报告 …… 161

3.3 工艺文件 …… 162
    3.3.1 工艺总方案 …… 162
    3.3.2 工艺规范(D类规范) …… 163
    3.3.3 材料规范(E类规范) …… 164
    3.3.4 工艺设计工作总结 …… 165
    3.3.5 工艺评审报告 …… 166
    3.3.6 工艺总结 …… 167
    3.3.7 工艺和生产条件考核报告 …… 168

3.4 标准化文件 …… 168
    3.4.1 标准化大纲 …… 168
    3.4.2 标准化工作报告 …… 170
    3.4.3 标准化审查报告 …… 170
    3.4.4 工艺标准化大纲(工艺标准化综合要求) …… 171
    3.4.5 工艺标准化工作报告 …… 172
    3.4.6 工艺标准化审查报告 …… 173

3.5 质量文件 …… 173
    3.5.1 质量保证大纲(质量计划) …… 173
    3.5.2 质量分析报告 …… 176
    3.5.3 配套产品、原材料、元器件及检测设备的质量和定点供应情况 …… 177
    3.5.4 质量管理报告 …… 177

3.6 风险管理文件 …… 179
    3.6.1 风险管理计划 …… 179
    3.6.2 风险分析报告 …… 180
    3.6.3 技术成熟度评价工作计划 …… 181
    3.6.4 关键技术元素(初始候选)清单 …… 181
    3.6.5 技术成熟度评价报告 …… 182
    3.6.6 技术成熟计划 …… 183

3.7 可靠性文件 …… 184
    3.7.1 可靠性要求 …… 184
    3.7.2 可靠性工作项目要求 …… 185

3.7.3　可靠性计划 …………………………………………… 185
　　　3.7.4　可靠性工作计划(可靠性大纲) ……………………… 186
　　　3.7.5　可靠性模型 …………………………………………… 187
　　　3.7.6　可靠性分配 …………………………………………… 188
　　　3.7.7　可靠性预计 …………………………………………… 189
　　　3.7.8　故障模式、影响及危害性分析 ……………………… 189
　　　3.7.9　故障树分析 …………………………………………… 192
　　　3.7.10　潜在通路分析 ………………………………………… 192
　　　3.7.11　电路容差分析 ………………………………………… 193
　　　3.7.12　可靠性设计准则 ……………………………………… 194
　　　3.7.13　元器件、零部件和原材料选择与控制 ……………… 195
　　　3.7.14　可靠性关键项目 ……………………………………… 195
　　　3.7.15　测试、包装、贮存、装卸、运输和维修对产品可靠性的影响 … 196
　　　3.7.16　有限元分析 …………………………………………… 197
　　　3.7.17　耐久性分析 …………………………………………… 197
　　　3.7.18　环境应力筛选 ………………………………………… 198
　　　3.7.19　可靠性增长试验大纲 ………………………………… 199
　　　3.7.20　可靠性增长试验报告 ………………………………… 200
　　　3.7.21　可靠性鉴定(验收)试验方案 ………………………… 201
　　　3.7.22　可靠性鉴定(验收)试验大纲 ………………………… 202
　　　3.7.23　可靠性鉴定(验收)试验程序 ………………………… 203
　　　3.7.24　可靠性鉴定(验收)试验报告 ………………………… 203
　　　3.7.25　可靠性鉴定(验收)试验总结 ………………………… 204
　　　3.7.26　可靠性分析评价 ……………………………………… 205
　　　3.7.27　使用期间可靠性信息收集计划 ……………………… 206
　　　3.7.28　使用期间可靠性信息分类与编码 …………………… 206
　　　3.7.29　使用期间可靠性评估计划 …………………………… 207
　　　3.7.30　使用期间可靠性评估报告 …………………………… 208
　　　3.7.31　使用期间可靠性改进计划 …………………………… 208
　　　3.7.32　使用期间可靠性改进项目报告 ……………………… 209
　3.8　维修性文件 …………………………………………………… 210
　　　3.8.1　维修性要求 …………………………………………… 210
　　　3.8.2　维修性工作项目要求 ………………………………… 211
　　　3.8.3　维修性计划 …………………………………………… 211

3.8.4　维修性工作计划 ·· 212
　　　3.8.5　维修性模型 ·· 213
　　　3.8.6　维修性分配 ·· 213
　　　3.8.7　维修性预计 ·· 214
　　　3.8.8　故障模式及影响分析——维修性信息 ·· 215
　　　3.8.9　维修性分析 ·· 216
　　　3.8.10　抢修性分析 ··· 216
　　　3.8.11　维修性设计准则 ·· 217
　　　3.8.12　维修保障计划和保障性分析的输入 ·· 217
　　　3.8.13　维修性核查方案 ·· 218
　　　3.8.14　维修性核查报告 ·· 219
　　　3.8.15　维修性验证计划 ·· 219
　　　3.8.16　维修性验证报告 ·· 220
　　　3.8.17　维修性分析评价方案 ·· 221
　　　3.8.18　维修性分析评价报告 ·· 222
　　　3.8.19　维修性评估报告 ·· 222
　　　3.8.20　使用期间维修性信息收集计划 ·· 223
　　　3.8.21　使用期间维修性信息分类和编码 ·· 224
　　　3.8.22　使用期间维修性评价计划 ··· 224
　　　3.8.23　使用期间维修性评价报告 ··· 225
　　　3.8.24　使用期间维修性改进计划 ··· 226
　　　3.8.25　使用期间维修性改进报告 ··· 227
　3.9　测试性文件 ·· 227
　　　3.9.1　诊断方案 ··· 227
　　　3.9.2　测试性要求 ·· 228
　　　3.9.3　测试性工作项目要求 ·· 229
　　　3.9.4　测试性计划 ·· 229
　　　3.9.5　测试性工作计划 ·· 230
　　　3.9.6　测试性模型 ·· 231
　　　3.9.7　测试性分配 ·· 231
　　　3.9.8　测试性预计 ·· 232
　　　3.9.9　故障模式、影响及危害性分析——测试性信息 ································ 233
　　　3.9.10　测试性设计准则 ·· 233
　　　3.9.11　固有测试性设计分析报告 ··· 234

    3.9.12　测试性设计准则符合性报告 ················· 235
    3.9.13　诊断能力设计 ························· 236
    3.9.14　测试要求文件 ························· 236
    3.9.15　测试性核查计划 ······················· 237
    3.9.16　测试性核查报告 ······················· 238
    3.9.17　测试性验证试验计划 ····················· 239
    3.9.18　测试性验证试验报告 ····················· 240
    3.9.19　测试性分析评价计划 ····················· 240
    3.9.20　测试性分析评价报告 ····················· 241
    3.9.21　测试性评估报告 ······················· 242
    3.9.22　使用期间测试性信息收集计划 ················· 244
    3.9.23　使用期间测试性信息分类和编码 ················ 245
    3.9.24　使用期间测试性评价计划 ··················· 245
    3.9.25　使用期间测试性评价报告 ··················· 246
    3.9.26　使用期间测试性改进方案 ··················· 247
    3.9.27　使用期间测试性改进项目报告 ················· 247
 3.10　保障性文件 ····························· 248
    3.10.1　保障性要求 ························· 248
    3.10.2　保障性工作项目要求 ····················· 249
    3.10.3　综合保障计划 ························ 249
    3.10.4　综合保障工作计划(保障性大纲) ················ 251
    3.10.5　保障性分析工作纲要 ····················· 252
    3.10.6　保障性分析计划 ······················· 252
    3.10.7　保障性分析评审程序 ····················· 253
    3.10.8　产品使用研究 ························ 254
    3.10.9　硬件、软件和保障系统标准化 ·················· 255
    3.10.10　比较分析 ·························· 255
    3.10.11　保障性改进的技术途径 ···················· 256
    3.10.12　保障性和有关保障性的设计因素 ················ 257
    3.10.13　功能要求 ·························· 258
    3.10.14　保障系统的备选方案 ····················· 258
    3.10.15　备选方案的评价和权衡分析 ·················· 259
    3.10.16　使用与维修工作分析 ····················· 260
    3.10.17　早期现场分析 ························ 261

3.10.18 停产后保障分析 ………………………………………… 262
3.10.19 保障方案 …………………………………………………… 262
3.10.20 保障计划 …………………………………………………… 263
3.10.21 保障性试验、评价与验证大纲 ………………………… 264
3.10.22 保障性试验、评价与验证报告 ………………………… 265
3.10.23 保障性评估报告 ………………………………………… 266

3.11 安全性文件 ………………………………………………………… 267
3.11.1 安全性大纲 ………………………………………………… 267
3.11.2 系统安全性工作计划 …………………………………… 268
3.11.3 系统安全性工作报告 …………………………………… 269
3.11.4 初步危险表 ………………………………………………… 270
3.11.5 初步危险分析 ……………………………………………… 270
3.11.6 分系统危险分析 …………………………………………… 271
3.11.7 系统危险分析 ……………………………………………… 272
3.11.8 使用和保障危险分析 …………………………………… 273
3.11.9 职业健康危险分析 ……………………………………… 273
3.11.10 安全性试验大纲 ………………………………………… 274
3.11.11 安全性试验报告 ………………………………………… 275
3.11.12 安全性评价报告 ………………………………………… 276
3.11.13 安全性符合有关规定的评价 ………………………… 277
3.11.14 安全性培训 ……………………………………………… 277
3.11.15 软件需求危险分析 ……………………………………… 278
3.11.16 概要设计危险分析 ……………………………………… 279
3.11.17 详细设计危险分析 ……………………………………… 279
3.11.18 软件编程危险分析 ……………………………………… 280
3.11.19 软件安全性测试 ………………………………………… 281
3.11.20 软件与用户接口危险分析 …………………………… 282
3.11.21 软件更改危险分析 ……………………………………… 282

3.12 环境适应性文件 …………………………………………………… 283
3.12.1 环境工程工作计划 ……………………………………… 283
3.12.2 寿命期环境剖面 ………………………………………… 284
3.12.3 使用环境文件 …………………………………………… 284
3.12.4 环境适应性要求 ………………………………………… 285
3.12.5 环境适应性设计准则 …………………………………… 285

- 3.12.6 环境适应性设计指南 …… 286
- 3.12.7 环境适应性设计报告 …… 286
- 3.12.8 环境试验与评价总计划 …… 287
- 3.12.9 环境试验大纲 …… 288
- 3.12.10 环境鉴定试验报告 …… 289
- 3.12.11 环境鉴定试验总报告 …… 290
- 3.12.12 环境适应性评价报告 …… 290

3.13 电磁兼容性文件 …… 291
- 3.13.1 电磁环境 …… 291
- 3.13.2 电磁兼容性要求 …… 292
- 3.13.3 电磁兼容性大纲 …… 293
- 3.13.4 电磁兼容性技术组 …… 294
- 3.13.5 电磁兼容性控制计划 …… 294
- 3.13.6 电磁兼容性设计方案 …… 295
- 3.13.7 电磁兼容性预测与分析 …… 296
- 3.13.8 电磁兼容性试验计划 …… 297
- 3.13.9 电磁兼容性试验大纲 …… 298
- 3.13.10 电磁兼容性试验报告 …… 300
- 3.13.11 电磁兼容性综合评价报告 …… 302
- 3.13.12 电磁兼容性培训计划 …… 304
- 3.13.13 频率使用管理文件 …… 304

3.14 人机工程文件 …… 305
- 3.14.1 人机工程要求 …… 305
- 3.14.2 人机工程设计准则 …… 307
- 3.14.3 人机工程方案计划 …… 307
- 3.14.4 人机工程动态仿真计划 …… 308
- 3.14.5 人机工程试验计划 …… 309
- 3.14.6 人机工程系统分析报告 …… 309
- 3.14.7 关键任务分析报告 …… 310
- 3.14.8 操作者设计方法文件 …… 311
- 3.14.9 维修者设计方法文件 …… 312
- 3.14.10 人机工程试验报告 …… 313
- 3.14.11 人机工程进展报告 …… 314
- 3.14.12 人机工程评估报告 …… 314

3.15　项目成果文件…………………………………………………………………315
　　3.15.1　研制总结(成果鉴定用)………………………………………………315
　　3.15.2　科技成果鉴定证书……………………………………………………316
　　3.15.3　科技成果汇报播放文件………………………………………………317
　　3.15.4　军队科学技术奖推荐书………………………………………………318
　　3.15.5　国防科学技术奖申报书………………………………………………319
　　3.15.6　国家科学技术奖励推荐书……………………………………………320
参考文献………………………………………………………………………………322

第1章 技术文件概述

1.1 定义与分类

军工产品是指为实施和保障军事行动，拟正式装备军队的研制、仿制产品，以及改进、改型、技术革新装备的统称。列为军队主要装备研制项目的军工产品，称为一级军工产品；列为军队一般装备研制项目的军工产品和主要装备研制项目的配套设备、配套软件等军工产品，称为二级军工产品；一级、二级军工产品中有独立功能的、未列为二级的配套产品，列为三级军工产品；一级、二级、三级军工产品以外的技术简单的基础性产品，列为四级军工产品。

对于一级军工产品和二级军工产品，要进行设计定型和生产定型；对于三级（含）以下军工产品，要进行设计鉴定和生产鉴定。军工产品定型是指国家军工产品定型机构按照规定的权限和程序，对军工产品进行考核，确认其达到研制总要求和规定标准的活动；军工产品鉴定是指由定委组织或经定委授权，由总部分管有关装备的部门、军兵种装备部或承研承制单位，参照军工产品定型工作的有关规定，对军工产品组织实施试验考核，确认其达到规定的标准和要求，并办理审批手续的活动。

技术文件是产品研制生产过程中产生的包括技术、综合管理范畴的全部文件。

GJB 5882—2006《产品技术文件分类与代码》规定了产品研制生产过程中所形成的技术文件的分类原则和分类方法。技术文件可按产品研制生产阶段、文件技术内容、文件表达形式三个方面进行分类。

按研制生产阶段分类，技术文件分为：论证阶段文件、方案阶段文件、工程研制阶段（初样、试样或正样）文件、设计定型阶段文件、生产定型阶段（工艺定型）文件和批生产阶段文件。

按文件技术内容分类，技术文件分为：项目管理文件、设计文件、工艺文件、生产管理文件、标准化文件、检测文件和质量管理文件。

按文件表达形式分类，技术文件分为：图类文件、文字类文件、表类文件、程序类文件及其他类文件。

本书主要阐述文字类文件的编写。

1.2 系统工程管理

武器装备研制应以实现武器装备系统作战效能和作战适应性为主要研制目标，反复进行经费、性能和进度之间的权衡，逐步确定优化的设计方案。

武器装备研制项目的系统工程管理应遵循以下要求：

保证设计完整性 设计应完整，使所研制的武器装备系统能够及时地投入使用或执行某种作战使命。所设计的系统除主装备外，还应包括支持主装备作战的其他保障要素（保障设备、设施、人员、备件等），并使二者相匹配。

开展系统工程过程工作 应进行顶层设计，随着研制工作的深入，自上而下（由系统级到分系统级、设备级）逐级分配要求，逐级进行各种分析、权衡研究、系统综合，产生各种类型的研制项目（型号）专用规范，作为研制工作的具体技术依据。

保证接口设计的兼容性 应制定武器装备系统内部和系统之间的接口控制要求（这些要求可在研制项目专用规范的适当章条中规定，亦可通过专门的接口控制文件或图样来规定），进行接口控制，以保证接口设计的兼容性和接口修改信息及时有效的传输。

贯彻"三化"原则 设计应贯彻通用化、系列化、组合化（模块化）原则，最大限度地采用成熟的技术和现有的项目来满足装备的研制要求。

开展工程专门综合工作 应将可靠性、维修性、测试性、保障性、安全性、电磁兼容性、运输性、人机工程等要求及时而恰当地综合到武器装备的设计中。

开展工艺设计 应及早开展工艺设计，拟定工艺总方案等工艺文件，并按 GJB 1269A—2000《工艺评审》进行工艺评审，保证工艺设计的正确性、可行性、先进性、经济性和可检验性。

实施技术状态管理 应按照 GJB 3206A—2010《技术状态管理》的要求，实施技术状态管理。

保证研制质量 应按照《武器装备质量管理条例》和 GJB 9001B—2009《质量管理体系要求》，进行武器装备研制的质量管理。

控制研制风险 应按照 GJB 2993—1997《武器装备研制项目管理》附录 A 的风险管理要求和 GJB 5852—2006《装备研制风险分析要求》，进行研制风险分析和控制，降低研制风险。

技术资料应完备 技术资料应完备，并具有可追溯性。

规范软件的开发 计算机软件应作为武器装备系统的一个重要组成部分，

按GJB 2786A—2009《军用软件开发通用要求》予以开发管理，按GJB 438B—2009《军用软件开发文档通用要求》编制技术文件。

使用方、承制方应明确项目的管理机构，代表使用部门和研制部门对武器装备研制项目进行归口管理。研制项目管理机构应包括熟悉工程技术、经费管理、进度安排、技术状态管理、合同管理、综合保障、试验和质量保证等方面工作的人员。

承制方还应根据《武器装备研制设计师系统和行政指挥系统工作条例》，建立研制项目的设计师系统和行政指挥系统，负责完成国家指令性计划并履行研制合同。

1.3 研制阶段的技术文件

按照GJB 2993—1997《武器装备研制项目管理》，武器装备研制阶段划分如下：

常规武器装备研制项目一般划分为论证阶段、方案阶段、工程研制阶段、设计定型阶段和生产定型阶段；

战略武器装备研制项目一般划分为论证阶段、方案阶段、工程研制阶段和定型阶段；

人造卫星研制项目一般划分为论证阶段、方案阶段、初样研制阶段、正样研制阶段和使用改进阶段。

下面以常规武器装备研制项目为例，阐述各个研制阶段的管理和形成的技术文件。

1. 论证阶段

论证阶段的主要任务是通过论证和必要的试验，初步确定战术技术指标、总体技术方案以及初步的研制经费、研制周期和保障条件，编制武器系统研制总要求。

论证工作由使用方组织进行，使用方应根据武器装备研制中长期计划和武器装备的主要作战使用性能提出初步的战术技术指标以及经费、进度的控制指标，并据此邀请一个或数个持有武器装备许可证的单位进行多方案论证。

承研承制单位应根据使用方的要求，组织进行技术、经济可行性研究及必要的验证试验，向使用方提出可达到的战术技术指标和初步总体技术方案以及对研制经费、保障条件、研制周期预测的《可行性论证报告》。

使用方会同研制主管部门对各总体技术方案进行评审，对技术、经费、周期、保障条件等因素综合权衡后，选出或优化组合一个最佳方案并选定武器装备研制的单位进行风险评估。应根据经论证的战术技术指标和初步总体技术方案，编制《研制总要求》和《研制总要求论证工作报告》。

论证工作结束时，使用方应会同研制主管部门将《研制总要求》(附《研制总要求论证工作报告》)按相关程序报国家有关部门进行审查。审查通过后，批准下达《研制总要求》作为后续阶段研制工作的基本依据。

2. 方案阶段

方案阶段的主要任务是根据经批准的《研制总要求》，开展武器系统研制方案的论证、验证，形成《研制任务书》。

方案论证、验证工作由承制方组织实施。承制方应按照《武器装备研制设计师系统和行政指挥系统工作条例》的要求，在方案阶段早期建立武器装备研制设计师系统和行政指挥系统，具体组织进行系统方案设计、关键技术攻关和新部件、分系统的试制与试验，根据装备的特点和需要进行模型样机或原理性样机的研制与试验工作。

使用方应根据已经批准的《研制总要求》按照《武器装备研制合同暂行办法实施细则》的规定，与承制方签订方案阶段的《研制合同》，通过合同的《技术规范》提出更加具体的战术技术指标要求；通过合同的《工作说明》提出更加明确的研制工作要求。

承制方应按照研制合同开展论证和验证工作，主要工作包括：

(1) 按照 GJB 2116—1994《武器装备研制项目工作分解结构》对武器装备系统进行逐级分解，形成《工作分解结构》，为确定技术状态项、进行费用估算、进度安排和风险分析提供依据；

(2) 根据主要战术技术指标、使用要求和初步的总体技术方案，按照 GJB 6387—2008《武器装备研制项目专用规范编写规定》制定《系统规范》，在《系统规范》经批准后建立功能基线；

(3) 针对主要分系统、配套设备和保障设备，确定技术状态项，按照 GJB 6387—2008《武器装备研制项目专用规范编写规定》，编制技术状态项的《研制规范》，建立分配基线；

(4) 按照 GJB 2737—1996《武器装备系统接口控制要求》制定《接口控制文件》；

(5) 制定《研制工作总计划》(含计划网络图)，提出影响总进度的关键项目和解决途径；

(6) 制定《试验与评定总计划》(含系统、分系统和单项设备的试验计划)，提出所需要的试验条件；

(7) 提出研制经费的概算及产品成本、价格的估算；

（8）制定《风险管理计划》，汇总确定新技术、新产品、新材料和新工艺项目，按照 GJB 5852—2006《装备研制风险分析要求》，对其进行定量的评估，确认风险项目，制定相应的解决措施，编写《风险分析报告》，最大限度地降低研制风险；

（9）分析研制条件，提出研制所需的重大技术改进项目、技术引进项目；

（10）选定成品的承制单位(转承制方)，签定成品研制合同；

（11）制定《综合保障计划》，按照 GJB 1371—1992《装备保障性分析》进行系统级和各保障要素级的《保障性分析》；

（12）制定《质量保证大纲》、《可靠性大纲》、《维修性大纲》、《测试性大纲》、《安全性大纲》、《标准化大纲》，开展质量、可靠性、维修性、测试性、安全性、标准化等工程工作；

（13）落实研制、协作、加工、物资、引进、技术改造、基本建设等计划；

（14）提出《试制工艺总方案》，并按照 GJB 1269A—2000《工艺评审》进行工艺评审工作；

（15）进行原理样机的设计、制造和审查；

（16）按照有关国家军用标准编制《研制任务书》。

3. 工程研制阶段

工程研制阶段的主要任务是根据经批准的《研制任务书》进行武器装备的设计、试制和试验。

使用方和承制方应以研制任务书为依据，按照《武器装备研制合同暂行办法实施细则》的规定，签定工程研制阶段和设计定型阶段合同。应将有关《研制规范》纳入合同作为研制项目的技术依据；应将明确、具体的任务要求和管理要求纳入合同工作说明作为项目的工作和管理依据。

承制方应根据研制合同要求开展设计工作，主要任务包括：

（1）完成全套试制图样，按照 GJB 6387—2008《武器装备研制项目专用规范编写规定》编写《产品规范》、《工艺规范》、《材料规范》草案，并制定其他有关的技术文件；

（2）按照 GJB 1269A—2000《工艺评审》对试制图样进行工艺评审，评审设计的可生产性；

（3）进行软件的开发测试；

（4）完成样品试验件的制造和相应技术文件的编制；

（5）制定试生产计划，确定生产所需的人力、物力并计算试制批成本；

（6）设计、组织试制生产线；

（7）完善《综合保障计划》，进行各保障项目的设计、试验和鉴定。

应按照有关国家军用标准进行关键设计审查,以确定:系统预期的性能能否达到、技术关键是否已经解决、各类风险是否确已降低到可以接受的水平,试制生产是否已做好准备。在关键设计审查通过后,方可转入试制与试验。

承制方应根据研制合同要求,开展试制和试验工作,主要任务包括：
(1) 进行试生产准备,开展工装的设计、生产、安装和调试工作；
(2) 进行零件制造、部件装配、武器装备的总装和调试；
(3) 进行各种类型的研制试验(如静力、动力、疲劳试验,各工程专门试验,系统软件测试,地面模拟试验等)；
(4) 开展武器装备的验证试验。

4. 设计定型阶段

设计定型的主要任务是对武器装备性能和使用要求进行全面考核,以确认产品是否达到《研制总要求》和《研制合同》的要求。

设计定型阶段应最终确定《产品规范》、《工艺规范》和《材料规范》的正式版本,并形成正式的全套生产图样、有关技术文件及目录。

军工产品设计定型一般按照下列工作程序进行：
(1) 申请设计定型试验；
(2) 制定设计定型试验大纲；
(3) 组织设计定型试验；
(4) 申请设计定型；
(5) 组织设计定型审查；
(6) 审批设计定型。

设计定型工作的组织实施和审批权限,应按照《军工产品定型工作规定》和GJB 1362A—2007《军工产品定型程序和要求》的规定进行,具体说明如下。

按照规定的研制程序,产品满足GJB 1362A—2007《军工产品定型程序和要求》第5.2条规定的申请设计定型试验的条件时,承研承制单位应会同军事代表机构或军队其他有关单位向二级定委提出《设计定型试验申请报告》。

二级定委经审查认为产品已符合要求后,批准转入设计定型试验阶段,并确定承试单位。不符合规定要求的,将《设计定型试验申请报告》退回申请单位并说明理由。

承试单位依据研制总要求规定的战术技术指标、作战使用要求、维修保障要求和有关试验规范,并征求总部分管有关装备的部门、军兵种装备部、研制总要求论证单位、军事代表机构或军队其他有关单位、承研承制单位的意见,拟制《设计定型试验大纲》。承试单位将附有《设计定型试验大纲编制说明》的《设计定型试验大纲》呈报二级定委,并抄送有关部门。二级定委组织对《设计定型试验大纲》进行审查,通过后批复实施。一级军工产品设计定型试验大纲批复时应报一级定委备案。

《设计定型试验大纲》内容如需变更,承试单位应征得总部分管有关装备的部门、军兵种装备部同意,并征求研制总要求论证单位、军事代表机构或军队其他有关单位、承研承制单位的意见,报二级定委审批。批复变更一级军工产品设计定型试验大纲时,应报一级定委备案。

设计定型试验包括试验基地(含总装备部授权或二级定委认可的试验场、试验中心及其他单位)试验和部队试验,由承试单位严格按照批准的《设计定型试验大纲》组织实施。试验基地试验主要考核产品是否达到研制总要求规定的战术技术指标。部队试验主要考核产品作战使用性能和部队适应性,并对编配方案、训练要求等提出建议。部队试验一般在试验基地试验合格后进行。两种试验内容应避免重复。当试验基地不具备试验条件时,经一级定委批准,试验基地试验内容应在部队试验中进行。

在设计定型试验过程中出现下列情形之一时,承试单位应中断试验并及时报告二级定委,同时通知有关单位:

(1) 出现安全、保密事故征兆;
(2) 试验结果已判定关键战术技术指标达不到要求;
(3) 出现影响性能和使用的重大技术问题;
(4) 出现短期内难以排除的故障。

承研承制单位对试验中暴露的问题采取改进措施,经试验验证和军事代表机构或军队其他有关单位确认问题已经解决,承研承制单位提交《重大技术问题的技术攻关报告》,军事代表机构提交《质量问题报告》,承试单位向二级定委提出恢复试验或重新试验的申请,经批准后,由原承试单位实施试验。

承试单位做好试验的原始记录,包括文字数据记录、电子数据记录和图像音频记录等,并及时对原始记录进行整理,建立档案,妥善保管,以备查用。承试单位应向承研承制单位和使用部队提供相关试验数据。

试验结束后,承试单位应在30个工作日内完成《设计定型试验报告》,上报二级定委,并抄送总部分管有关装备的部门、军兵种装备部、研制总要求论证单位、军事代表机构或军队其他有关单位、承研承制单位等有关单位。一级军工产品设计定型试验报告,应同时报一级定委。

产品通过设计定型试验且符合规定的标准和要求时,承研承制单位进行全面总结,形成《质量分析报告》、《可靠性分析评价》、《维修性评估报告》、《测试性评估报告》、《保障性评估报告》、《安全性评价报告》、《标准化审查报告》、《价值工程和成本分析报告》以及《研制总结》。在整个研制过程中,军事代表机构对产品研制过程进行质量监督,对产品能否设计定型提出《军事代表机构对设计定型的意见》。

承研承制单位会同军事代表机构或军队其他有关单位向二级定委提出《设计定型申请报告》。承研承制单位与军事代表机构或军队其他有关单位意见不统一时,经二级定委同意,承研承制单位可以单独提出《设计定型申请报告》,军事代表机构或军队其他有关单位应提出《军事代表机构对设计定型的意见》。

必要时,在设计定型审查之前,二级定委可以派出设计定型工作检查组,检查设计定型工作准备情况、研制和试验过程中出现问题的解决措施落实情况,协调设计定型工作的有关问题。

产品设计定型审查由二级定委组织,通常采取派出设计定型审查组以调查、抽查、审查等方式进行。审查组由定委成员单位、相关部队、承试单位、研制总要求论证单位、承研承制单位(含其上级集团公司)、军事代表机构或军队其他有关单位的专家和代表,以及本行业和相关领域的专家组成。审查组组长由二级定委指定,一般由军方专家担任。

产品设计定型应符合下列标准和要求:

(1) 达到批准的研制总要求和规定的标准;

(2) 符合全军装备体制、装备技术体制和通用化、系列化、组合化的要求;

(3) 设计图样(含软件源程序)和相关的文件资料完整、准确,软件文档符合GJB 438B—2009《军用软件开发文档通用要求》的规定;

(4) 产品配套齐全,能独立考核的配套设备、部件、器件、原材料、软件已完成逐级考核,关键工艺已通过考核;

(5) 配套产品质量可靠,并有稳定的供货来源;

(6) 承研承制单位具备国家认可的装备科研、生产资格。

审查组按照产品设计定型标准和要求进行审查,讨论并通过《设计定型审查意见书》,审查组全体成员签署。审查组成员有不同意见时,可以书面形式附在《设计定型审查意见书》的审查结论意见之后。

对于一级军工产品,二级定委根据《设计定型审查意见书》,审议一级军工产品设计定型有关事宜,符合设计定型标准和要求的,向一级定委呈报批准设计定型的请示;不符合设计定型标准和要求的,提出处理意见,连同原提交的军工产品设计定型申请文件一并退回申请单位。一级定委专家咨询委员会对二级定委报送的《军工产品设计定型请示》进行审核,审核后向一级定委提出设计定型咨询意见。专家咨询委员会可参加二级定委组织的试验大纲评审、试验试用、定型审查等活动。一级定委对符合规定标准和要求的产品,按照规定的权限批准设计定型或报国务院、中央军委审批,下发批复;对不符合规定标准和要求的产品,提出处理意见,连同原报送的有关文件一并退回二级定委。产品批准设计定型后,由一级定委颁发产品设计定型证书,由二级定委对有关设计定型文件加盖设计定型专用章。

对于二级军工产品,二级定委根据《设计定型审查意见书》,对二级军工产品设计定型进行审议并作出是否批准设计定型的决定,下发批复。产品批准设计定型后,由二级定委颁发产品设计定型证书,并对有关设计定型文件加盖设计定型专用章。

5. 生产定型阶段

生产定型的主要任务是对产品批量生产条件和质量稳定情况进行全面考核,以确认产品是否达到批量生产的标准。

需要生产定型的军工产品,在完成设计定型并经小批量试生产后、正式批量生产之前,进行生产定型。生产定型的条件和时间,由定委在批准设计定型时明确。

军工产品生产定型一般按照下列工作程序进行:
(1) 组织工艺和生产条件考核;
(2) 申请部队试用;
(3) 制定部队试用大纲;
(4) 组织部队试用;
(5) 申请生产定型试验;
(6) 制定生产定型试验大纲;
(7) 组织生产定型试验;
(8) 申请生产定型;
(9) 组织生产定型审查;
(10) 审批生产定型。

生产定型工作的组织实施和审批权限,应按照《军工产品定型工作规定》和GJB 1362A—2007《军工产品定型程序和要求》的规定进行,具体说明如下:

总部分管有关装备的部门、军兵种装备部会同国务院有关部门和有关单位,按照生产定型的标准和要求,对承研承制单位的工艺和生产条件组织考核,并向二级定委提交《工艺和生产条件考核报告》。

产品工艺和生产条件基本稳定、满足批量生产条件时,承研承制单位应会同军事代表机构或军队其他有关单位向二级定委提出《部队试用申请报告》。二级定委经审查认为已符合要求的,批准转入部队试用阶段,并与有关部门协商确定试用部队。不符合规定要求的,将《部队试用申请报告》退回申请单位并说明理由。

试用部队根据装备部队试用年度计划,结合部队训练、装备管理和维修工作的实际拟制《部队试用大纲》,并征求有关部门、研制总要求论证单位、承研承制单位、军事代表机构或军队其他有关单位等单位的意见,报二级定委审查批准后实施。必要时,也可以由二级定委指定部队试用大纲拟制单位。

部队试用大纲内容如需变更,试用部队应征得有关部门同意,并征求研制总要求论证单位、承研承制单位、军事代表机构或军队其他有关单位等单位的意见,报二级定委审批。批复变更一级军工产品部队试用大纲时,应报一级定委备案。

试用部队在试用结束后 30 个工作日内完成《部队试用报告》,报二级定委,并抄送有关部门、研制总要求论证单位、军事代表机构或军队其他有关单位、承研承制单位等有关单位。其中,一级军工产品的部队试用报告同时报一级定委备案。

对于批量生产工艺与设计定型试验样品工艺有较大变化,并可能影响产品主要战术技术指标的,应进行生产定型试验;对于产品在部队试用中暴露出影响使用的技术、质量问题的,经改进后应进行生产定型试验。承研承制单位会同军事代表机构或军队其他有关单位向二级定委以书面形式提出《生产定型试验申请报告》。承试单位按照与《设计定型试验大纲》类似的程序拟制和上报《生产定型试验大纲》。生产定型试验通常在原设计定型试验单位进行,必要时也可以在二级定委指定的其他试验单位进行。承试单位在试验结束 30 个工作日内出具《生产定型试验报告》。

产品通过工艺和生产条件考核、部队试用、生产定型试验后,承研承制单位认为已达到生产定型的标准和要求时,进行全面总结,形成《质量管理报告》、《可靠性评估报告》、《维修性评估报告》、《测试性评估报告》、《保障性评估报告》、《安全性评价报告》、《工艺标准化审查报告》、《价值工程分析和成本核算报告》以及《试生产总结》。在整个研制过程中,军事代表机构对产品生产过程进行质量监督,形成《军事代表机构质量监督报告》,并对产品能否生产定型提出《军事代表机构对生产定型的意见》。承研承制单位会同军事代表机构或军队其他有关单位向二级定委提出《生产定型申请报告》,并抄送有关单位。

生产定型审查应成立生产定型审查组。审查组成员由有关领域的专家和定委成员单位、试用部队、承试单位、研制总要求论证单位、承研承制单位(含其上级集团公司)、军事代表机构或军队其他有关单位的专家和代表组成。审查组组长由二级定委指定,一般由军方专家担任。

产品生产定型应符合下列标准和要求:

（1）具备成套批量生产条件,工艺、工装、设备、检测工具和仪器等齐全,符合批量生产的要求,产品质量稳定;

（2）经工艺和生产条件考核、部队试用、生产定型试验,未发现重大质量问题,出现的质量问题已得到解决,相关技术资料已修改完善,产品性能符合批准设计定型时的要求和部队作战使用要求;

（3）生产和验收的技术文件和图样齐全,符合生产定型要求;

（4）配套设备和零部件、元器件、原材料、软件等质量可靠,并有稳定的供货来源;

（5）承研承制单位具备有效的质量管理体系和国家认可的装备生产资格。

审查组按照产品生产定型标准和要求进行审查,讨论并通过《生产定型审查意见书》,审查组全体成员签署。审查组成员有不同意见时,可以书面形式附在《生产定型审查意见书》的审查结论意见之后。

生产定型审批参照设计定型审批程序进行。

需要说明的是,对于三级和三级以下军工产品,以及一级和二级军工产品的设计改进,不进行设计定型,只进行设计鉴定,则其研制阶段一般划分为论证阶段、方案阶段、工程研制阶段、设计鉴定阶段和生产鉴定阶段。本书中所述的技术文件绝大部分也适用于设计鉴定和生产鉴定,只是在技术文件名称上进行相应调整,审批机关也相应调整为军兵种科研主管机关(一般为军兵种装备部)。

在产品研制阶段形成的主要文字类文件见表1.1。

表1.1中,责任单位栏目中的编号是指:①订购方,②承研承制方,③军事代表机构或军队其他有关单位,④承试方,⑤试验试用和使用部队,⑥审查或评审专家组,⑦技术总体单位,⑧改装总体单位;研制阶段栏目中的√是指应当编制,△是指根据需要编制,○是指对文件进行适应性修改。

表1.1 研制阶段形成的主要文字类文件

序号	技术文件名称	研制阶段					责任单位
		论证阶段	方案阶段	工程研制阶段	设计定型阶段	生产定型阶段	
1	研制立项综合论证报告	√					①
2	招标书	√					①
3	投标书	√					②
4	可行性论证报告	√					②
5	生产性分析报告(论证阶段)	√					②

（续）

序号	技术文件名称	研制阶段					责任单位
		论证阶段	方案阶段	工程研制阶段	设计定型阶段	生产定型阶段	
6	研制总要求	√	√				①
7	研制总要求论证工作报告	√	√				①
8	工作分解结构	√	√	√	√	√	②
9	研制合同	√	√	√	√		①②③
10	工作说明	√	√	√	√	√	①②③
11	技术规范	√	√	√	√	√	①②③
12	系统规范(A类规范)		√				②
13	研制规范(B类规范)		√				②
14	研制计划		√	○	○		②
15	生产性分析报告(方案阶段)		√				②
16	研制方案		√				②
17	技术状态管理计划		√	○	○		②
18	接口控制文件		√	○	○		②
19	试验与评定总计划		√	○	○		②
20	研制任务书		√				②
21	详细设计			√			②
22	设计计算报告			√			②
23	特性分析报告			√			②
24	生产性分析报告(工程研制阶段)			√			②
25	研制试验大纲			√			②
26	研制试验报告			√			②
27	验收测试规范			√	√		②
28	验收测试程序			√	√		②
29	产品规范(C类规范)			△	√	○	②
30	技术说明书			△	√	○	②
31	使用维护说明书			△	√	○	②
32	改装方案			△	√		⑧
33	设计定型试验申请报告				√		②③

(续)

序号	技术文件名称	研制阶段					责任单位
		论证阶段	方案阶段	工程研制阶段	设计定型阶段	生产定型阶段	
34	设计定型试验大纲			△	√		④
35	设计定型试验大纲(部队试验)			△	√		④⑤
36	设计定型试验大纲编制说明			△	√		④
37	设计定型试验报告				√		④
38	设计定型试验报告(部队试验)				√		④⑤
39	重大技术问题的技术攻关报告			√	√		②
40	质量问题报告			√	√		③
41	价值工程和成本分析报告				√		②
42	生产性分析报告(设计定型阶段)				√		②
43	改装总结				√		⑧
44	研制总结(设计定型用)				√		②
45	设计定型录像片解说词				√		②
46	总体单位对设计定型的意见				√		⑦
47	军事代表机构对设计定型的意见				√		③
48	设计定型申请报告				√		②③
49	设计定型审查意见书				√		⑥
50	部队试用申请报告				√	√	②③
51	部队试用大纲				√	√	④⑤
52	部队试用大纲编制说明				√	√	④⑤
53	部队试用报告				√	√	④⑤
54	技术状态更改建议			△	√		②
55	偏离(超差)申请					√	②
56	技术通报				√		②
57	生产定型试验申请报告					√	②③
58	生产定型试验大纲					√	④②
59	生产定型试验报告					√	④
60	价值工程分析和成本核算报告					√	②
61	生产性分析报告(生产定型阶段)					√	②

13

(续)

序号	技术文件名称	论证阶段	方案阶段	工程研制阶段	设计定型阶段	生产定型阶段	责任单位
62	试生产总结					√	②
63	生产定型录像片解说词					√	②
64	军事代表机构对生产定型的意见					√	③
65	生产定型申请报告					√	②③
66	生产定型审查意见书					√	⑥
67	运行方案说明	√	√				②
68	系统/子系统规格说明		√				②
69	接口需求规格说明		√				②
70	系统/子系统设计说明		√	√			②
71	接口设计说明		√	√			②
72	软件研制任务书		√				②
73	软件开发计划		√	○	○		②
74	软件配置管理计划		√	○	○		②
75	软件质量保证计划		√	○	○		②
76	软件安装计划		√				②
77	软件移交计划			√	√		②
78	软件测试计划		√	√	√	√	②
79	软件需求规格说明		√	○	○		②
80	软件设计说明		√	√			②
81	数据库设计说明			√	√		②
82	软件测试说明			√	√		②
83	软件测试报告			√	√		②
84	软件产品规格说明			√	√	○	②
85	软件版本说明			√	√	○	②
86	软件用户手册			√	√	○	②
87	软件输入/输出手册			√	√		②
88	软件中心操作员手册			√	√	○	②
89	计算机编程手册			√	√	○	②

（续）

序号	技术文件名称	研制阶段					责任单位
		论证阶段	方案阶段	工程研制阶段	设计定型阶段	生产定型阶段	
90	计算机操作手册			√	√	○	②
91	固件保障手册			√	√	○	②
92	软件研制总结报告			△	√		②
93	软件配置管理报告				√	○	②
94	软件质量保证报告				√	○	②
95	软件定型测评大纲				√	√	④
96	软件定型测评报告				√	√	④
97	工艺总方案		√				②
98	工艺规范(D类规范)			△	√	○	②
99	材料规范(E类规范)			△	√	○	②
100	工艺设计工作总结			√	√		②
101	工艺评审报告			√	√	√	②
102	工艺总结				√	√	②
103	工艺和生产条件考核报告					√	①
104	标准化大纲		√				②
105	标准化工作报告		√	√	√	√	②
106	标准化审查报告				√	√	②
107	工艺标准化大纲(工艺标准化综合要求)			△	△	√	②
108	工艺标准化工作报告			△	△	√	②
109	工艺标准化审查报告				△	√	②
110	质量保证大纲(质量计划)		√				②
111	质量分析报告				√		②
112	配套产品、原材料、元器件及检测设备的质量和定点供应情况报告				△	√	②
113	产品质量管理报告					√	②
114	风险管理计划	√	√	○	○	○	②
115	风险分析报告	√	√	○	○	○	②

（续）

序号	技术文件名称	论证阶段	方案阶段	工程研制阶段	设计定型阶段	生产定型阶段	责任单位
116	技术成熟度评价工作计划			✓	✓		⑥②
117	关键技术元素(初始候选)清单			✓	✓		②⑥
118	技术成熟度评价报告			✓	✓		⑥
119	技术成熟计划			✓			②
120	可靠性要求	✓	✓				①
121	可靠性工作项目要求		✓				①
122	可靠性计划	✓	✓	✓	✓	✓	①
123	可靠性工作计划(可靠性大纲)	△	✓	✓	✓	✓	②
124	可靠性模型	△	✓	✓	✓	○	②
125	可靠性分配	△	✓	✓	✓	○	②
126	可靠性预计			✓	✓	○	②
127	故障模式、影响及危害性分析		✓	✓	✓	○	②
128	故障树分析			✓	✓	○	②
129	潜在通路分析			✓	✓	○	②
130	电路容差分析			✓	✓	○	②
131	可靠性设计准则			✓	✓	○	②
132	元器件、零部件和原材料选择与控制			✓	✓	✓	②
133	可靠性关键项目			✓	✓	○	②
134	测试、包装、贮存、装卸、运输和维修对产品可靠性的影响		△	✓	✓	○	②
135	有限元分析			✓	✓	○	②
136	耐久性分析			✓	✓	○	②
137	环境应力筛选			✓	✓	✓	②
138	可靠性增长试验大纲			✓			④
139	可靠性增长试验报告			✓			④
140	可靠性鉴定(验收)试验方案				✓	✓	④
141	可靠性鉴定(验收)试验大纲				✓	✓	④
142	可靠性鉴定(验收)试验程序				✓	✓	④

(续)

序号	技术文件名称	研制阶段					责任单位
		论证阶段	方案阶段	工程研制阶段	设计定型阶段	生产定型阶段	
143	可靠性鉴定(验收)试验报告				√	√	④
144	可靠性鉴定(验收)试验总结				√	√	④
145	可靠性分析评价			√	√	√	②
146	使用期间可靠性信息收集计划				△	√	②
147	使用期间可靠性信息分类和编码				△	√	②
148	使用期间可靠性评估计划				△	√	②
149	使用期间可靠性评估报告				△	√	②
150	使用期间可靠性改进计划				△	√	②
151	使用期间可靠性改进项目报告				△	√	②
152	维修性要求	√	√				①
153	维修性工作项目要求	√	√				①
154	维修性计划	√	√	√	√	√	①
155	维修性工作计划	△	√	√	√	√	②
156	维修性模型	△	△	√	○		②
157	维修性分配	△	√	√	○		②
158	维修性预计		√	√	○		②
159	故障模式及影响分析——维修性信息		△	√	○		②
160	维修性分析	△	√	√	○		②
161	抢修性分析			△	○		②
162	维修性设计准则			△	○		②
163	维修保障计划和保障性分析的输入			△	○		②
164	维修性核查方案			√	○		②
165	维修性核查报告			√	○		②
166	维修性验证计划			△	√	○	②④
167	维修性验证报告			△	√	○	②④
168	维修性分析评价方案			△	√	○	②
169	维修性分析评价报告			△	√	○	②
170	维修性评估报告				√	√	②

17

（续）

序号	技术文件名称	研制阶段					责任单位
		论证阶段	方案阶段	工程研制阶段	设计定型阶段	生产定型阶段	
171	使用期间维修性信息收集计划				△	√	②
172	使用期间维修性信息分类和编码				△	√	②
173	使用期间维修性评价计划				△	√	②
174	使用期间维修性评价报告				△	√	②
175	使用期间维修性改进计划				△	√	②
176	使用期间维修性改进报告				△	√	②
177	诊断方案	√	√				①
178	测试性要求	√	√				①
179	测试性工作项目要求	√	√				①
180	测试性计划	√	√	√	√	√	①
181	测试性工作计划	△	√	√	√	√	②
182	测试性模型	△	△	√	√	○	②
183	测试性分配		△	√	√	○	②
184	测试性预计		√	√	√	○	②
185	故障模式、影响及危害性分析——测试性信息		△	√	√	○	②
186	测试性设计准则		△	√	√	○	②
187	固有测试性设计分析报告	△	√	√	√	○	②
188	测试性设计准则符合性报告		△	√	√	○	②
189	诊断能力设计		√	√	√	○	②
190	测试要求文件			△	√	○	②
191	测试性核查计划		√	√	√	○	②
192	测试性核查报告			√	√	○	②
193	测试性验证试验计划		△	√	√	○	②④
194	测试性验证试验报告		△		√	○	②④
195	测试性分析评价计划			△	√	○	②
196	测试性分析评价报告			△	√	○	②
197	测试性评估报告				√	√	②

(续)

序号	技术文件名称	研制阶段					责任单位
		论证阶段	方案阶段	工程研制阶段	设计定型阶段	生产定型阶段	
198	使用期间测试性信息收集计划				△	√	②
199	使用期间测试性信息分类和编码				△	√	②
200	使用期间测试性评价计划				△	√	②
201	使用期间测试性评价报告				△	√	②
202	使用期间测试性改进方案				△	√	②
203	使用期间测试性改进项目报告				△	√	②
204	保障性要求	√	√				①
205	保障性工作项目要求	√	√				①
206	综合保障计划	√	√	○	○	○	①
207	综合保障工作计划(保障性大纲)	△	√	○	○	○	②
208	保障性分析工作纲要	√	√	○	○	○	②
209	保障性分析计划	√	√				②
210	保障性分析评审程序	√	√				②
211	产品使用研究	√	√				②
212	硬件、软件和保障系统标准化		√				②
213	比较分析	△	√				②
214	保障性改进的技术途径	△	√				②
215	保障性和有关保障性的设计因素	△	√				②
216	功能要求	△	√				②
217	保障系统的备选方案	△	√				②
218	备选方案的评价和权衡分析	△	√				②
219	使用与维修工作分析		√	√			②
220	早期现场分析		√	○	○		②
221	停产后保障分析		√	○	○	○	②
222	保障方案	√	√				②
223	保障计划	√	√	○	○	○	②
224	保障性试验、评价与验证大纲			△	√		④
225	保障性试验、评价与验证报告				√		④

19

(续)

序号	技术文件名称	研制阶段					责任单位
		论证阶段	方案阶段	工程研制阶段	设计定型阶段	生产定型阶段	
226	保障性评估报告				√	√	②
227	安全性大纲		√				②
228	系统安全性工作计划		√				②
229	系统安全性工作报告			√			②
230	初步危险表		√	√	○		②
231	初步危险分析		√	√	○		②
232	分系统危险分析			√	○		②
233	系统危险分析			√	○		②
234	使用和保障危险分析		√	√	○		②
235	职业健康危险分析		√	√	○		②
236	安全性试验大纲			△	√		④
237	安全性试验报告				√		④
238	安全性评价报告				√	○	②
239	安全性符合有关规定的评价				√	○	②
240	安全性培训				√	○	②
241	软件需求危险分析		√				②
242	概要设计危险分析		√				②
243	详细设计危险分析			√			②
244	软件编程危险分析			√			②
245	软件安全性测试大纲			√	√		②
246	软件安全性测试报告				√		②
247	软件与用户接口危险分析			√			②
248	软件更改危险分析			√	√		②
249	环境工程工作计划	△	√	○	○	○	②
250	寿命期环境剖面	△	√				②
251	使用环境文件	△	√	○	○	○	②
252	环境适应性要求	√	√				①
253	环境适应性设计准则		√	√			②
254	环境适应性设计指南		√	√			②
255	环境适应性设计报告			√			②
256	环境试验与评价总计划		√	√	○		②
257	环境试验大纲				△	√	④

(续)

序号	技术文件名称	研制阶段					责任单位
		论证阶段	方案阶段	工程研制阶段	设计定型阶段	生产定型阶段	
258	环境鉴定试验报告				√		④
259	环境鉴定试验总报告				√		④
260	环境适应性评价报告				√	√	②
261	电磁环境	√	√				②
262	电磁兼容性要求	√	√				①
263	电磁兼容性大纲			√			②
264	电磁兼容性技术组			√			②
265	电磁兼容性控制计划			√			②
266	电磁兼容性设计方案		√	△			②
267	电磁兼容性预测与分析			√	√	√	②
268	电磁兼容性试验计划			√	√		②
269	电磁兼容性试验大纲			√	√		④
270	电磁兼容性试验报告				√		④
271	电磁兼容性综合评价报告				√		②
272	电磁兼容性培训计划				√		②
273	频率使用管理文件			△	√		②
274	人机工程要求	√	√	○	○		①
275	人机工程设计准则	√	√				②
276	人机工程方案计划		√				②
277	人机工程动态仿真计划			√	√		②
278	人机工程试验计划			√	√		②
279	人机工程系统分析报告			√	√		②
280	关键任务分析报告			√	√		②
281	操作者设计方法文件	△	√	√			②
282	维修者设计方法文件	△	√	√			②
283	人机工程试验报告			√	√	√	②
284	人机工程进展报告		√	√	√	√	②

(续)

序号	技术文件名称	研制阶段					责任单位
		论证阶段	方案阶段	工程研制阶段	设计定型阶段	生产定型阶段	
285	人机工程评估报告				√	√	②
286	研制总结(成果鉴定用)				√		②
287	科技成果鉴定证书				√		②
288	科技成果汇报播放文件				√		②
289	军队科学技术奖推荐书				√	√	②
290	国防科技成果奖推荐书				√	√	②
291	国家科学技术奖励推荐书				√	√	②

1.4 定型文件

1.4.1 定型文件的分类

定型文件是产品定型时必须提供产品定型审查组审查的技术文件。

GJB 1362A—2007 规定,设计定型文件通常包括：

(1) 设计定型审查意见书；

(2) 设计定型申请报告；

(3) 军事代表机构或者军队其他有关单位对设计定型的意见；

(4) 设计定型试验大纲和试验报告；

(5) 产品研制总结；

(6) 研制总要求(或研制任务书)；

(7) 研制合同；

(8) 重大技术问题的技术攻关报告；

(9) 研制试验大纲和试验报告；

(10) 产品标准化大纲、标准化工作报告和标准化审查报告；

(11) 质量分析报告；

(12) 可靠性、维修性、测试性、保障性、安全性评估报告；

(13) 主要的设计和计算报告(含数学模型)；

(14) 软件(含源程序、框图及说明等)；

(15) 软件需求分析文件；

(16) 软件设计、测试、使用、管理文档；

(17) 产品全套设计图样；

(18) 价值工程和成本分析报告；

(19) 产品规范；

(20) 技术说明书、使用维护说明书、产品履历书；

(21) 各种配套表、明细表、汇总表和目录；

(22) 产品像册(片)和录像片；

(23) 二级定委要求的其他文件。

GJB 1362A—2007 规定,生产定型文件通常包括：

(1) 生产定型审查意见书；

(2) 生产定型申请报告；

(3) 产品试生产总结；

(4) 工艺和生产条件考核报告；

(5) 部队试用大纲和试用报告；

(6) 生产定型试验大纲和试验报告；

(7) 产品全套图样；

(8) 工艺标准化综合要求；

(9) 工艺、工装文件；

(10) 工艺标准化工作报告和审查报告；

(11) 软件(含源程序、框图及说明等)；

(12) 软件需求分析文件；

(13) 软件设计、测试、使用、管理文档；

(14) 可靠性、维修性、测试性、保障性、安全性评估报告；

(15) 配套产品、原材料、元器件及检测设备的质量和定点供应情况报告；

(16) 产品质量管理报告；

(17) 产品价值工程分析和成本核算报告；

(18) 产品规范；

(19) 技术说明书；

(20) 使用维护说明书；

(21) 各种配套表、明细表、汇总表和目录；

(22) 二级定委要求的其他文件。

1.4.2 定型文件的格式

1. 技术文件格式

技术文件的编写应符合以下要求：

(1) 幅面采用 A 系列规格纸张的 A4 幅面,上下边距分别为 25mm,左右边距分别为 30mm;

(2) 字号按照有关标准或行政规定执行;

(3) 封面样式如图 1.1 所示,扉页样式如图 1.2 所示。

2. 产品图样绘制

产品图样绘制应符合以下要求:

(1) 幅面、格式、代号、符号、阶段标识、填写要求等应符合有关标准;

(2) 按照有关规定进行签署;

(3) 图样为蓝图;

(4) 封面样式如图 1.1 所示,扉页样式如图 1.2 所示。

3. 产品照片和录像片

产品照片应能够反映产品全貌、主要侧视面、主要工作状态(战斗状态、行军状态)和主要组成部分,幅面为 120mm×90mm 或 240mm×180mm。

录像片的放映时间一般不超过 20min,并附有解说词文本。解说词应实事求是、简明扼要、通俗易懂,主要内容包括:产品研制生产概况,产品主要组成、用途和性能,主要试验项目和试验结果,评语等。

1.4.3　定型文件的整理

定型文件应按照以下要求整理:

(1) 技术文件和产品图样一般要分别装订;

(2) 技术文件要分类装订成册,每册要有目录,厚度不应超过 25mm;

(3) 图样应装订成册,并编张号,每册厚度不应超过 50mm;

(4) 定型文件一般采取穿线装订,产品技术说明书、使用维护说明书等也可以按照图书装订;

(5) 定型文件成册后应有硬质封面,不应用塑料和漆布面,设计定型文件的封面为天蓝色,生产定型文件的封面为紫红色;

(6) 定型文件的封面应使用产品的正式命名名称,文件中也可以沿用产品的研制代号,随产品交付的文件一律使用产品的正式命名名称。

1.4.4　定型文件的上报

产品通过定型审查后,研制单位应按照定型审查提出的意见和要求,修改、补充、完善定型文件,并按 GJB 1362A—2007《军工产品定型程序和要求》第 7.2 条的规定进行编写整理,待产品批准定型后,会同军事代表机构或军队其他有关单位上报二级定委。对于涉及产品关键技术的文件(如数学模型),由研制单位

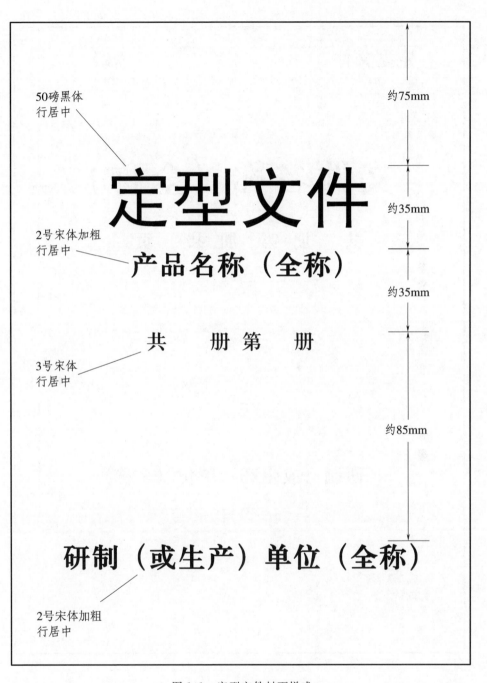

图 1.1　定型文件封面样式

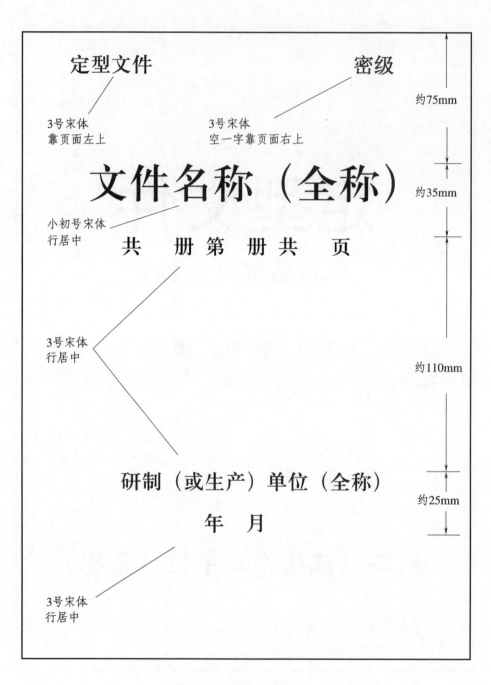

图1.2 定型文件扉页样式

和军事代表机构或军队其他有关单位共同加密保存，上报二级定委的定型文件中可只列目录。计算机软件文档上报按照《军用软件产品定型管理办法》的要求办理。

上报书面文件的同时，按照 GJB 5159—2004《军工产品定型电子文件要求》的有关规定上报定型电子文件。

二级定委、研制单位、军事代表机构或军队其他有关单位等持有的产品全套图样、底图、产品规范、各种配套表、明细表、汇总表和目录等定型文件，必须加盖定型专用章。未加盖定型专用章的技术文件不得用于产品的生产。

1.4.5 定型文件的使用

定型文件只用于产品生产和检验验收。定委保存的定型文件，作为发生重大技术质量问题时查证产品设计、制造情况的依据。持有定型文件的单位负有保守国家军事秘密、技术秘密、知识产权的责任和义务，如有违反，依照国家和军队有关法律、法规追究其责任。

1.4.6 定型文件的修改

已批准定型产品的定型文件的修改，按照下列规定办理：

（1）改变产品主要战术技术性能和关键结构的修改，由总部分管有关装备的部门、军兵种装备部审查后报二级定委审批；

（2）不改变产品主要战术技术性能和关键结构但影响其通用性、互换性的修改，由总部分管有关装备的部门、军兵种装备部审批后，报二级定委备案；

（3）凡不涉及上述两种情况的修改，由研制单位和军事代表机构或军队其他有关单位商定，并上报采购部门备案。

1.5　技术文件管理

1.5.1　技术文件的分类代码

GJB 5882—2006《产品技术文件分类与代码》规定了产品研制生产过程中所形成的技术文件的分类原则和分类方法，并规定了类型代码，适用于产品研制生产过程中技术文件的信息化管理。

按研制生产阶段划分的文件类型，其代码采用一位拉丁字母表示，见表1.2。

按文件技术内容划分的文件类型,其代码采用一位拉丁字母表示,见表1.3。

按文件表达形式划分的文件类型,其代码采用一位拉丁字母表示,见表1.4。

表1.2 按产品研制生产阶段分类的类型代码

类型		类型代码	
论证阶段文件		L	
方案阶段文件(模型阶段文件)		F(M)	
工程研制阶段文件	初样设计阶段文件	Y	C
	试样或正样设计阶段文件		S(Z)
设计(鉴定)定型阶段文件		D	
生产(工艺)定型阶段文件		P	
批生产阶段文件		N	

表1.3 按文件技术内容属性分类

类型	类型代码
项目管理文件	X
设计文件	E
工艺文件	G
生产管理文件	H
标准化文件	B
检测文件	J
质量管理文件	Q

表1.4 按文件表达形式分类

类型	类型代码
图类文件	T
文字类文件	W
表类文件	A
程序文件	I
其他文件	R

GJB 5882—2006《产品技术文件分类与代码》只规定了产品技术文件的分类类型及其代码,未对文件标识及方法做具体要求。产品研制生产单位可根据信息化管理的需求,单独或组合使用三种分类代码来描述文件的类型属性。

1.5.2 技术文件的版本标识

GJB 5881—2006《技术文件版本标识及管理要求》规定了数字化环境下的技术文件版本标识及相关管理要求,适用于产品研制、生产过程中技术文件的版本标识和管理。

1．标识号

每一次发放/换版的技术文件都应有一个对应的版本标识号。标识号为拉丁字母,应用大写,标识顺序应按照拉丁字母顺序,为防止混淆,不应单独或组合使用字母"I、O、Z",即:首次发放的技术文件的版本从 A 开始记录,第一次更改换版时用版本 B,第二次更改换版时用版本 C,依此类推。当字母表上的字母用完后,则按照顺序选用字母组合 AA、AB、AC、…、BA、BB、…、YY。

技术文件版本标识号在技术文件标识中的位置如图 1.3 所示。

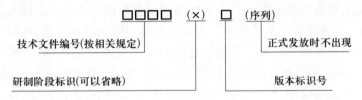

图 1.3　技术文件版本标识

2．临时更改文件

在产品研制过程中,当技术文件不进行换版,而编制临时更改来修改文件时,则该临时更改文件与原版技术文件共同构成该技术文件的有效集合。

针对某一产品技术状态,对包含临时更改文件的技术文件,进行配置形成技术文件适用状态,其标识应为技术文件适用版本与适用的临时更改文件号的组合。

3．序列

技术文件发放或换版发放之前,通过序列反映协调编辑完善的过程,可作为预发放、审批状态的技术文件标识,其标识号应采用两位自然数顺序,从 01 开始、依次增序编排。其标识位置应在技术文件标识(带版本标识)后面,用分隔符(分隔符形式根据 PDM 系统自定)分开。

1.5.3　技术文件的版本管理

1．一般要求

(1) 技术文件应实行版本管理来反映其追溯性,使用时应遵循最新版适用原则。

(2) 技术文件换版后,应保留旧版本,用于适用对象或作为追溯性文件。

(3) 技术文件的版本变化宜采用线性版本模型。

(4) 在数字化定义中,表达某一对象(如零部组件)的几何定义文件(二维图样、三维模型及其他相关信息)的版本应始终保持一致。

(5) 与某一对象(如零部组件)相关联的其他可单独管理的技术文件(如产品规范、工艺文件)版本可与几何定义文件(二维图样、三维模型及其他相关信息)版本不一致。

(6) 工程更改影响"功能、形状、配合和互换性"时,应对技术文件重新标识,编制新的技术文件。工程更改不影响"功能、形状、配合和互换性"时,相关技术文件应通过换版实施更改。

2. 版本模型

线性版本模型是根据版本产生的时间顺序依次排列的。每个版本最多只有一个父版本,且只能有一个子版本。在线性模型中每个版本只能有唯一的标识,产生的新版本自动插入链尾。模型示意图如图1.4所示,图中箭头所示为从源版本指向目标版本,F版是技术文件的当前适用版本,即F版是在A版的基础上通过设计信息的添加、修改、删除,并经过B版、C版、D版、E版而得到的最终版本。

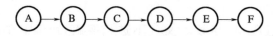

图1.4 线性版本模型

3. 版本管理

(1) 上级装配不应引用下级零部组件的具体版本,上级装配图版本变化不受下级零部组件的换版影响。

(2) 当技术文件的更改影响产品的功能、形状、配合、互换性要求时,则该技术文件应变号,成为一个新的对象。当技术文件的更改不影响产品的功能、形状、配合、互换性要求时,则采用换版本的方式更改。图1.5为一个更改的版本升级管理说明。

(3) 临时更改达到一定数量,或产品研制到了一定阶段(如鉴定、定型等)时,应通过合并临时更改文件对技术文件进行换版。

4. 版本标识的使用

在技术文件标识中,版本标识号是否出现,由技术文件应用而定,具体要求如下:

(1) 当技术文件的应用中是指某特定版本时,版本标识号应出现在技术文件的标识中;

(2) 当技术文件的应用与特定版本无关,随技术文件最新版本而变化时,版本标识号则不应出现在技术文件的标识中。

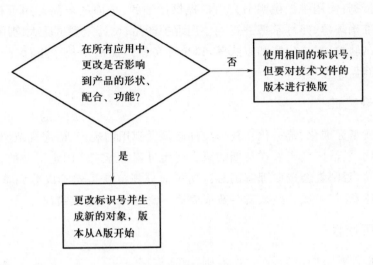

图 1.5 变号与换版逻辑流程图

1.6 特 点

1.6.1 技术性

技术性是技术文件的基本特征。产品研制生产过程涉及的方方面面，无不涉及到产品所采用的技术。技术文件是反映产品研制生产过程中各项工作的输出，并作为后续相关工作的输入。

1.6.2 专业性

各类技术文件，有着具体的专业范围，其专业性是十分明显的，主要表现在以下四个方面：①它反映的是科学技术领域里某一学科或专业范围里的科技活动及其成果；②它是由不同专业的科技工作者写作完成的；③由于所属专业和写作目的的不同，读者对象也有所不同；④技术文件主要运用文字、符号系统承担总结、记录、储存、交流、推广、传播技术信息的任务。

1.6.3 实用性

每个技术文件都有明确的实用目的，用于指导和协调产品研制工作，解决产品研制生产过程中的各种实际问题，是沟通研制方与使用方、研制者与管理者、研制者与评价者之间的技术文献。例如，研制总要求是开展工程研制和组织定型考核的依据;使用维护说明书为用户提供详细的、全面的产品使用维护信息,指导用户准确理解、熟练掌握并正确使用维护产品;设计定型试验大纲用于规范设计定型试验的项目、内容和方法等,以全面考核产品战术技术指标、作战使用要求和维修保障要求。

1.6.4 规范性

规范就是标准化、统一化。技术文件必须做到用词规范、语序规范和句子成分规范。词语、语序是人们在长期的语言使用过程中形成或固定下来的,一般不得随意改动,否则就会造成理解困难。句子成分规范就是句子成分完整才能准确地表情述意,句子成分残缺就会造成表达不清楚,以致造成错误。

1.6.5 可读性

技术文件要求层次清楚,主次有别,言而有序,概念准确。说明事物的内容结构和存在形式时合情合理,恰如其分。技术文件中语言的特点是明确、简洁、周密、规范,遣词造句不但要合乎语法规律,而且还要注意词汇的精确性、单义性、稳定性和句式的固定、单一。

1.6.6 保密性

武器装备的研制、生产、配备情况和补充、维修能力,武器装备的战术技术性能等内容,都是关系到国家军事利益的军事秘密。军事秘密分为绝密、机密、秘密三个等级。"绝密"是最重要的军事秘密,泄露会使国防和军队的安全与利益遭受特别严重的损害;"机密"是重要的军事秘密,泄露会使国防和军队的安全与利益遭受严重的损害;"秘密"是一般的军事秘密,泄露会使国防和军队的安全与利益遭受损害。

军工产品研制过程中形成的技术文件,如实反映了研制工作的进展、成败,其中也包括了新思想、新技术、新方法、新装备等内容,需要严格按照保密条例确定密级,控制知密范围,防范窃密活动,消除泄密隐患,确保军事秘密安全。

1.7 编写要求

1.7.1 完整

技术文件的完整性包括技术文件齐套性、文件结构完整性、文件内容完整性等几个方面。

产品研制过程形成的技术文件,在数量上要符合相关规定,该有的文件必须有。产品设计定型时,必须按照 GJB 1362A—2007《军工产品定型程序和要求》准备好 23 类文件;产品生产定型时,必须按照 GJB 1362A—2007 准备好 22 类文件。对于产品鉴定,可按照有关规定或参照 GJB 1362A—2007 准备技术文件。

一个技术文件,在结构上应当完整,不能缺项,该阐述的内容没有阐述,有可能造成重大损失。本书第 3 章提供的技术文件目次格式,大部分是依据《常规武器装备研制程序》《中国人民解放军装备条例》《军工产品定型工作规定》等规定和相关国家军用标准编写的,在文件结构上可为读者提供一个比较完整的格式要求。

一个技术文件,在文件内容上应当完整,提供必要的客观数据。在与本书配套的《军工产品研制技术文件编写说明》一书中,重点说明各个章节的内容如何编写。

1.7.2 准确

准确主要指用词准确,用句准确,以及定性与定量准确。技术文件是为了客观描述产品技术状态,交流产品研制信息。所以,它对事物、事理、思想信息的特征、本质及其规律必须用准确的语言表述出来,来不得丝毫的夸大、虚假,否则就会造成费解、误会,甚至出现错误或造成损失。

1.7.3 协调

协调包括各个技术文件之间的协调、技术文件内部的协调两个方面。各个技术文件之间,有关战术技术指标和使用要求的内容应保持一致,对战术技术指标和使用要求的逐级分解,应相互协调。在技术文件内部之间,前后提及的同一个客观数据应保持一致,相关数据之间应保持协调。

1.7.4 规范

一个产品的所有技术文件内,使用的语言文字,名词术语、人名、地名、机构名称,量和计量单位,公式,插图,表格,数字用法及数值范围,标点符号,外文字体,注释和附录,符号、代号和缩略语,引用文件和参考文献等都应符合规范要求。具体要求详见第 2 章。

第 2 章 技术文件编写规则

2.1 语言文字

2.1.1 规范要求

对语言文字有如下主要要求：

(1) 在技术文件中，中文应当符合现代汉语的语法规范，在用词上应使用科技名词术语及科学符号，在句式上应使用陈述句、无主语句或省主语句，在表述上应使用简练严谨的语言，在内容上应使用准确客观的描述。不宜渲染，不宜使用口头用语。

(2) 中文文字应以国家语言文字工作委员会 1986 年 10 月 10 日发布的《简化字总表》为标准。不应使用繁体字和非规范的简化汉字(包括 1977 年 12 月 20 日发表的《第二次汉字简化方案(草案)》的简化字)，杜绝错别字。

(3) 外文文字应书写准确，符合外文习惯，并根据具体用途使用外文字体、字母大小写。

(4) 章节标题行顶格；正文起段空两格。

(5) 化学式、年份、数码和其前后的附加符号(如正负号、百分符号等)，不能从中拆开另行。

2.1.2 常见错误

语言文字方面的常见错误主要有：

(1) 章节标题行不顶格；标题末出现标点符号。

(2) 正文起段不空格，或随意空格。

(3) 名词术语、机构名称、产品名称等，全称与简称随意混用，简称没有说明；"全称(以下简称××)"之后继续使用全称。

(4) 概念不清。如：不知道可靠性"最低可接受值"、"规定值"、"预计值"之间的区别。

(5) 字词用错、写错和混淆，如："的"、"地"、"得"使用不当。表 2.1 列出部分容易用错、写错和混淆的字和词。

(6) 混淆希腊文和英文的 α 与 a，β 与 B，γ 与 r，η 与 n，ρ 与 p，μ 与 u，ν 与 v，ω 与 w，χ 与 x 等，俄文和希腊文的 6 与 σ 等，数字 0 和外文字母 o，罗马数码 I 和英文字母 I。混淆俄文字母的大小写，混淆英文 C、K、O、P、S、U、V、W、X、Y、Z 等字母的大小写。

表 2.1 部分容易用错、写错和混淆的字和词

的—地	的—得	呐—纳	象—像	辐—幅
贮—储	按—安	黏—粘	覆—复	已—己
迭—叠	零—另	园—圆	作—做	定—订
采—彩	至—致	决—绝	分—份	须—需
记—纪	副—付	惟—唯	沙—砂	度—渡
恳—肯	淳—醇	即—既	候—侯	籍—藉
含—涵	练—炼	长—常	斑—瘢	善—擅
溶—融	倒—到	题—提	只—支	竿—杆
辨—辩	词—辞	跻—挤	摒—摈	意—义
躁—燥	经—径	模—摸	兰—蓝	蓝—篮
处—外	弛—驰	挡—档	拔—拨	板—扳
人—入	末—未	未—来	没—设	阴—阳
日—曰	了—3	第—笫	顶—项	使—便
搏—博	蝶—碟	弧—孤	机—几	机器
碳—炭	朴—扑	气—汽	予—预	形—型
起—启	迟—滞	脂—酯	特—持	芯—心
摩—磨	绿—缘	番—翻	画—划	温—湿
权力—权利	侦查—侦察	收集—搜集	接收—接受	通信—通讯
声速—音速	噪声—噪音	振动—震动	物质—物资	坐标—座标
分辨—分辩	暴发—爆发	激烈—剧烈	增殖—增值	学历—学力
结点—节点	贯穿—贯串	突出—凸出	调整—调正	其它—其他

2.2 名词术语、人名、地名、机构名称

2.2.1 规范要求

对名词术语、人名、地名、机构名称有如下主要要求：
(1) 科技名词术语应采用全国自然科学名词审定委员会公布的规范词，或

按国家级或部级相关标准执行。尚未规定的,可采用行业规定或通用的名词术语。

(2) 外国人名,拉丁语系和斯拉夫语系人名可统一用原名,也可统一用中译名;非拉丁语系和非斯拉夫语系人名应用中译名。若译成中文名,第一次出现时,应在译名后加圆括号写出原文。译名的译法可参照商务印书馆出版的相应语种的《×语姓名译名手册》。

外国人名(包括期刊名等)的缩写号用居下的圆点".",如:A. Einstein, A. 爱因斯坦。外国人名已译成中文,姓和名之间只用居中的间隔号"·",如艾伯特·爱因斯坦,艾·爱因斯坦。

(3) 外国地名一律按中国地图出版社最新版地图或商务印书馆最新版《外国地名译名手册》的译名翻译;生僻的地名,第一次出现时,应在译名后加圆括号附上原文。

(4) 外国机构和公司名称,一般应用中译名,一些机构的简称(如 WTO)和著名公司也可用原名(用原名时应加"公司",如 Airbus 公司)。

(5) 同一科技名词术语、人名、地名和机构名称,必须前后一致。同一术语应指称同一概念,同一概念应使用同一术语表述。每个术语应只有唯一的含义。

2.2.2　常见错误

名词术语、人名、地名、机构名称方面的常见错误主要有:

(1) 同一科技名词术语、人名、地名和机构名称,前后不一致。如:在一个技术文件中,同时出现"A/D 转换器"、"A/D 变换器"、"模/数转换器"、"模—数转换器";同时出现 A. Einstein, A. 爱因斯坦,艾·爱因斯坦;同时出现 Airbus 公司、空客公司、空中客车公司。

(2) 外国人名译成中文时,姓和名之间未用居中的间隔号"·",而是用居下的圆点"."。

2.3　量和计量单位

2.3.1　规范要求

对量和计量单位有如下主要要求:

(1) 量、计量单位及其符号和数值的表达方式,应按 GB 3100～3102—1993《量和单位》中的有关规定执行。

(2) 量的符号(特别是物理量的符号)、代号在技术文件中前后必须一致,同一符号、代号不得代表不同的意义。

(3) 计量单位应按国务院 1984 年 2 月发布的《关于在我国统一实行法定计量单位的命令》执行。

(4) 在文字叙述、公式、插图和表格中表达量值时，一律使用单位符号。

(5) 以英尺、磅和秒为基础的单位以及其他《量和单位》中不赞成使用的单位，不宜使用。如：磅(lb)应换算为千克(kg)，千克力(kgf)应换算为牛(N)，马力(hp)应换算为瓦(W)(换算时应特别注意：1 英制马力＝745.6999W，1 米制马力＝735.49875W)。

出于原始数据及换算准确度考虑，可以采取加括号方式保留原单位，如：功率为 36.775kW(50hp)。

(6) 计量单位的词头不得重叠使用，如：不能用 $1\mu\mu F$，而应使用 1pF。

(7) 复合单位之间用居中圆点隔开，不用半字线。

(8) 表示物理量的数值范围时，前后均应加单位符号。如：50mm～60mm，80kg～100kg，5s～10s，30℃～70℃等。

(9) 不能把一些英文缩写做单位使用，如 rpm，ppm。在使用时，rpm 应写成 r/min；ppm 根据具体情况应分别写成 μL/L(体积分数)、μg/g(质量分数)和 mg/L(质量浓度)。对于像 in，ft 这样一些英文缩写，某些特殊情况必须使用时，可用中文"英寸"、"英尺"表示。一般不允许以量的外文名称的缩写字母组合做量的符号，但由于某原因而使用时，应使用正体，如 MTBF。

法定计量单位见表 2.2～表 2.6。

表 2.2 国际单位制(SI)的基本单位

量的名称	单位名称	单位符号
长度	米	m
质量	千克	kg
时间	秒	s
电流	安[培]	A
热力学温度	开[尔文]	K
物质的量	摩[尔]	mol
发光强度	坎[德拉]	cd

表 2.3 国际单位制(SI)的辅助单位

量的名称	单位名称	单位符号
[平面]角	弧度	rad
立体角	球面度	sr

表2.4 国际单位制(SI)中具有专门名称的导出单位

量的名称	单位名称	单位符号	其他表示
频率	赫[兹]	Hz	s^{-1}
力;重力	牛[顿]	N	$m \cdot kg/s^2$
压力;压强;应力	帕[斯卡]	Pa	N/m^2
能量;功;热	焦[耳]	J	$N \cdot m$
功率;辐射通量	瓦[特]	W	J/s
电荷量	库[仑]	C	$A \cdot s$
电位;电压;电动势	伏[特]	V	W/A
电容	法[拉]	F	C/V
电阻	欧[姆]	Ω	V/A
电导	西[门子]	S	A/V
磁通量	韦[伯]	Wb	$V \cdot s$
磁通量密度,磁感应强度	特[斯拉]	T	Wb/m^2
电感	亨[利]	H	Wb/A
摄氏温度	摄氏度	℃	
光通量	流[明]	lm	$cd \cdot sr$
光照度	勒[克斯]	lx	lm/m^2
[放射性]活度	贝可[勒尔]	Bq	s^{-1}
吸收剂量,比释动能	戈[瑞]	Gy	J/kg
剂量当量	希[沃特]	Sv	J/kg

表2.5 国家选定的非国际单位制单位

量的名称	单位名称	单位符号	换算关系和说明
时间	分	min	1min=60s
	[小]时	h	1h=60min=3600s
	天(日)	d	1d=24h=86400s
[平面]角	[角]秒	″	1″=(π/648000)rad(π 为圆周率)
	[角]分	′	1′=60″=(π/10800)rad
	度	°	1°=60′=(π/180)rad
旋转速度	转每分	r/min	1r/min=(1/60)s^{-1}
长度	海里	n mile	1 n mile=1852m(只用于航程)
速度	节	kn	1kn=1 n mile/h=(1852/3600)m/s(只用于航行)
质量	吨	t	1t=10^3kg

(续)

量的名称	单位名称	单位符号	换算关系和说明
体积	升	L,(l)	$1L=1dm^3=10^{-3}m^3$
能	电子伏	eV	$1eV\approx1.60217733\times10^{-19}J$
级差	分贝	dB	
线密度	特[克斯]	tex	$1tex=1g/km$
面积	公顷	hm²	$1hm^2=10^4m^2$

表 2.6 用于构成十进倍数和分数单位的 SI 词头

所表示的因数	词头名称		词头符号
	英文	中文	
10^{24}	Yotta	尧[它]	Y
10^{21}	Zetta	泽[它]	Z
10^{18}	Exa	艾[可萨]	E
10^{15}	Peta	拍[它]	P
10^{12}	Tera	太[拉]	T
10^{9}	Giga	吉[咖]	G
10^{6}	Mega	兆	M
10^{3}	kilo	千	k
10^{2}	hecto	百	h
10^{1}	deca	十	da
10^{-1}	deci	分	d
10^{-2}	centi	厘	c
10^{-3}	milli	毫	m
10^{-6}	micro	微	μ
10^{-9}	nano	纳[诺]	n
10^{-12}	pico	皮[可]	p
10^{-15}	femto	飞[母托]	f
10^{-18}	atto	阿[托]	a
10^{-21}	zepto	仄[普托]	z
10^{-24}	yocto	幺[科托]	y

2.3.2 常见错误

量和计量单位的常见错误有:

（1）在同一个技术文件中,用同一符号、代号代表不同的意义,且没有详细的说明。

（2）未使用法定计量单位,如使用"公斤"(应为千克,kg)、"公里"(应为千米,km)。

（3）虽然使用了法定计量单位,但是中文符号与国际单位符号混用,全文不统一。在技术文件中,要求统一使用国际单位符号,如质量单位必须使用 kg,不使用"千克"。

（4）将单位符号的大小写写错,如 kg 两个字母应为小写,被错写成 KG、Kg、kG。

（5）将计量单位的词头写错,如:将 $\mu(10^{-6})$ 写成 u(无),将 $m(10^{-3})$ 写成 $M(10^6)$,将 $p(10^{-12})$ 写成 $P(10^{15})$,将 $z(10^{-21})$ 写成 $Z(10^{21})$。

（6）表示物理量的数值范围时,前一个数值后不加单位符号,如写为:50～60mm,80～100kg,5～10s,30～70℃ 等。

2.4 公　式

2.4.1 规范要求

对公式有如下主要要求:

（1）公式应以正确的数学形式表示,不应以量的描述性术语或名称的形式表示。

（2）正文中的公式需要编号时,应以带圆括号的阿拉伯数字从 1 开始连续编号。附录中的公式应单独编号,其编号为附录的编号加下脚点"."再加顺序号。例如:附录 A 中的公式用"(A.1)"、"(A.2)"表示;附录 B 中的公式用"(B.1)"、"(B.2)"表示。

（3）公式中需要解释的符号应按先左后右,先上后下的顺序注释在公式的下方,必要时标明计量单位的符号。注释时,空两个字用"式中:"起排,占一行。所要注释的符号另起一行空两个字起排,符号与注释之间用破折号"——"连接。每条注释均应另起一行书写,破折号上下对齐,注释内容回行时,与注释内容第一个字取齐。示例如下。

试验样品温度变化用下列公式计算:

$$\theta = D(1 - e^{t/\tau}) \tag{1}$$

式中:

　　θ——试验样品温升,K;

　　D——高温和低温变化幅度值,K;

t——试验时间，s；

τ——热时间常数，s。

（4）技术文件中的公式应另起一行居中排，较长的公式应尽可能在等号处回行，或者在"＋""－""×""÷"等符号处回行，转行时"＋""－""×""÷"符号留在上一行。公式中分数线的横线，长短要分清，主要的横线应与等号取平。公式的编号右端对齐。

2.4.2 常见错误

公式方面的常见错误主要有：

（1）用法错误：①公式没有使用正确的数学形式表示，出现中文文字，以量的描述性术语或名称的形式表示；②数学符号、物理量符号和化学符号等未按GB 3100～3102—1993《量和单位》等相关国家标准使用。

（2）编号错误：①正文中的公式需要编号时，没有编号；②公式编号不连续；③公式编号与正文不一致。

（3）符号错误：①公式中所有符号均没有说明，或者部分符号没有说明；②编辑公式时使用了公式编辑器，其中的符号是规范的，但是夹杂在公式符号说明之中或者其他正文之中的符号，字体与公式中的符号不同。如公式中符号为 a，在注释中却为 a 或 a；又如公式中符号为 i，在注释等其他地方却为 i 或 i。建议在公式符号注释和其他正文之中，涉及到数学表达式、量的符号，也使用公式编辑器编辑。

（4）编排错误：①符号正体斜体出现错误，该使用正体的符号使用斜体，该使用斜体的符号使用正体；②公式中分数线的横线未书写清楚，如将繁分数 $X = \dfrac{A}{\dfrac{m_1 + m_2}{m_1 - m_2}}$ 写成 $X = \dfrac{A}{\dfrac{m_1 + m_2}{m_1 - m_2}}$；③将 $\dfrac{1}{xy}$ 写成 1/xy。

2.5 插 图

2.5.1 规范要求

对插图有如下主要要求：

（1）如果用图提供信息更有利于技术文件的理解，则宜使用图。每幅图应在正文中明确提及，并排在相关正文之后。图的数量较多、篇幅较大时，可集中排在技术文件的最后，如有集中编排的表时，则排在表之前。只能对图进行一个层次的细分,例如:图 1 可以分为(a)、(b)、(c)等。

(2) 每幅图均应有编号。正文中图的编号由"图"和阿拉伯数字组成,从 1 开始顺序编号,例如"图 1"、"图 2"等。只有一幅图也应标明"图 1"。

附录中的图单独编号,其编号为附录的编号加下脚点"."再加顺序号。例如:附录 A 中的图用"图 A.1"、"图 A.2"表示;附录 B 中的图用"图 B.1"、"图 B.2"表示。

(3) 每一幅图宜有图题,并置于图的编号之后。技术文件中有无图题应统一。图的编号与图题之间空一个字的间隙,两者应置于图的下方居中位置。

(4) 图注应位于图题之上及图的脚注之前。图中只有一个注时,应在注的第一行文字前标明"注:"。当同一幅图中有几个注时,应标明"注 1:"、"注 2:"、"注 3:"等。每一幅图中的注应单独编号。图注不应包含要求。有关的要求性内容,应在正文中、图的脚注中或作为图和图题之间的段给出。

(5) 图的脚注应位于图题之上,图注之后。图的脚注应以小写拉丁字母上标从"a"开始编号。在图中应以相同的小写拉丁字母上标标在需要注释的位置上。每幅图中的脚注应单独编号。图的脚注可以包含要求。示例如下。

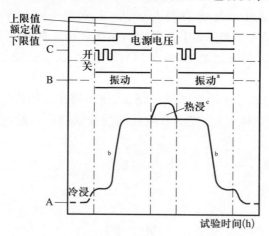

A—温度应力;B—振动应力;C—电应力

包含要求的段。

注 1:本图仅是地面移动设备进行可靠性鉴定试验和验收试验时的典型综合循环试验条件示意图。
注 2:图中的虚线曲线表示试验过程中设备不工作;实线表示试验过程中设备工作。

  a 每工作 1h 振动 15min。
  b 除另有规定外,试验箱温度变化速率为 5℃/min。
  c 每隔四个循环做一次。

图 X 循环试验条件示意图

(6)每条图注或图的脚注另起一行空两个字起排,脚注的编号与文字之间空半个字的间隙。回行时与注的内容第一个字取齐。

2.5.2 常见错误

插图方面的常见错误主要有:

(1)用法错误:①插图在正文中没有用"如图 X 所示"明确提及,致使读者不知道插图与哪段文字相配;②正文中虽已用"如图 X 所示"明确提及,但插图出现于相应正文之前;③对图进行多个层次的细分。

(2)编号错误:①插图没有编号;②插图编号不连续;③插图编号与正文不一致;④对插图进行了一个层次的细分,但没有细分的编号。

(3)图题错误:①技术文件中有无图题不统一,有的插图有图题,有的插图没有图题;②图题与正文内容不一致;③图题末加有标点符号;④编号与图题置于插图的上方。

(4)图注错误:①当同一幅图中有几个注时,没有标明"注 1:"、"注 2:"、"注 3:"等;②图注内容与正文不一致;③图注中包含要求。

(5)图的脚注错误:①图的脚注没有以小写拉丁字母上标从"[a]"开始编号;②在图中需要注释的位置上没有以相同的小写拉丁字母上标标出。

(6)图注和脚注的编排错误:①每条图注和图的脚注没有另起一行空两个字起排;②回行时没有与注的内容的第一个字取齐。

(7)插图绘制错误:①插图与正文内容联系不紧密,所用插图说明不了问题;②插图内的文字、数值、符号与正文不一致,不知道哪个是准确的;图字缺漏或不清楚,外文的正斜体、大小写、上下角不正确或未标注清楚;③绘制不规范,没有按相应的国家标准如机械制图、电子线路图、计算机流程图等要求绘制,线条不清晰、粗细不合理、指示没到位;④插图坐标比例不对,致使图形形状出现变形,影响理解。

2.6 表 格

2.6.1 规范要求

对表格有如下主要要求:

(1)如果用表提供信息更有利于技术文件的理解,则宜使用表。不允许表中有表,也不允许将表分为次级表。表在正文中应明确提及,通常列于相应正文之后。表的数量较多或篇幅较大时,可集中编排在技术文件的最后。

(2) 每个表均应有编号。表的编号由"表"和阿拉伯数字组成,从 1 开始连续编号,例如"表 1"、"表 2"等。只有一个表也应标明"表 1"。附录中的表单独编号,其编号为附录的编号加下脚点"."再加顺序号。例如:附录 A 中的表用"表 A.1"、"表 A.2"表示;附录 B 中的表用"表 B.1"、"表 B.2"表示。

(3) 每个表宜有表题,并置于表的编号之后。技术文件中有无表题应统一。表的编号与表题之间空一个字的间隙,两者应置于表的上方居中位置,示例如下:

表× 机械性能

××××	××××	××××

(4) 表必须有表头,表头设计应简洁、清晰、明了。栏中使用的单位应标注在该栏表头名称的下方。表格采用封闭式,上、下、左、右边框线及栏头线用粗实线,其余用细实线。

示例 1:

表× ××××

类型	线密度 kg/m	内圆直径 mm	外圆直径 mm

表中所有计量单位相同时,应在表的右上方用一句适当的陈述代替各栏中的单位。

示例 2:

表× ×××× 单位为毫米

类型	长度	内圆直径	外圆直径

不允许使用示例 3 中的表头,应使用示例 4 的表头。

示例 3:

表× ××××

强度\级别	A	B	C	D	E

示例 4:

表× ××××

强 度	级 别				
	A	B	C	D	E

(5) 表需转页接排时,表下部应将一个横栏排完,用细实线闭合。接排的表,应在表的上方重复表的编号,并在编号后用"(续)"标明。

示例 1:

表 1(续)

续表的表题可以省略。续表均应重复表头和关于单位的陈述。

表中横栏较多、竖栏较少时,可采用分段叠排(见示例 2);竖栏较多,横栏较少时,可采用竖表转栏并行排(见示例 3)。

示例 2:

表× ××××

A	2.0	2.3	2.7	3.0	3.3	3.7	4.0
B	3.0	3.5	4.0	4.5	5.0	5.5	6.0
A	4.3	4.7	5.0	5.3	5.7	6.0	6.6
B	6.5	7.0	7.5	8.0	8.5	9.0	9.5

示例 3:

表× 批量和样本大小

批量(包装数)	样本大小	批量(包装数)	样本大小
≤15	2	151～500	13
16～25	3	501～1200	20
26～90	5	>1200	32
91～150	8	—	
注:表中批量和样本大小系采用GJB179A抽样方案的特殊检查水平 S-4			

(6) 表注应位于表格中及表的脚注之前,表中只有一个注时,应在注的第一行文字前标明"注:"。当同一个表中有几个注时,应标明"注 1:"、"注 2:"等。每个表的表注应单独编号。表注不应包含要求。有关的要求性内容应在正文中、表的脚注里或表中的段给出。

(7) 表的脚注应位于表格中,列于表注之后。表的脚注应以小写拉丁字母上标从"[a]"开始编号,并在表中以相同的小写拉丁字母上标标在需要注释的位置上。每个表的脚注应单独编号。表的脚注可以包含要求。

示例：

表×　导向直径偏差表　　　　　　　　　单位为毫米

l_1		D_1						
		12	16	20	25	32	40	50
基本尺寸	偏差	D_2						
		h6[a]						
		22	28	32	40	48	58	70
25	−2.0	×	×	—	—	—	—	—
32	−2.5	×	×	×	—	—	—	—
40	−3.0	×	×	×	×	—	—	—
50	−3.0	×	×	×	×	×	—	—
63	−4.0	—	×	×	×	×	×	—
80	−4.0	—	—	×	×	×	×	×

包含要求的段。
注1：×为标准尺寸
注2：为了防止模架的上下模座相互装错,建议(其中一个导套的)导向直径 D_1 的值用 11、15、19、
　　　24、30、38、48
[a] 配公差为 H7 的孔。如果导套是粘结固定,那么允许用 j6 的公差

（8）每条表注和表的脚注另起一行空两个字起排,脚注的编号与文字之间空半个字的间隙。回行时与注的内容的第一个字取齐。

2.6.2　常见错误

表格方面的常见错误主要有：

（1）用法错误：①表在正文中没有用"见表 X"明确提及,致使读者不知道表格与哪段文字相配；②正文中虽已用"见表 X"明确提及,但表出现于相应正文之前；③表中有表,或将表再分为次级表。

（2）编号错误：①表格没有编号；②表格编号不连续；③表格编号与正文不一致。

（3）表题错误：①技术文件中有无表题不统一,有的表格有表题,有的表格没有表题；②表题与正文内容不一致；③表题末加有标点符号；④编号与表题置于表的下方。

（4）表头及表格错误：①表格没有表头；②单位符号在表头中已经出现,在表格内重复出现；③表格内容与正文内容联系不紧密,说明不了问题；④表格内的文字、数值、符号与正文不一致,不知道哪个是准确的；⑤相邻栏内数字相同

时,未重复书写,而是用"同上"、"同下"、"同左"或"同右"等表示,在对表格重新排序后出现实质性错误。

（5）接排和特殊编排错误:①转页接排时,没有在表的上方重复表的编号;②续表没有重复表头和关于计量单位的陈述。

（6）表注错误:①多个表注没有编号;②表注内容与正文不一致;③表注中包含要求。

（7）表的脚注错误:①表的脚注没有以小写拉丁字母上标从"a"开始编号;②在表中需要注释的位置上没有以相同的小写拉丁字母上标标出。

（8）表注和脚注的编排错误:①每条表注和表的脚注没有另起一行空两个字起排;②回行时没有与注的内容的第一个字取齐。

2.7 数字用法及数值范围

2.7.1 规范要求

数字用法按 GB/T 15835—1995《出版物上数字用法的规定》执行。对数字用法及数值范围有如下主要要求:

（1）统计表中的数值,如正负整数、小数、百分比、分数、比例等,必须使用阿拉伯数字。

（2）公历世纪、年代、年、月、日、时刻应当使用阿拉伯数字。如:20 世纪 80 年代,1992 年 5 月 7 日,1992-05-07,15 时 40 分 36 秒,15:40:36。

（3）物理量量值必须使用阿拉伯数字,并正确使用法定计量单位。如:660kg,350km,27V。

（4）非物理量的计数一般情况下应使用阿拉伯数字。如:16 岁,430 人,500 元。

（5）文后参考文献中的版次、卷次与页码应使用阿拉伯数字。

（6）部队番号、文件编号、证件号码和其他序号,应使用阿拉伯数字。

（7）作为词素构成定型的词、词组、惯用语、缩略语中的数字用汉字。如:一次方程,最小二乘法,三极管,四边形,"十二五"计划。

（8）相邻两个数字并列连用表示概数,必须使用汉字,并且连用的两个数字之间不能用顿号","隔开。如:五六米,十之八九。

（9）带有"几"字的数字表示约数,必须使用汉字。如:几十年,十几天,几十万分之一。

（10）表示数量增减的"为"、"到"、"了"的用法:

增加为 2 倍,指原来为 1,现在为 2;
增加到 2 倍,指原来为 1,现在为 2;
增加了 2 倍,指原来为 1,现在为 3;
增加 2 倍,指原来为 1,现在为 3;
增加 80%,指原来为 100,现在为 180;
降低到 80%,指原来为 100,现在为 80;
降低了 80%,指原来为 100,现在为 20;
降低 80%,指原来为 100,现在为 20。

(11) 数值、范围和公差应以无歧义的方式表示。

示例 1:80mm×45mm×50mm(不能写作 80×45×50mm)

示例 2:80μF±5μF 或 (80±5)μF(不能写作 80±5μF)

示例 3:80^{+2}_{0}mm(不能写作 80^{+2}_{-0}mm)

示例 4:80 mm$^{+50}_{-25}$μm

示例 5:20kPa~23kPa(不能写作 20~23kPa)

示例 6:0℃~10℃(不能写作 0~10℃)

示例 7:7°5′~9°10′

示例 8:220×(1±5%)V(不宜写作 220V±5%)

示例 9:63%~67% 表示百分数的范围(不能写作 63~67%)

示例 10:(65±2)% 表示带公差的中心值(不能写作 65±2%,也不能写作 63%~67%)

2.7.2　常见错误

数字用法及数值范围方面的常见错误主要有:

(1) 出现"降低×倍"或"缩小×倍"。表示降低或缩小的量不能用"降低×倍"或"缩小×倍",而应该用"降低百分之几"或"缩小百分之几(或几分之几)"。

(2) "约"、"近"、"余"、"左右"、"上下"等词并用。如:近 200 余人,大致有 300 个左右。

(3) 数值范围与带公差的中心值混用,将带公差的中心值用范围表示,或者将数值范围用带公差的中心值表示。

2.8　标点符号

2.8.1　规范要求

常用的标点符号有 16 种,其中点号有 7 种,即句号、问号、叹号、逗号、顿号、分号、冒号;标号有9种,即引号、括号、破折号、省略号、着重号、连接号、间隔号、书名号和专名号。标点符号的用法按 GB/T15834－1995《标点符号用法》执行。对标点符号有如下主要要求:

(1) 句号(。)用于陈述句的末尾和语气舒缓的祈使句末尾。

(2) 问号(?)用于疑问句末尾和反问句末尾。

(3) 叹号(!)用于感叹句末尾、语气强烈的祈使句末尾和语气强烈的反问句末尾。

(4) 逗号(,)用于句子内部主语与谓语之间的停顿、句子内部动词与宾语之间的停顿、句子内部状语后边的停顿、复句内各分句之间的停顿。

(5) 顿号(、)用于句子内部并列词语之间的停顿。

(6) 分号(;)用于复句内部并列分句之间的停顿、非并列关系的多重复句第一层的前后两部分之间、分行列举的各项之间。

(7) 冒号(:)用在称呼语后边、"说、想、是、证明、宣布、指出、例如、如下"等词语后边,表示提起下文,以及用在总说性话语的后边表示引起下文的分说、用在需要解释的词语后边表示引出解释或说明。

(8) 引号("")用在行文中直接引用的话、需要着重论述的对象、具有特殊含意的词语。引号里面还要用引号时,外面一层用双引号,里面一层用单引号。

(9) 括号(( ),[ ],〔〕,{},【】,〖〗)用于行文中注释性的文字。

(10) 破折号(——) 用于行文中解释说明的语句、话题突然转变、声音延长、事项列举分承。

(11) 省略号(……)用于引文的省略、列举的省略、说话断续。

(12) 着重号(.)用于要求读者特别注意的字、词、句。

(13) 连接号(-,—,～)用于两个相关的名词构成一个意义单位、相关的时间或数目之间的起止、相关字母与阿拉伯数字之间表示产品型号。

(14) 间隔号(·)用于外国人和某些少数民族人名内各部分的分界、书名与篇名之间的分界。

(15) 书名号(《》)用于书名、篇名、报纸名、刊物名等,当书名号里边还要用书名号时,外面一层用双书名号,里边一层用单书名号。

(16) 专名号(___)用于人名、地名、朝代名等专名下面,仅用于古籍或某些文史著作里面,技术文件中不用。

在技术文件中,使用标点符号时要注意:

(1) 句号(。)不能写成句点(.),以及逗号(,)与顿号(、)、分号(;)与冒号(:)、比号(∶)与冒号(:)之间不要混淆。

(2) 顿号(、)、逗号(,)和分号(;),均可用来表示一个句子内部的停顿,但停顿的性质和大小不同。顿号停顿最小;逗号停顿稍大;分号停顿较大。因此,顿号内忌含逗号或分号,分号内忌含句号。

(3) 并列的阿拉伯数字、符号、外文字词一般用逗号(,)隔开。

(4) 中文省略号一般用六个居中圆点"……",占两个汉字字宽。外文、阿拉伯数字和公式中省略号用三个圆点"…",在公式运算符、矩阵和表格中,以及表示一个数字的位数省略时均位置居中(如 $i=1,2,\cdots,n$)。

(5) 连接号的形式为一字线,占一个字宽,除用于把意义密切相关的词语连成一个整体外,还用于年度的起止和图注。连接号另外还有几种形式,即:

① 长横(二字线),占两个字宽,用于等同概念或解释,如:甲基三硝基苯——梯恩梯。

② 半字线,占半个字宽,用于字母之间、数字与字母之间、数字与汉字之间、字母与汉字之间的连接,以构成复合名字或新名字性词组。产品型号、文件编号等中的连接号,习惯用半字线,如:F-117战斗机。

③ 浪纹"~",用于数字之间的连接,如:20m/s~50m/s。

(6) 常用括号有6种形式。一般用圆括号"( )";需双重括号时,通常在圆括号之外另加方括号"[ ]";在指示、通知、通报、请示、报告、批复、函、简报、会议纪要等常用公文中,发文字号常用六角括号"〔〕",技术文件引用时宜使用六角括号"〔〕"。

2.8.2 常见错误

标点符号方面的常见错误主要有:

(1) 对于产品型号,不使用连接号,或者使用的连接号不一致。如:F117战斗机、F-117战斗机、F—117战斗机。

(2) 引号内的引用文字与原文只是意思基本相同,文字并不完全一致。

2.9 外文字体

2.9.1 规范要求

外文的各种字体在技术文件中有不同的用途,书写时应特别注意。下面列出外文正体、斜体和黑体的主要应用场合。

1. 正体

(1) 三角函数符号(sin,cos,…),反三角函数符号(arcsin,arccos,…),双曲

函数符号(sinh,cosh,⋯),反双曲函数符号(arsinh,arcosh,⋯)等；

(2) 对数符号(log,lg,ln),指数函数符号(e,exp),复数符号(Re,Im,arg,sgn),虚数单位(i,j)等；

(3) 特殊函数符号(J,N,H,Γ,erf,⋯)；

(4) 函数和矢量的分析与运算符号(max,min,lim,grad,div,$\frac{d}{dx}$,dx,⋯)；

(5) 数学的运算符号(Σ,Π,⋯)；

(6) 化学元素符号；

(7) 温标(℃,K,⋯)；

(8) 计量单位的符号(mm,kg,⋯)；

(9) 硬度符号(HB,HRC,⋯)、公差与配合符号(K,H,k,h,IT1,⋯)、螺纹符号(M,T,⋯)、元件符号(R,C,⋯)；

(10) 光谱线的代号(i,h,⋯)和射线符号(X 射线、α 射线,⋯)；

(11) 标准的代号(GB,GJB,ISO,IEC,⋯)；

(12) 仪器、元件、产品等的型号；

(13) 外国的人名、地名、书刊名和机关单位名等；

(14) 方位和经纬度；

(15) 下标中的非物理量符号。

2. 斜体

(1) 物理量符号(W,T,k,p,⋯)和下标中的物理量符号(a_l,q_m,L_N,⋯)；

(2) 无量纲参数(Ma,Ra,⋯)；

(3) 代表量的字母($x,a,\angle ABC$,⋯)；

(4) 函数符号[如 $f(x)$]、排列组合符号(A_n^p,C_n^p)等。

3. 黑正体

矢量微分算子 **V** 和非负整数集 **N**、整数集 **Z**、实数集 **R**、有理数集 **Q**、复数集 **C** 等。

4. 黑斜体

表示矩阵、矢量和张量的符号等。

5. 外文字母表和罗马数字

英文字母表如下。

(1) 白正体

A B C D E F G H I J K L M N O P Q R S T U V W X Y Z

a b c d e f g h i j k l m n o p q r s t u v w x y z

(2) 白斜体

A B C D E F G H I J K L M N O P Q R S T U V W X Y Z

a b c d e f g h i j k l m n o p q r s t u v w x y z

(3) 黑正体

A B C D E F G H I J K L M N O P Q R S T U V W X Y Z

a b c d e f g h i j k l m n o p q r s t u v w x y z

(4) 黑斜体

A B C D E F G H I J K L M N O P Q R S T U V W X Y Z

a b c d e f g h i j k l m n o p q r s t u v w x y z

希腊文字母表如下：

(1) 白正体

Α Β Γ Δ Ε Ζ Η Θ Ι Κ Λ Μ Ν Ξ Ο Π Ρ Σ Τ Υ Φ Χ Ψ Ω

α β γ δ ε ζ η θ ι κ λ μ ν ξ ο π ρ σ τ υ φ χ ψ ω

(2) 白斜体

Α Β Γ Δ Ε Ζ Η Θ Ι Κ Λ Μ Ν Ξ Ο Π Ρ Σ Τ Υ Φ Χ Ψ Ω

α β γ δ ε ζ η θ ι κ λ μ ν ξ ο π ρ σ τ υ φ χ ψ ω

(3) 黑正体

Α Β Γ Δ Ε Ζ Η Θ Ι Κ Λ Μ Ν Ξ Ο Π Ρ Σ Τ Υ Φ Χ Ψ Ω

α β γ δ ε ζ η θ ι κ λ μ ν ξ ο π ρ σ τ υ φ χ ψ ω

(4) 黑斜体

Α Β Γ Δ Ε Ζ Η Θ Ι Κ Λ Μ Ν Ξ Ο Π Ρ Σ Τ Υ Φ Χ Ψ Ω

α β γ δ ε ζ η θ ι κ λ μ ν ξ ο π ρ σ τ υ φ χ ψ ω

俄文字母表如下：

(1) 白正体

А Б В Г Д Е Ё Ж З И Й К Л М Н О П Р С Т У Ф Х Ц Ч Ш Щ Ь Ы Ъ Э Ю Я

а б в г д е ё ж з и й к л м н о п р с т у ф х ц ч ш щ ь ы ъ э ю я

(2) 白斜体

А Б В Г Д Е Ё Ж З И Й К Л М Н О П Р С Т У Ф Х Ц Ч Ш Щ Ь Ы Ъ Э Ю Я

а б в г д е ё ж з и й к л м н о п р с т у ф х ц ч ш щ ь ы ъ э ю я

(3) 黑正体

А Б В Г Д Е Ё Ж З И Й К Л М Н О П Р С Т У Ф Х Ц Ч Ш Щ Ь Ы Ъ Э Ю Я

а б в г д е ё ж з и й к л м н о п р с т у ф х ц ч ш щ ь ы ъ э ю я

罗马数码如下。

Ⅰ	1	XL	40
Ⅱ	2	L	50
Ⅲ	3	LX	60
Ⅳ	4	XC	90
Ⅴ	5	C	100
Ⅵ	6	CD	400
Ⅶ	7	D	500
Ⅷ	8	DC	600
Ⅸ	9	CM	900
Ⅹ	10	M	1000
Ⅺ	11	$\overline{X}$	10000
ⅩⅩ	20	$\overline{M}$	1000000

罗马数码有 7 个基本数字：Ⅰ(1)，Ⅴ(5)，Ⅹ(10)，L(50)，C(100)，D(500)，M(1000)。如果小数(只限于Ⅰ、Ⅹ、C、M 四数)放在大数的左边，表示大数对小数之差，例如，Ⅸ表示Ⅹ(10)与Ⅰ(1)之差，即 9；小数放在大数的右边或相同的数字连写，则表示各数之和，例如，Ⅺ表示Ⅹ(10)与Ⅰ(1)之和，即 11。在数字上面加一横线，表示这个数字是原数字的 1000 倍，例如，$\overline{X}$(10000)是Ⅹ(10)的 1000 倍，$\overline{M}$(1000000)是 M(1000)的 1000 倍。

2.9.2 常见错误

外文字体方面的常见错误主要有：

(1) 公式未用公式编辑器编辑，造成物理量的符号未用斜体，错用正体。

(2) 计量单位未用正体，错用斜体。

(3) 对于同一种外文，使用不同的字体，如有的地方使用中文宋体，有的地方使用英文 Times New Roman 字体，印刷效果明显不一样(A,a,B,b 为宋体正体，A,a,B,b 为宋体斜体，A,a,B,b 为 Times New Roman 正体，A,a,B,b 为 Times New Roman 斜体)。建议在最后定稿之前，全选确定字体为 Times New Roman，就可在保持所有中文字体不变的情况下，将所有数字和外文字体统一为 Times New Roman 字体。

2.10 注释和附录

2.10.1 规范要求

对注释和附录有如下主要要求:
(1) 正文中有些内容需要加以较详细的解释和说明,但又不宜作为正文来叙述,可用页末注;对于一些正文内容的即时解释和简短说明,则可用文内注。
(2) 文内注,注文用圆括号括起,置于被注正文内容之后。
(3) 页末注,正文中的注符用阳文圈码①,②,…写在所注内容的右上角,注文(前带注符)写在本页下端,上画一脚注线与正文隔开。注文不得转入下页;各页的注码单独从①编起,不接续上一页的编号。
(4) 附录,指附于正文后方便理解、查用,与正文密切相关但又不宜在正文列载的文字、图、表等资料。
(5) 附录的篇幅要最小化。与正文内容无关或相关系数不大的内容,以及显而易见、显而易懂的资料和内容不得选取。

2.10.2 常见错误

注释和附录方面的常见错误主要有:
(1) 有注释,但在正文中没有使用注符,不知所注何处。
(2) 注文没有编号,或者不同页的注码连续编号。
(3) 注文内容转入了下页。

2.11 符号、代号和缩略语

2.11.1 规范要求

在技术文件中,"符号、代号和缩略语"是可选要素,可单独设一章。设置"符号、代号和缩略语"的目的,是为了便于读者对技术文件中所使用的符号、代号和缩略语有共同的理解。对符号、代号和缩略语有如下主要要求:
(1) 符号、代号和缩略语按照字母顺序合理编排,不编号。每条空两个字起排,后跟一个破折号"——",紧接着标明符号、代号的名称或缩略语的全称,必要时给出适当的说明。
(2) 符号、代号以及字母表达的缩略语,其排列次序如下:
① 大写拉丁字母位于小写拉丁字母之前,如 A, a, B, b。

② 无下角标的字母位于有下角标的字母之前,有字母下角标的字母位于有数字下角标的字母之前,如 C_m,C_2,c,D,d_i,d_1。

③ 希腊字母位于拉丁字母之后,如 Z,z,α,β,$\cdots$,λ 等。

④ 其他特殊符号和文字。

2.11.2 常见错误

符号、代号和缩略语方面的常见错误主要有:

(1) 设置了符号、代号和缩略语,列出了一部分,但还有一些没有列出。

(2) 排序没有规则,比较随意,不便查看。

(3) 与文中内容不完全一致,如外文字体、字母大小写不一样。

2.12 引用文件

2.12.1 规范要求

对引用文件有如下主要要求:

(1) 每项引用文件均左起空两个字起排,回行时顶格排,结尾不加标点符号。

(2) 标准编号和标准名称之间空一个字的间隙。标准的批准年号一律用 4 位。标准的名称不加书名号。

(3) 引用国家和军队的法规性文件时,应依次列出其名称(加书名号)、发布日期、发布机关及发布文号,每项内容之间空一个字的间隙。

(4) 引用文件的排列顺序一般为:国家标准,国家军用标准,行业标准,部门军用标准,企业标准,国家和军队的法规、条例、条令和规章,ISO 标准,IEC 标准,其他国际标准。国家标准、国家军用标准、ISO 标准和 IEC 标准按标准顺序号排列;行业标准、部门军用标准、企业标准、其他国际标准先按标准代号的拉丁字母顺序排列,再按标准顺序号排列。

(5) 在专用规范(系统规范、研制规范、产品规范、工艺规范、材料规范)中,有引用文件时,应列出其引用文件一览表,并以下述引导语引出:"下列版本文件中的有关条款通过引用而成为本规范的条款,其后的任何修改单(不包括勘误的内容)或修订版本都不适用于本规范,但提倡使用本规范的各方探讨使用其最新版本的可能性。"专用规范无引用文件时,应在"2 引用文件"下另起一行空两字起排"本章无条文"字样。

(6) 专用规范的第 2 章"引用文件"只应汇总列出下列要素中"要求性"内容

提及的文件;a)要求(第3章)、验证(第4章)、包装(第5章);b)规范性附录;c)表和图中包含要求的段与脚注。引用文件不应汇总列出下列要素中资料性内容提及的文件:专用规范的前言、引言、范围、说明事项、资料性附录、示例、条文的注与脚注、图注、表注以及不包含要求的图和表的脚注。这些内容提及的文件可列入参考文献。

2.12.2 常见错误

引用文件方面的常见错误主要有:

(1) 引用文件排列混乱。对于不同类型的引用文件,未将同类引用文件排在一起;对于同类型文件,如各种标准,未按标准顺序号排列。

(2) 引用过时的标准。很多标准进行了修订甚至多次修订,引用时经常错误引用过时的标准。

(3) 引用文件名称错误。有些标准进行了修订,修订时标准名称已经变化,引用时却使用原名称。如常用的可靠性标准 GJB 450,1988 年版本为 GJB 450—1988《装备研制与生产的可靠性通用大纲》,2004 年已修订为 GJB 450A—2004《装备可靠性工作通用要求》,在引用文件时,经常错写为 GJB 450A—2004《装备研制与生产的可靠性通用大纲》。

(4) 发布日期使用不规范。标准的批准年号要求一律用 4 位,在很多技术文件中,对于 2000 年之前的标准,经常发生同时出现使用 2 位数字和 4 位数字的情况。

(5) 发布文号和名称错误。经常出现文件名称不是发布文号所对应的真实名称的情况。

2.13 参考文献

2.13.1 规范要求

在正文中引用过的参考文献,可以按引用的先后次序连续编号(从 1 开始)。

在正文中,若所涉内容直接引自某一参考文献,则应把该参考文献编号写在相关内容末字句的右上角,并用方括号[ ]括上,如:×××[×];若所提及的参考文献作为正文中的直接说明语,则其编号连同方括号应与正文并排,如:见参考文献[×]。在同一处同时涉及几种参考文献,无论是标明引用内容出处,还是做直接说明语,均只需用一个方括号,如:×××[×,×-×],见参考文献[×,×-×]。

参考文献的著录格式按 GB/T 7714—2005《文后参考文献著录规则》执行。参考文献中的专著文献、连续出版物析出文献和电子文献分别按以下格式著录。

1. 专著(包括图书、学位论文、技术报告、会议文集等)

基本著录格式为:[序号]作者.书名[文献类型标志].译者.版本,出版地:出版者,出版年:引文页码[引用日期].

(1) 普通图书(M)示例:

[1] 钱伟长.穿甲力学[M].北京:国防工业出版社,1984:112－130.

[2] 梅文华,王淑波,邱永红,等.跳频通信[M].北京:国防工业出版社,2005.

[3] 加涅尔 P.导弹控制系统[M].华克强,丁放等译.北京:国防工业出版社,1985.

(2) 论文集、会议录(C)示例:

[4] 中国电子学会无线电定位技术分会.第十届全国雷达学术年会论文集[C].北京:国防工业出版社,2008.

(3) 科技报告(R)示例:

[5] World Health Organization. Factors regulating the immune response:report of WHO Scientific Group[R]. Geneva:WHO,1970.

(4) 学位论文(D)示例:

[6] 张志祥.间断动力系统的随机扰动及其在守恒律方程中的应用[D].北京:北京大学数学学院,1998.

2. 期刊(J)析出文献

基本著录格式为:[序号]作者.文章题名[文献类型标志].译者.刊名,年,卷(期):页码[引用日期].

示例如下。

[7] 陶仁骥.密码学与数学[J].自然杂志,1984,7(7):527－530.

3. 报纸(N)析出文献

基本著录格式为:[序号]作者.文章题名[文献类型标志].译者.报纸名,出版年－月－日(版次)[引用日期].

示例如下。

[8] 丁文祥.数字革命与竞争国际化[N].中国青年报,2000－11－20(15).

4. 电子文献

基本著录格式为:[序号]作者.题名[文献类型标志/文献载体标志].出版地:出版者,出版年[引用日期].获取和访问路径.

示例:

[9] 萧钰.出版业信息化迈入快车道[EB/OL].(2001－12－19)[2002－04－15]. http://www.creader.com/news/200111219/200112190019.html.

5. 专利文献和专著中析出文献

专利文献(P)示例:

[10]刘加林.多功能一次性压舌板:中国,92214985.2[P].1993-04-14.

专著中析出文献示例:

[11]程根伟.1998年长江洪水的成因与减灾对策[M]//许厚泽,赵其国.长江流域洪涝灾害与科技对策.北京:科学出版社,1999:32-36.

著录参考文献的注意事项:

(1)作者采用姓在前、名在后的书写形式。外国人的名可以缩写为首字母,缩写名后不加圆点"."。例如 Albert Einstein 应著录为 Einstein Albert 或 Einstein A。翻译书作者的中译名可以只著录姓。例如"伏尔特·韦杰"可以用全名,也可以著录为"韦杰"。

(2)作者或译者在3人以内,应当全部列上。超过3人,只能列出前3人,在其后加"等"。

(3)书名、刊名和报纸名不加书名号。

(4)版本项对第1版图书可省略,第2版及其以后各版的版本必须著录。

(5)文献类型标志项,对电子文献必须著录,且应同时注明文献载体标志;对其他文献,是否著录由编写者自定。文献类型的标志代码见表2.7,电子文献载体的标志代码见表2.8。

(6)图书的页码项是选择项,是否著录,由编写者自定。

(7)引用日期和获取及访问路径两项,对联机文献必须著录,对其他文献,是否著录由编写者自定。

(8)多次引用同一著者的同一文献时,在正文中标注首次引用的文献序号,并在序号的"[ ]"外著录引文页码。如:×××[×]156。

表2.7 文献类型和标志代码表

文献类型	标志代码	文献类型	标志代码
普通图书	M	报告	R
会议录	C	标准	S
汇编	G	专利	P
报纸	N	数据库	DB
期刊	J	计算机程序	CP
学位论文	D	电子公告	EB

表2.8 电子文献载体和标志代码表

载体类型	标志代码	载体类型	标志代码
磁带(magnetic tape)	MT	光盘(CD-ROM)	CD
磁盘(disk)	DK	联机网络(online)	OL

（9）期刊若不分卷，卷项不著录。

2.13.2　常见错误

参考文献方面的常见错误主要有：

（1）列出的参考文献，在正文中没有提及。

（2）参考文献著录不符合格式要求，要素不全，或缺作者，或缺出版社名称或期刊名称，或缺出版年度。

（3）参考文献中，外文单词首字母大小写不符合规范要求。

第 3 章 技术文件目次格式

3.1 一般过程文件

3.1.1 研制立项综合论证报告

1. 文件用途

研制立项综合论证报告是向上级有关机关或单位提交的对产品研制进行必要性分析、可行性论证的论证文件。经批准的研制立项综合论证报告,作为开展装备研制工作、制定装备研制年度计划和订立装备研制合同的依据。

2. 编制时机

在论证阶段早期编写。

3. 编制依据

主要包括:武器装备发展战略论证,武器装备体制系列论证,武器装备未来作战需求,通用规范等。

4. 目次格式

按照《中国人民解放军装备条例》编写,目次格式如下:

```
1 作战使命和任务
2 主要作战使用性能(含主要战术技术指标)
2.1 通用性指标
2.2 特征性指标
3 初步总体方案
3.1 系统组成
3.2 各分系统技术方案
3.3 系统综合配套方案
4 研制周期
5 研制经费概算
6 关键技术突破和经济可行性分析
7 作战效能分析
8 装备订购价格与数量的预测
9 装备命名建议
```

按照 GJB 4054—2000《武器装备论证手册编写规则》编写,目次格式如下:

1 需求分析
2 作战使命任务分析
3 初步总体技术方案
3.1 系统组成
3.2 各分系统主要技术方案
3.3 系统综合配套方案
4 主要作战使用性能指标
4.1 通用性指标
4.2 特征性指标
5 效能评估
6 研制周期进度
7 订购数量预测
8 寿命周期费用
9 风险分析
9.1 技术风险
9.2 进度风险
9.3 费用风险
10 任务组织实施的措施与建议

3.1.2 招标书

1. 文件用途

阐明需要招标的研制项目要求,通报招标依据的规则和程序,告知签订合同的条件。招标书是投标方编制投标书的依据,是招标方与中标方签订合同的基础。

2. 编制时机

在装备研制立项得到批复之后,拟通过招标择优选定承研承制单位时。

在招标书发出之后至规定的投标截止时间之前,允许招标方对招标书进行修改和补充,但必须给投标方留有修改和补充投标书的时间。招标书修改和补充的内容必须用书面形式,经法定代表或其代理人签字和加盖单位公章后,发给各投标方。

3. 编制依据

主要包括:武器装备研制中长期计划,研制立项综合论证报告,武器装备主要作战使用性能要求,通用规范,计划进度等。

4. 目次格式

按照《武器装备研制项目招标管理办法》第11条编写,目次格式如下:

1 研制项目名称
2 研制内容要求
3 研制进度要求
4 成果形式、数量
5 技术方案要求
6 投标报价的构成细目及制订原则
7 递标要求
8 投标有效期
9 开标方式、时间
10 评标原则及形式、时间
11 保密规定
12 投标担保规定
13 其他

3.1.3 投标书

1. 文件用途

投标书以书面形式向招标方提交投标方案,是对招标书提出的实质性要求和条件作出的响应。

2. 编制时机

投标方收到招标书后,必须用书面形式向招标方表明应标意向,需要时可向招标方提出咨询,招标方以书面形式向各投标方做出答复。无意应标者应完整无损地退回招标书,并不得泄露其内容。有意应标者应按招标书要求完成投标书,并在规定的投标截止时间之前,以密封形式送达投标指定地点。

投标书一经递交便不得撤回。在招标书规定的投标截止时间之前,允许投标方对已递交的投标书进行修改和补充。修改和补充的内容必须用书面形式,经法定代表或其代理人签字和加盖单位公章后,以密封形式送达招标方。

3. 编制依据

主要包括:招标书,武器装备主要作战使用性能要求,通用规范等。

4. 目次格式

按照《武器装备研制项目招标管理办法》第15条编写,目次格式如下:

1 投标函
2 投标方案
3 投标报价及构成细目
4 研制周期
5 投标说明
6 武器装备研制许可证,法定代表人资格证明或投标代理人资格委托书

```
7 承研承制能力说明
7.1 近两年的财务状况资料
7.2 已承担的科研任务情况
7.3 能用于本研制项目的各项管理和技术人员能力
7.4 能用于本研制项目的技术设备能力
7.5 质量保证能力
8 其他
```

3.1.4 可行性论证报告

1. 文件用途

向使用方提出可达到的战术技术指标和初步总体技术方案以及对研制经费、保障条件、研制周期的预测。

2. 编制时机

从批准研制立项以后开始,在论证阶段编制。

3. 编制依据

主要包括:武器装备研制中长期计划,研制立项综合论证报告,武器装备主要作战使用性能,通用规范,计划进度等。

4. 目次格式

推荐的目次格式如下:

```
1 前言
2 使用要求及主要战术技术要求
2.1 使用要求
2.2 主要战术要求
2.3 主要技术要求
3 国内外同类产品发展现状
4 任务分析
5 约束条件
6 可行性方案
6.1 总体技术方案
6.2 总体战术技术指标论证
6.3 产品组成及各组成部分的特性
6.4 产品结构方案
6.5 产品硬件方案
6.6 产品软件方案
```

> 6.7 产品接口方案
> 7 可靠性维修性测试性保障性安全性初步分析
> 7.1 可靠性初步分析
> 7.2 维修性初步分析
> 7.3 测试性初步分析
> 7.4 保障性初步分析
> 7.5 安全性初步分析
> 8 技术继承性和新技术采用的分析
> 8.1 技术继承性分析
> 8.2 新技术采用的分析
> 9 关键技术的成熟程度及初步风险分析
> 10 初步保障条件要求
> 11 配套系统的支撑性分析
> 12 研制周期及经费需求分析
> 13 研制任务组织实施和研制分工建议

3.1.5 生产性分析报告(论证阶段)

1. 文件用途

利用过去的生产经验及规划中的生产条件,进行生产可行性分析及生产能力评估,形成初期的生产性评估结论。

2. 编制时机

从批准研制立项以后开始,在论证阶段编制。

3. 编制依据

主要包括:研制立项综合论证报告,武器装备主要作战使用性能,通用规范,计划进度等。

4. 目次格式

按照 GJB 3363—1998《生产性分析》编写,目次格式如下:

> 1 范围
> 2 引用文件
> 3 生产性分析目的
> 4 生产性分析准则
> 5 生产可行性分析
> 6 生产能力评估
> 7 生产性分析结论

3.1.6 研制总要求

1. 文件用途

研制总要求是根据《中国人民解放军装备条例》规定编制的重要技术文件。经批准的研制总要求作为开展工程研制和组织定型考核的依据。

2. 编制时机

从批准研制立项以后开始,在论证阶段和方案阶段编制。

3. 编制依据

主要包括:武器装备研制中长期计划,研制立项综合论证报告,武器装备主要作战使用性能,通用规范,计划进度等。

4. 目次格式

按照《常规武器装备研制程序》要求编写,目次格式如下:

1 作战使命、任务及作战对象
2 主要战术技术指标及使用要求
2.1 主要战术指标
2.2 主要技术指标
2.3 主要使用要求
3 初步的总体技术方案
4 质量控制要求
5 研制周期要求及各研制阶段的计划安排
5.1 研制周期要求
5.2 各研制阶段的计划安排
6 研制经费和成本核算
7 研制分工建议

按照《中国人民解放军装备条例》要求编写,目次格式如下:

1 作战使用要求
1.1 作战使命、任务及作战对象
1.2 主要战术技术指标及使用要求
2 研制总体方案
3 系统、配套设备和软件方案
4 综合保障方案
5 质量、可靠性、维修性、测试性、安全性及标准化控制措施
5.1 质量控制措施
5.2 可靠性控制措施

```
5.3 维修性控制措施
5.4 测试性控制措施
5.5 安全性控制措施
5.6 标准化控制措施
6 设计定型状态和定型时间
7 研制经费核算
8 产品成本概算
```

3.1.7 研制总要求论证工作报告

1. 文件用途

对《研制总要求》论证工作情况进行说明。

2. 编制时机

在论证阶段和方案阶段编制。从批准研制立项以后开始研制总要求论证工作,在上报研制总要求时附研制总要求论证工作报告。

3. 编制依据

主要包括:武器装备研制中长期计划,研制立项综合论证报告,武器装备主要作战使用性能要求,通用规范,计划进度等。

4. 目次格式

按照《常规武器装备研制程序》要求编写,目次格式如下:

```
1 武器装备在未来作战中的地位、作用、使命、任务和作战对象分析
2 国内外同类武器装备的现状、发展趋势及对比分析
3 主要战术技术指标要求确定的原则和主要指标计算及实现的可能性
4 初步总体技术方案论证情况
5 继承技术和新技术采用比例,关键技术的成熟程度
6 研制周期及经费分析
7 初步的保障条件要求
8 装备编配设想及目标成本
9 任务组织实施的措施和建议
```

3.1.8 工作分解结构

1. 文件用途

工作分解结构是对武器装备研制实施系统工程管理的有效工具。用于限定武器装备项目的工作,并表示出各项工作之间以及它们与最终产品之间的关系。

2. 编制时机

在研制过程中,随工程的进展制定相应的工作分解结构(以下简称 WBS)。

在论证阶段,使用部门应根据该阶段系统工程工作的结果,提出初步的工程项目纲要 WBS。

在方案阶段,在总体方案形成过程中,承研承制单位会同使用部门对初步的工程项目纲要 WBS 进行修改,到此阶段结束时,修改后的工程项目纲要 WBS 随研制任务书草案和研制方案论证报告上报审批后,形成批准的工程项目纲要 WBS,使用部门依此与承研承制单位商定工程研制和设计定型阶段的合同 WBS。

在工程研制和设计定型阶段,工程项目纲要 WBS 一般不再变动。承研承制单位将合同 WBS 细分到适当级别,形成扩延的合同 WBS。设计定型结束后,使用部门依据批准的工程项目纲要 WBS,结合工程研制和设计定型中遗留的问题,与承研承制单位商定生产定型阶段合同 WBS。

在生产定型阶段,承研承制单位完成生产定型阶段扩延的合同 WBS。生产定型后,使用部门将批准的工程项目纲要 WBS 与各扩延的合同 WBS 汇编成工程项目 WBS。

3. 编制依据

工程项目纲要 WBS 的编制依据主要包括:研制立项综合论证报告,GJB 2116—1994《武器装备研制项目工作分解结构》的纲要 WBS 等。

合同 WBS 的编制依据主要包括:工程项目纲要 WBS 等。

工程项目 WBS 的编制依据主要包括:工程项目纲要 WBS,合同 WBS 等。

4. 目次格式

按照 GJB 2116—1994《武器装备研制项目工作分解结构》编写,目次格式如下:

```
1 工作分解结构
2 单元说明
2.1 (1级单元名称)
2.1.X (第 X 个 2 级单元名称)
2.1.X.Y (第 X 个 2 级单元的第 Y 个 3 级单元名称)
```

3.1.9 研制合同

1. 文件用途

为研制武器装备而确立法人之间的相互权利、义务关系,维护各自合法权益。

2. 编制时机

在论证阶段编制论证阶段研制合同,在方案阶段编制方案阶段研制合同,在工程研制阶段编制工程研制阶段研制合同,在设计定型阶段编制设计定型阶段研制合同,在生产定型阶段编制生产定型阶段研制合同。

3. 编制依据

主要包括:国家武器装备研制中长期计划,武器装备研制合同暂行办法,武器装备研制合同暂行办法实施细则等。

4. 目次格式

按照《武器装备研制合同暂行办法》和《武器装备研制合同暂行办法实施细则》编写,目次格式如下:

```
1  合同当事人
2  研制依据
3  合同标的
4  研制进度
5  合同价款和支付
6  研制工作要求
7  验收和交付
8  研制成果约定
9  密级和保密事项
10 合同的变更和解除
11 违约责任与合同鼓励
12 合同纠纷的处理方式
13 其他
14 附件
14.1 附件A《工作说明》
14.2 附件B《技术规范(技术规格书)》
14.3 其他附件
```

3.1.10 工作说明

1. 文件用途

工作说明是对为完成合同规定的任务而必须做的工作进行规定和说明的合同附件。

2. 编制时机

在论证阶段编制0类工作说明;在方案阶段编制Ⅰ类工作说明;在工程研制阶段和设计定型阶段编制Ⅱ类工作说明;在生产定型阶段编制Ⅲ类工作说明;在生产

阶段编制Ⅳ类工作说明;在任何阶段,需要专项服务时,编制Ⅴ类工作说明。

3. 编制依据

主要包括:GJB 2116—1994《武器装备研制项目工作分解结构》,GJB 2742—1996《工作说明编写要求》等。

4. 目次格式

按照 GJB 2742—1996《工作说明编写要求》编写,目次格式如下:

```
1 范围
2 引用文件
3 定义
4 要求
4.1 双方需完成的工作
4.2 双方需向对方交付的项目
4.3 技术审查要求
4.4 时间进度表
5 说明事项
附录
```

按照《武器装备研制合同暂行办法》和《武器装备研制合同暂行办法实施细则》编写,目次格式如下:

```
1 范围
2 引用文件
2.1 国家军用标准和军用规范
2.2 国家标准、有关专业标准
2.3 上级有关规定和其他依据性文件
3 要求
3.1 设计制造要求
3.2 试验鉴定要求
3.3 项目管理要求
3.4 工程专门综合要求
3.5 综合保障要求
3.6 质量保证大纲要求
3.7 资料要求
```

3.1.11 技术规范

1. 文件用途

规范产品研制的技术要求,指导产品的研制工作,既是一个独立的技术文件,也是签订研制合同的一个附件。

2. 编制时机

在产品研制的各个阶段,按照要求编制系统规范、研制规范、产品规范、工艺规范、材料规范。

3. 编制依据

主要包括:研制立项综合论证报告,武器装备主要作战使用性能,通用规范,研制总要求等。

4. 目次格式

按照《武器装备研制合同暂行办法》和《武器装备研制合同暂行办法实施细则》编写,目次格式如下:

```
1 范围
2 引用文件
3 要求
4 质量保证规定
5 交付准备
6 说明事项
```

3.1.12 系统规范(A类规范)

1. 文件用途

从总体上规定系统的技术要求和任务要求,将要求分配给各个功能部分,同时规定设计的约束条件以及两个以上功能部分之间的接口关系。

2. 编制时机

一般从论证阶段开始编制,随着研制工作的进展逐步完善,到方案阶段结束前批准定稿。

系统规范一般应在方案阶段之前完成。由于系统规范中规定的性能指标是方案阶段、工程研制阶段、设计定型阶段乃至生产定型阶段的性能指标依据,在大多数情况下,需要通过研制工作的不断深入逐步得到修正、完善和补充,因此,系统规范经常被迫推迟到工程研制阶段早期才定稿。在系统规范得到批复之后,可通过工程更改程序将一些详细要求补充到系统规范中。

3. 编制依据

主要包括:研制立项综合论证报告,武器装备主要作战使用性能要求,通用规范,研制总要求,研制合同等。

4. 目次格式

按照GJB 6387—2008《武器装备研制项目专用规范编写规定》编写,目次格式如下：

1 范围
1.1 主题内容
1.2 实体说明
2 引用文件
3 要求
3.1 作战能力/功能
3.2 性能
3.3 作战适用性
3.4 环境适应性
3.5 可靠性
3.6 维修性
3.7 保障性
3.8 测试性
3.9 耐久性
3.10 安全性
3.11 信息安全
3.12 隐蔽性
3.13 兼容性
3.14 运输性
3.15 人机工程
3.16 互换性
3.17 稳定性
3.18 综合保障
3.19 接口
3.20 经济可承受性
3.21 计算机硬件与软件
3.22 尺寸和体积
3.23 重量
3.24 颜色
3.25 抗核加固
3.26 理化性能
3.27 能耗
3.28 材料
3.29 非研制项目
3.30 外观质量
3.31 标志和代号

3.32 主要组成部分特性

3.33 图样和技术文件

3.34 标准样件

4 验证

4.1 检验分类

4.2 检验条件

4.3 设计验证

4.4 定型(鉴定)试验

4.5 首件检验

4.6 质量一致性检验

4.7 包装检验

4.8 抽样

4.9 缺陷分类

4.10 检验方法

5 包装、运输与贮存

5.1 防护包装

5.2 装箱

5.3 运输和贮存

5.4 标志

6 说明事项

6.1 预定用途

6.2 分类

6.3 订购文件中应明确的内容

6.4 术语和定义

6.5 符号、代号和缩略语

6.6 其他

说明：

(1) 目次格式仅是一个示例，并没有包括系统规范各章中的所有要素，也不要求每项系统规范都必须包括列出的各章的所有要素。每项系统规范可根据其规定实体的具体情况剪裁目次格式列出的各章的要素。

(2) 第5章无条文。第6章有条文时，在第5章标题下注明本章无条文；第6章无条文时，则第5章和第6章均应省略。

3.1.13 研制规范(B类规范)

1. 文件用途

规定工程研制阶段产品的设计要求或工程研制要求。全面叙述每个技术状态项的性能特性,详细规定设计和工程方面的性能、接口和其他技术要求。适用于系统级以下项目。

2. 编制时机

在方案阶段编写,一般应在工程研制阶段之前完成。

3. 编制依据

主要包括:研制立项综合论证报告,武器装备主要作战使用性能,通用规范,研制总要求,研制合同,系统规范等。

4. 目次格式

按照 GJB 6387—2008《武器装备研制项目专用规范编写规定》编写,目次格式如下:

```
1 范围
1.1 主题内容
1.2 实体说明
2 引用文件
3 要求
3.1 作战能力/功能
3.2 性能
3.3 作战适用性
3.4 环境适应性
3.5 可靠性
3.6 维修性
3.7 保障性
3.8 测试性
3.9 耐久性
3.10 安全性
3.11 信息安全
3.12 隐蔽性
3.13 兼容性
3.14 运输性
3.15 人机工程
3.16 互换性
3.17 稳定性
3.18 综合保障
3.19 接口
3.20 经济可承受性
```

3.21 计算机硬件与软件

3.22 尺寸和体积

3.23 重量

3.24 颜色

3.25 抗核加固

3.26 理化性能

3.27 能耗

3.28 材料

3.29 非研制项目

3.30 外观质量

3.31 标志和代号

3.32 主要组成部分特性

3.33 图样和技术文件

3.34 标准样件

4 验证

4.1 检验分类

4.2 检验条件

4.3 设计验证

4.4 定型(鉴定)试验

4.5 首件检验

4.6 质量一致性检验

4.7 包装检验

4.8 抽样

4.9 缺陷分类

4.10 检验方法

5 包装、运输与贮存

5.1 防护包装

5.2 装箱

5.3 运输和贮存

5.4 标志

6 说明事项

6.1 预定用途

6.2 分类

6.3 订购文件中应明确的内容

6.4 术语和定义

6.5 符号、代号和缩略语

6.6 其他

说明：

（1）目次格式仅是一个示例，并没有包括研制规范各章中的所有要素，也不要求每项研制规范都必须包括列出的各章的所有要素。每项研制规范可根据其规定实体的具体情况剪裁目次格式列出的各章的要素。

（2）第5章无条文。第6章有条文时，在第5章标题下注明本章无条文；第6章无条文时，则第5章和第6章均应省略。

3.1.14 研制计划

1. 文件用途

对产品研制过程中的所有工作进行计划，明确责任界限和进度安排，以便管理人员实施对产品研制过程与资源的控制和管理，确保项目按照计划进行研制。

2. 编制时机

在方案阶段编制。

3. 编制依据

主要包括：研制立项综合论证报告，研制总要求，工作分解结构及其单元说明，研制合同等。

4. 目次格式

按照 GJB 2993—1997《武器装备研制项目管理》要求，参照《系统工程管理指南》编写，目次格式如下：

```
1 工程项目技术规划和控制
1.0 职责和权力
1.1 标准、程序和训练
1.2 工程项目风险分析
1.3 工作分解结构
1.4 工程项目审查
1.5 技术审查
1.6 技术性能度量
1.7 更改控制程序
1.8 工程大纲综合
1.9 接口控制
1.10 里程碑/进度
1.11 其他计划和控制
2 系统工程过程
2.0 任务和要求分析
2.1 功能分析
```

> 2.2 要求分配
> 2.3 权衡研究
> 2.4 设计优化/效能兼容性
> 2.5 综合
> 2.6 技术接口兼容性
> 2.7 后勤保障分析
> 2.8 生产性分析
> 2.9 规范树/规范
> 2.10 文件
> 2.11 系统工程工具
> 3 工程专业/综合要求
> 3.1 综合设计/计划
> 3.1.1 可靠性
> 3.1.2 维修性
> 3.1.3 人机工程
> 3.1.4 安全性
> 3.1.5 标准化
> 3.1.6 生存性/易损性
> 3.1.7 电磁兼容性/电磁干扰
> 3.1.8 电磁脉冲防护
> 3.1.9 综合后勤保障
> 3.1.10 计算机资源寿命周期管理计划
> 3.1.11 生产性
> 3.1.12 其他工程专业要求/计划
> 3.2 综合系统试验计划
> 3.3 保障活动的兼容性
> 3.3.1 系统费用效能
> 3.3.2 价值工程
> 3.3.3 全面质量管理/质量保证
> 3.3.4 材料和工艺

3.1.15 生产性分析报告(方案阶段)

1. 文件用途

对拟采取的研制方案进行生产性分析形成的输出报告。

2. 编制时机

在方案阶段编制。

3. 编制依据

主要包括：研制立项综合论证报告，研制总要求，研制合同，研制计划，通用规范，研制规范等。

4. 目次格式

按照 GJB 3363—1998《生产性分析》编写，目次格式如下：

```
1 范围
2 引用文件
3 生产性分析目的
4 生产性分析准则
5 生产性分析工作内容
5.1 材料分析
5.2 制造方法分析
5.3 设计过程分析
6 生产性分析结论
```

3.1.16　研制方案

1. 文件用途

为完成产品研制在技术上进行组织规划的文件，用于指导工程研制工作。

2. 编制时机

在方案阶段编写。是方案阶段的输出文件。

3. 编制依据

主要包括：研制立项综合论证报告，研制总要求，生产性分析报告（方案阶段），可靠性大纲，维修性大纲，测试性大纲，保障性大纲，安全性大纲，质量保证大纲，标准化大纲等。

4. 目次格式

推荐的目次格式如下：

```
1 适用范围
2 研制依据
3 系统组成和工作原理
3.1 系统组成
3.2 系统工作原理
4 主要战术技术指标及使用要求
4.1 主要战术指标
4.2 主要技术指标
```

4.3 主要使用要求
5 总体技术方案
5.1 总体设计思路
5.2 结构方案
5.3 硬件方案
5.4 软件方案(适用时)
5.5 电源方案(适用时)
5.6 接口方案
5.7 环境适应性设计措施
5.8 可靠性设计措施
5.9 维修性设计措施
5.10 测试性设计措施
5.11 保障性设计措施
5.12 安全性设计措施
5.13 电磁兼容性设计措施(适用时)
5.14 人机工程设计措施(适用时)
6 试验验证初步考虑
7 质量和标准化控制措施
7.1 质量控制措施
7.2 标准化控制措施
8 研制进度安排
8.1 项目周期
8.2 进度安排
9 研制风险分析
9.1 技术风险
9.2 进度风险
9.3 经费风险
10 任务分工
11 研制经费概算(可视情省略)
11.1 科研经费概算
11.2 生产经费概算

3.1.17 技术状态管理计划

1. 文件用途

技术状态管理计划用来说明对技术状态项的功能特性和物理特性进行管理所采用的程序和方法。

2. 编制时机

分阶段编制,在各研制阶段或生产阶段初期(或按合同要求)提交订购方。在研制过程中,应根据武器装备系统或技术状态项目标的不断演进,对该计划进行必要的修订。

3. 编制依据

主要包括:研制合同,研制任务书,GJB 3206A—2010《技术状态管理》等。

4. 目次格式

按照 GJB 3206A—2010《技术状态管理》编写,目次格式如下:

1 引言
1.1 目的和范围
1.2 技术状态项说明
1.3 主要特点
2 引用文件
3 职责
3.1 技术状态管理人员、部门和机构
3.2 技术状态管理人员、部门和机构的职责
3.3 技术状态管理与技术审查、定型工作的关系
4 技术状态管理重大事项
5 技术状态标识
5.1 技术状态项
5.2 技术状态基线所需的技术状态文档(规范树)
5.3 技术状态项及其下级产品的标识、技术文档的标识
5.4 技术状态文档发放程序
6 技术状态控制
6.1 技术状态更改分类
6.2 技术状态更改审批权限
6.3 技术状态更改建议的处理程序
6.4 偏离、超差申请的处理程序
6.5 技术状态更改通知的处理程序
7 技术状态记实
7.1 资料收集、记录、处理和保持程序
7.2 技术状态管理报告内容和形式
8 技术状态审核
8.1 技术状态审核的计划、程序和文档
8.2 技术状态审核报告的格式
9 分承制方/供应商控制

> 10 数据管理
> 10.1 数据访问、传递、存储方法
> 10.2 数据保存计划

3.1.18 接口控制文件

1. 文件用途

规定系统、分系统、设备之间功能和物理接口要求。

2. 编制时机

在方案阶段,总体设计单位、设计师系统应依据确定的工作分解结构及其相应的功能要求,提出总的接口方案,由有关承研承制单位编制所需要的接口控制文件。在总体技术设计完成之前,通常应完成系统、分系统接口控制文件的协调并经批准。

在工程研制阶段,详细设计之前,应正式确定所有的接口控制文件。在设计中应严格贯彻并完善接口控制文件,验证接口要求的正确性,若有不满足要求或其他原因确需修改时,应按更改控制程序进行。

3. 编制依据

主要包括:研制总要求,研制方案,产品工作分解结构,GJB 2737—1996《武器装备系统接口控制要求》,GJB 5439—2005《航空电子接口控制文件编制要求》及相关标准和规范等。

4. 目次格式

按照 GJB 2737—1996《武器装备系统接口控制要求》编写,目次格式如下:

> 1 范围
> 1.1 主题内容
> 1.2 适用范围
> 2 引用文件
> 3 要求
> 3.1 物理接口
> 3.1.1 机械要求
> 3.1.2 主要工具
> 3.1.3 质量特性
> 3.2 电子接口
> 3.3 电气接口
> 3.3.1 电力
> 3.3.2 接口插座分配

3.3.3 电磁兼容性

3.4 液压或气压接口

3.5 软件

3.5.1 数据

3.5.2 信息

3.5.3 协议

3.6 硬件

3.7 环境

3.7.1 结构

3.7.2 热

3.7.3 磁

3.7.4 辐射

3.7.5 环绕空间

3.7.6 空调

3.8 安全性

3.9 使用限制

4 验证

4.1 质量保证

4.1.1 质量保证要求

4.1.2 接口控制文件要求验证：矩阵

4.2 工厂试验

4.2.1 设施要求

4.2.2 接收检查

4.2.3 安装要求

4.2.4 测试约束条件

4.2.5 测试顺序

4.2.6 装运准备

3.1.19 试验与评定总计划

1. 文件用途

试验与评定总计划具体规定为了满足订购方的要求所需要进行的试验与评定工作。是关键的试验规划文件，应列出试验的目标、进度和所需资源，反映项目办公室和使用试验机构关于试验规划的决策。

2. 编制时机

在方案阶段制定试验与评定总计划(含系统、分系统和单项设备的试验计划)。

3. 编制依据

主要包括：研制总要求，研制合同，研制计划，研制方案，试验与评定要求等。

4. 目次格式

参考《系统工程管理指南》编写，目次格式如下：

```
1  系统说明
1.1 任务描述
1.2 威胁评估
1.3 效能测量
1.4 适用性测量
1.5 系统描述
1.6 关键性能参数
2  综合试验工作提要
2.1 试验管理过程
2.2 综合试验工作进度安排
3  研制试验与评定概述
3.1 研制试验与评定工作概述
3.2 后续研制试验与评定说明
4  使用试验与评定概述
4.1 使用试验与评定概述
4.2 关键的使用问题
4.3 后续使用试验与评定说明
4.4 实弹试验与评定说明
5  试验与评定资源提要
5.1 试验件
5.2 试验场地和装置
5.3 试验保障设备
5.4 威胁系统
5.5 试验目标
5.6 使用部队试验保障
5.7 模拟器、样机和试验台
5.8 专用要求
5.9 试验与评定资金要求
5.10 资源进度
5.11 人力/训练
   附录
```

3.1.20 研制任务书

1. 文件用途

研制任务书是为开展产品研制项目有关机关、单位或部门下达工作任务的文件。研制任务书一经批准,即成为产品方案设计、工程研制和设计定型的依据,也是签订研制合同的依据。

2. 编制时机

在方案阶段编写。

3. 编制依据

主要包括:研制立项综合论证报告,研制总要求,研制合同,研制方案,可靠性大纲,维修性大纲,测试性大纲,保障性大纲,安全性大纲,质量保证大纲,标准化大纲等。

4. 目次格式

推荐的目次格式如下:

```
1 前言
2 技术要求
2.1 产品用途与组成
2.2 性能要求
2.3 使用要求
2.4 环境要求
2.5 设计要求
3 质量保证与控制要求
3.1 质量要求
3.2 标准化要求
3.3 可靠性维修性测试性保障性安全性要求
4 其他要求及说明事项
5 验收与交付
6 完成形式
7 任务周期和研制经费
```

3.1.21 详细设计

1. 文件用途

对产品进行详细设计的输出文件,提供设计评审。

2. 编制时机

在工程研制阶段编写。

3. 编制依据

主要包括：研制立项综合论证报告，研制总要求，研制方案，可靠性大纲，维修性大纲，测试性大纲，保障性大纲，安全性大纲，通用规范等。

4. 目次格式

推荐的目次格式如下：

```
1 适用范围
2 研制依据
3 系统组成和工作原理
3.1 系统组成
3.2 系统工作原理
4 主要战术技术指标及使用要求
4.1 主要战术指标
4.2 主要技术指标
4.3 主要使用要求
5 详细设计方案
5.1 总体设计
5.2 结构设计
5.3 硬件设计
5.4 软件设计(适用时)
5.5 电源设计(适用时)
5.6 接口设计
5.7 环境适应性设计
5.8 可靠性设计
5.9 维修性设计
5.10 测试性设计
5.11 保障性设计
5.12 安全性设计
5.13 电磁兼容性设计(适用时)
5.14 人机工程设计(适用时)
6 研制风险分析
6.1 技术风险
6.2 进度风险
```

3.1.22 设计计算报告

1. 文件用途

在方案阶段，对有关技术问题进行设计计算，提供方案可行性，并为工程研制提供数据;在工程研制阶段,针对样机实际情况,进行计算,提供样机性能数据。

2. 编制时机

在方案阶段和工程研制阶段编制。

3. 编制依据

主要包括:研制总要求,研制方案,通用规范,有关设计计算的国家标准和国家军用标准等。

4. 目次格式

推荐的目次格式如下:

```
1 任务来源
1.1 计算对象
1.2 计算目的
2 引用文件
3 计算要求
3.1 已知参数和数据
3.2 设计状态参数和数据
3.3 待定参数和数据
4 计算内容
4.1 计算方法
4.2 计算过程
4.3 计算结果
5 计算结果分析和结论
5.1 计算结果分析
5.2 结论
6 其他
```

3.1.23 特性分析报告

1. 文件用途

对产品特性实施分类,以便设计部门提高设计质量,生产部门实施质量控制,检验人员实施检查监督。

2. 编制时机

在工程研制阶段编制。

3. 编制依据

主要包括:研制总要求,研制方案,研制规范,GJB 190—1986《特性分类》等。

4. 目次格式

按照 GJB 190—1986《特性分类》编写,目次格式如下:

```
1 适用范围
2 引用文件
3 特性分析
3.1 技术指标分析
3.2 设计分析
3.3 选定检验内容
4 关键件重要件清单
```

3.1.24 生产性分析报告(工程研制阶段)

1. 文件用途

进行生产性分析工作(标识所有硬件的关键特性,减少生产流程时间,减少材料和工时费用,确定最佳进度要求,改善检验和试验程序,减少专用生产工装和试验设备),形成生产性分析报告,以便顺利地转入试生产状态。

2. 编制时机

在工程研制阶段编制。

3. 编制依据

主要包括:研制立项综合论证报告,研制总要求,研制合同,研制计划,通用规范,研制规范,研制方案,详细设计,设计计算报告,接口控制文件等。

4. 目次格式

按照 GJB 3363—1998《生产性分析》编写,目次格式如下:

```
1 范围
2 引用文件
3 生产性分析目的
4 生产性分析准则
5 生产性分析工作内容
5.1 设计分析
5.2 标准和规范分析
5.3 图样分析
5.4 材料分析
5.5 制造工艺分析
5.6 连接方法分析
5.7 涂覆材料和方法分析
```

5.8 热处理和清洗工艺分析
5.9 安全分析
5.10 环境要求分析
5.11 检验和试验分析
6 生产性分析结论

3.1.25 研制试验大纲

1. 文件用途

用于规范研制试验的项目、内容和方法等。

2. 编制时机

在工程研制阶段编制。

3. 编制依据

主要包括：研制总要求，系统规范，研制规范，通用规范，通用试验规范，有关国家军用标准等。

4. 目次格式

按照GJB 1362A—2007《军工产品定型程序和要求》编写，目次格式如下：

1 编制大纲的依据
2 试验目的和性质
3 被试品、陪试品、配套设备的数量和技术状态
3.1 被试品的数量和技术状态
3.2 陪试品的数量和技术状态
3.3 配套设备的数量和技术状态
4 试验项目、内容和方法
5 主要测试、测量设备的名称、精度、数量
6 试验数据处理原则、方法和合格判定准则
6.1 试验数据处理原则
6.2 试验数据处理方法
6.3 试验数据合格判定准则
7 试验组织、参试单位及试验任务分工
8 试验网络图和试验的保障措施及要求
9 试验安全保证要求

3.1.26 研制试验报告

1. 文件用途

报告研制试验情况和试验结果，作为产品开展下一步研制工作的依据。

2. 编制时机

研制试验结束后,在 30 个工作日内完成研制试验报告。

3. 编制依据

主要包括:研制总要求,研制试验大纲,通用规范,通用试验规范,有关国家军用标准等。

4. 目次格式

按照 GJB 1362A—2007《军工产品定型程序和要求》编写,目次格式如下:

```
1 试验概况
2 试验项目、步骤和方法
2.X (试验项目 X)的步骤和方法
3 试验数据
4 试验中出现的主要技术问题及处理情况
5 试验结果、结论
5.1 试验结果
5.2 试验结论
6 存在的问题和改进建议
6.X (存在的问题 X)及其改进建议
7 试验照片
7.1 试验样品的全貌、主要侧面照片
7.2 主要试验项目照片
7.3 试验中发生的重大技术问题的特写照片
8 主要试验项目的实时音像资料
9 关于编制、训练、作战使用和技术保障等方面的意见和建议
9.1 关于编制的意见和建议
9.2 关于训练的意见和建议
9.3 关于作战使用的意见和建议
9.4 关于技术保障的意见和建议
```

3.1.27 验收测试规范

1. 文件用途

验收测试规范(ATS)提出产品的测试环境、测试方法和测试项目,是编写验收测试程序(ATP)的基础。

2. 编制时机

在工程研制阶段编制。

3. 编制依据

主要包括:研制总要求,研制方案,系统规范,研制规范,通用规范等。

4. 目次格式

推荐的目次格式如下:

```
1 范围
1.1 主题内容
1.2 适用范围
2 引用文件
3 产品组成
4 测试环境
4.1 概述
4.2 受试系统组成
4.3 配试系统组成
4.4 测试环境框图
5 测试方法
6 测试项目
```

3.1.28 验收测试程序

1. 文件用途

验收测试程序(ATP)规定产品的测试环境、测试项目和测试步骤。

2. 编制时机

在工程研制阶段编制,开展验收测试工作之前完成审查。

3. 编制依据

主要包括:研制总要求,研制方案,系统规范,研制规范,通用规范,验收测试规范等。

4. 目次格式

推荐的目次格式如下:

```
1 范围
1.1 主题内容
1.2 适用范围
2 引用文件
3 ATP 设计组成
4 ATP 测试环境
4.1 概述
```

```
4.2 受试系统组成
4.3 配试系统组成
4.4 ATP环境框图
5 测试步骤
5.X （测试项目X）
5.X.1 测试步骤
5.X.2 相关标准
5.X.3 测试响应
```

3.1.29 产品规范(C类规范)

1. 文件用途

用于规定系统级以下任何项目主要的功能要求、性能要求、制造要求和验收要求,指导产品采购。

2. 编制时机

在工程研制阶段编写产品规范草案,在定型阶段应最终确定产品规范的正式版本。

3. 编制依据

主要包括:研制总要求,研制方案,通用规范,GJB 0.2—2001《军用标准文件编制工作导则 第2部分:军用规范编写规定》,GJB 6387—2008《武器装备研制项目专用规范编写规定》等。

4. 目次格式

按照GJB 0.2—2001《军用标准文件编制工作导则 第2部分:军用规范编写规定》编写,目次格式如下:

```
1 范围
2 引用文件
3 要求
3.1 总则
3.2 性能
3.3 保障性
3.4 可靠性
3.5 维修性
3.6 环境适应性
3.7 运输性
3.8 材料
```

3.9 理化性能

3.10 稳定性

3.11 设计与结构

3.12 测试性

3.13 电磁兼容性

3.14 互换性

3.15 安全性

3.16 人机工程

3.17 接口

3.18 抗核加固

3.19 尺寸

3.20 重量

3.21 颜色

3.22 能耗

3.23 标准零部件、组件

3.24 标志和代号

3.25 外观质量或加工质量

4 质量保证规定

4.1 检验分类

4.2 检验条件

4.3 鉴定(或定型)检验

4.4 首件检验

4.5 质量一致性检验

4.6 其他类别的检验

4.7 包装检验

4.8 复验

4.9 缺陷分类

4.10 检验方法

5 交货准备

5.1 防护包装

5.2 装箱

5.3 运输和贮存

5.4 标志

6 说明事项

6.1 预定用途

6.2 分类

6.3 订购文件应明确的内容

6.4 术语和定义

6.5 其他

按照 GJB 6387—2008《武器装备研制项目专用规范编写规定》编写,目次格式如下:

1 范围
1.1 主题内容
1.2 实体说明
2 引用文件
3 要求
3.1 作战能力/功能
3.2 性能
3.3 作战适用性
3.4 环境适应性
3.5 可靠性
3.6 维修性
3.7 保障性
3.8 测试性
3.9 耐久性
3.10 安全性
3.11 信息安全
3.12 隐蔽性
3.13 兼容性
3.14 运输性
3.15 人机工程
3.16 互换性
3.17 稳定性
3.18 综合保障
3.19 接口
3.20 经济可承受性
3.21 计算机硬件与软件
3.22 尺寸和体积
3.23 重量
3.24 颜色
3.25 抗核加固
3.26 理化性能
3.27 能耗
3.28 材料
3.29 非研制项目

> 3.30 外观质量
> 3.31 标志和代号
> 3.32 主要组成部分特性
> 3.33 图样和技术文件
> 3.34 标准样件
> 4 验证
> 4.1 检验分类
> 4.2 检验条件
> 4.3 设计验证
> 4.4 定型(鉴定)试验
> 4.5 首件检验
> 4.6 质量一致性检验
> 4.7 包装检验
> 4.8 抽样
> 4.9 缺陷分类
> 4.10 检验方法
> 5 包装、运输与贮存
> 5.1 防护包装
> 5.2 装箱
> 5.3 运输和贮存
> 5.4 标志
> 6 说明事项
> 6.1 预定用途
> 6.2 分类
> 6.3 订购文件中应明确的内容
> 6.4 术语和定义
> 6.5 符号、代号和缩略语
> 6.6 其他

说明：

目次格式仅是一个示例，并没有包括产品规范各章中的所有要素，也不要求每项产品规范都必须包括列出的各章的所有要素。每项产品规范可根据其规定实体的具体情况剪裁目次格式列出的各章的要素。

3.1.30 技术说明书

1. 文件用途

为用户提供详细的、全面的产品信息，指导用户准确理解、熟练掌握并正确使用维护产品。

2. 编制时机

在工程研制阶段撰写,在申请进行设计定型试验之前完成第一版。在设计定型阶段可以进行修改,在设计定型审查会召开之前定稿。在设计定型审查会后,根据审查组专家提出的修改意见和建议进行修改完善,形成最终稿。

3. 编制依据

主要包括:研制总要求,研制方案,设计计算报告,产品规范,有关国家军用标准等。

4. 目次格式

按照GJB 4771—1997《航空军工产品技术说明书编写基本要求》编写,目次格式如下:

```
1 产品用途和功能
1.1 产品用途
1.2 产品功能
2 产品性能和数据
2.1 产品性能
2.2 产品数据
3 产品组成、结构和工作原理
3.1 产品组成
3.2 产品结构
3.3 工作原理
4 产品技术特点
5 产品配套及其交联接口关系
6 使用维修中注意事项
7 附录、附图
8 索引
```

3.1.31 使用维护说明书

1. 文件用途

为用户提供详细的、全面的产品使用维护信息,指导用户准确理解、熟练掌握并正确使用维护产品。

2. 编制时机

在工程研制阶段撰写,在申请进行设计定型试验之前完成第一版。在设计定型阶段可以进行修改,在设计定型审查会召开之前定稿。在设计定型审查会后,根据审查组专家特别是来自基层部队的专家提出的修改意见和建议进行修改完善,形成最终稿。

3. 编制依据

主要包括:研制总要求,研制方案,设计计算报告,产品规范,有关国家军用标准等。

4. 目次格式

推荐的目次格式如下:

```
1 概述
2 引用文件
3 主要技术参数
4 产品组成、结构特征及其工作原理
5 安装及调试
6 使用及操作
7 维护、保养
8 故障检测、定位、隔离
9 故障分析与排除
10 安全保护措施及注意事项
11 运输、贮存
12 其他
```

3.1.32 改装方案

1. 文件用途

为完成产品在平台上的加改装科研工作在技术上进行组织规划的文件,用于指导产品科研改装工作。

2. 编制时机

在主管机关下达产品改装任务后开始编制,改装方案评审时产品通常处于工程研制阶段或设计定型阶段早期。

3. 编制依据

主要包括:研制总要求,研制方案,产品规范,GJB 151A—1997《军用设备和分系统电磁发射和敏感度要求》,GJB 152A—1997《军用设备和分系统电磁发射和敏感度测量》,GJB 1389A—2005《系统电磁兼容性要求》,GJB 368B—2009《装备维修性工作通用要求》,GJB 3872—1999《装备综合保障通用要求》等。

4. 目次格式

推荐的目次格式如下：

```
1 范围
1.1 主题内容
1.2 适用范围
2 引用文件
2.1 依据文件
2.2 引用文件
3 改装原则要求
3.1 对改装设备的要求
3.2 对改装设计的要求
3.3 对改装施工的要求
4 改装设备简介
4.1 产品组成
4.2 主要功能
4.3 主要性能
4.4 接口关系
5 改装技术方案
5.1 改装内容
5.2 改装设备变化情况
5.2.1 增装设备
5.2.2 换装设备
5.2.3 改进设备
5.2.4 取消设备
5.3 结构改装方案
5.3.1 总体结构布置
5.3.2 强度分析
5.3.3 重量重心分析
5.3.4 平台性能分析
5.3.5 操稳分析
5.4 电路改装方案
5.4.1 改装设备
5.4.2 接口交联关系
5.4.3 电缆制造和敷设
5.4.4 供电方案分析
```

5.4.5 电磁兼容性

6 可靠性维修性测试性保障性安全性方案

6.1 可靠性方案

6.2 维修性方案

6.3 测试性方案

6.4 保障性方案

6.4.1 人力和人员

6.4.2 供应保障

6.4.3 保障设备

6.4.4 技术资料

6.4.5 训练与训练保障

6.4.6 计算机资源保障

6.4.7 保障设施

6.5 安全性方案

7 改装后检查与试验

7.1 改装后检查

7.1.1 设备安装检查

7.1.2 线路导通检查

7.2 改装后试验

7.2.1 单设备通电试验

7.2.2 全系统通电试验

7.2.3 电磁兼容性定性试验

7.3 改装验收

7.4 部队试验试用

8 改装标识

9 改装试验试用后的恢复

10 改装进度安排

10.1 项目周期

10.2 进度安排

11 改装风险分析

11.1 技术风险

11.2 进度风险

11.3 经费风险(可省略)

12 任务分工

12.X（单位 X)任务

13 改装经费概算(可省略)

> 13.1 科研改装经费概算
> 13.2 批量改装经费概算
> 附录
> 改装器材清单
> 改装结构布局图
> 改装交联关系图

3.1.33 设计定型试验申请报告

1. 文件用途

向二级定委提出设计定型试验书面申请,经二级定委批复后,产品可转入设计定型试验阶段。

2. 编制时机

按照规定的研制程序,当产品满足 GJB 1362A—2007《军工产品定型程序和要求》第5.2条要求时,承研承制单位会同军事代表机构或军队其他有关单位向二级定委提出设计定型试验书面申请。

3. 编制依据

主要包括:研制总要求,产品规范,产品研制验收(鉴定)试验报告,GJB 1362A—2007《军工产品定型程序和要求》等。

4. 目次格式

按照 GJB 1362A—2007《军工产品定型程序和要求》第5.3条编写,目次格式如下:

> 1 研制工作概况
> 2 样品数量
> 3 技术状态
> 4 研制试验或承研单位鉴定试验情况
> 5 对设计定型试验的要求和建议

3.1.34 设计定型试验大纲

1. 文件用途

用于规范设计定型试验的项目、内容和方法等,以全面考核产品战术技术指标、作战使用要求和维修保障要求,作为开展设计定型试验的依据。

2. 编制时机

在二级定委批准转入设计定型试验阶段并确定承试单位后,由承试单位拟制,并征求总部分管有关装备的部门、军兵种装备部、研制总要求论证单位、军事代表机构或军队其他有关单位、承研承制单位的意见。

3. 编制依据

主要包括:研制总要求,通用规范,产品规范,有关试验规范等。

4. 目次格式

按照 GJB 1362A—2007《军工产品定型程序和要求》编写,目次格式如下:

```
1  编制大纲的依据
2  试验目的和性质
3  被试品、陪试品、配套设备的数量和技术状态
3.1 被试品的数量和技术状态
3.2 陪试品的数量和技术状态
3.3 配套设备的数量和技术状态
4  试验项目、内容和方法
5  主要测试、测量设备的名称、精度、数量
6  试验数据处理原则、方法和合格判定准则
6.1 试验数据处理原则
6.2 试验数据处理方法
6.3 试验数据合格判定准则
7  试验组织、参试单位及试验任务分工
8  试验网络图和试验的保障措施及要求
9  试验安全保证要求
```

3.1.35 设计定型试验大纲(部队试验)

1. 文件用途

用于规范设计定型试验(部队试验)的项目、内容和方法等,以全面地综合考核产品作战使用性能和部队适用性,是组织实施产品设计定型试验(部队试验)的基本依据。

2. 编制时机

在设计定型阶段编制。

3. 编制依据

主要包括:部队试验试用年度计划或试验任务书,研制总要求,通用规范,产品规范,有关试验规范等。

4. 目次格式

按照 GJB 6177—2007《军工产品定型部队试验试用大纲通用要求》编写,目

次格式如下：

```
1 任务依据
2 试验目的
3 被试品、陪试品及主要测试仪器设备
4 试验条件和要求
5 试验模式和试验项目
6 试验流程和考核内容
7 试验评定标准
8 中断、中止与恢复
8.1 中断
8.2 中止
8.3 恢复
9 组织分工
10 试验报告要求
11 试验保障
12 安全要求
13 其他要求
```

3.1.36 设计定型试验大纲编制说明

1. 文件用途

用于说明设计定型试验大纲的编制依据、编制过程、确定大纲主要内容的理由、试验项目剪裁依据和理由等，以便在对设计定型试验大纲进行审查时更好地理解和完善设计定型试验大纲的内容。

2. 编制时机

在编制设计定型试验大纲的同时进行。

3. 编制依据

主要包括：研制总要求，通用规范，产品规范，设计定型试验大纲，有关试验规范等。

4. 目次格式

按照 GJB 1362A—2007《军工产品定型程序和要求》和 GJB 6177—2007《军工产品定型部队试验试用大纲通用要求》编写，目次格式如下：

```
1 编制依据
2 确定大纲主要内容的理由
3 对试验项目及考核内容进行剪裁的依据和理由
4 编制过程
```

3.1.37 设计定型试验报告

1. 文件用途

报告设计定型试验情况和试验结果,作为产品设计定型的依据。

2. 编制时机

试验结束后,承试单位在30个工作日内完成设计定型试验报告。

3. 编制依据

主要包括:研制总要求,设计定型试验大纲,有关国家军用标准等。

4. 目次格式

按照 GJB 1362A—2007《军工产品定型程序和要求》编写,目次格式如下:

1 试验概况
2 试验项目、步骤和方法
2.X (试验项目 X)的步骤和方法
3 试验数据
4 试验中出现的主要技术问题及处理情况
5 试验结果、结论
5.1 试验结果
5.2 试验结论
6 存在的问题和改进建议
6.X (存在的问题 X)改进建议
7 试验照片
7.1 试验样品的全貌、主要侧面照片
7.2 主要试验项目照片
7.3 试验中发生的重大技术问题的特写照片
8 主要试验项目的实时音像资料
9 关于编制、训练、作战使用和技术保障等方面的意见和建议
9.1 关于编制的意见和建议
9.2 关于训练的意见和建议
9.3 关于作战使用的意见和建议
9.4 关于技术保障的意见和建议

3.1.38 设计定型试验报告(部队试验)

1. 文件用途

全面反映设计定型试验大纲(部队试验)的执行情况,实事求是地反映产品技术状态和试验的实施过程,从总体上对被试品作出科学、客观、公正、完整的评价。是产品设计定型的依据之一。

2. 编制时机

在部队试验结束后 30 个工作日内完成。

3. 编制依据

主要包括:研制总要求,产品规范,技术说明书,使用维护说明书,设计定型试验大纲(部队试验),相关国家军用标准等。

4. 目次格式

按照 GJB 6178—2007《军工产品定型部队试验试用报告通用要求》编写,目次格式如下:

```
1 试验概况
2 试验条件说明
2.1 基本要求
2.2 环境条件
2.3 被试品
2.4 陪试品、测试仪器和设备
2.5 承试部队
2.6 其他条件
3 试验项目、结果和必要的说明
4 对被试品的评价
4.1 作战使用性能评价
4.2 部队适用性评价
4.2.1 可用性
4.2.2 可靠性
4.2.3 维修性
4.2.4 保障性
4.2.5 兼容性
4.2.6 机动性
4.2.7 安全性
4.2.8 人机工程
4.2.9 生存性
5 问题分析和改进建议
6 试验结论
7 关于编制、训练、作战使用和技术保障等方面的意见和建议
附件
```

3.1.39 重大技术问题的技术攻关报告

1. 文件用途

对产品研制过程中出现的重大技术问题及其解决情况进行记录和报告。

2. 编制时机

在研制试验或设计定型试验过程中出现重大技术问题后,完成技术攻关并通过试验验证确认重大技术问题已得到解决时编写。

3. 编制依据

主要包括:研制立项综合论证报告,研制总要求,研制合同,研制方案,研制试验大纲,研制试验报告,设计定型试验大纲等。

4. 目次格式

按照GJB 1362A—2007《军工产品定型程序和要求》编写,目次格式如下:

```
1 适用范围
2 引用标准及文件
2.1 引用标准
2.2 引用文件
3 重大技术问题描述
4 问题分析及采用的技术措施
4.1 问题详细分析
4.2 采用的技术措施
4.3 技术措施的效果分析
5 试验验证情况
5.1 试验情况
5.2 试验结果分析
6 (重大技术问题名称)解决结论
7 遗留问题的处理方法
```

3.1.40 质量问题报告

1. 文件用途

报告产品研制过程中出现的重大技术问题及其解决情况。

2. 编制时机

承研承制单位对试验中暴露的问题采取改进措施,经试验验证和军事代表机构或军队其他有关单位确认问题已经解决时,军事代表机构编制并提交《质量问题报告》。

3. 编制依据

主要包括：研制立项综合论证报告，研制总要求，研制合同，研制方案，质量保证大纲，研制试验大纲，研制试验报告，设计定型试验大纲等。

4. 目次格式

按照 GJB 1362A—2007《军工产品定型程序和要求》编写，目次格式如下：

```
1 质量问题概况
2 原因分析
3 采取的措施
4 结论性意见
附件
```

3.1.41 价值工程和成本分析报告

1. 文件用途

报告产品研制成本、生产成本估算和寿命周期费用分析结果。

2. 编制时机

在设计定型阶段编写。

3. 编制依据

主要包括：武器装备研制合同暂行办法，武器装备研制合同暂行办法实施细则，国防科研试制费管理规定，研制立项综合论证报告，研制总要求，研制方案，GJB 1364—1992《装备费用－效能分析》等。

4. 目次格式

推荐的目次格式如下：

```
1 概述
2 研制成本
2.1 成本计算的依据和方法
2.1.1 成本计算的依据
2.1.2 成本计算的方法
2.2 成本组成及费用
2.3 成本分析
2.3.1 直接材料费分析
2.3.2 直接工资费分析
2.3.3 其他直接支出
2.3.3.1 设计费分析
```

> 2.3.3.2 试验费分析
> 2.3.3.3 外协费分析
> 2.3.3.4 专用设备、仪器购置费分析
> 2.3.3.5 专用工艺装备费分析
> 2.3.3.6 零星技术措施费分析
> 2.3.3.7 样品样机购置费分析
> 2.3.3.8 技术基础费分析
> 2.3.4 研制费用分析
> 2.3.5 管理费用分析
> 2.3.6 财务费用分析
> 2.3.7 经营费用分析
> 3 生产成本估算
> 3.1 制造成本
> 3.2 期间费用
> 3.3 工时
> 4 寿命周期费用分析
> 4.1 使用阶段费用分析
> 4.2 退役阶段费用分析
> 5 评价意见
> 6 存在的问题及改进工作的建议

3.1.42 生产性分析报告(设计定型阶段)

1. 文件用途

在设计定型阶段对设计图样和产品规范进行较大修改时,进行相应的生产性分析,以便顺利地转入试生产状态。

2. 编制时机

经过定型试验,若需要对设计图样和产品规范进行较大修改,则需重新进行生产性分析,在设计定型阶段形成生产性分析报告。

3. 编制依据

主要包括:研制立项综合论证报告,研制总要求,研制合同,研制计划,通用规范,研制规范,研制方案,详细设计,设计计算报告,接口控制文件等。

4. 目次格式

按照 GJB 3363—1998《生产性分析》编写,目次格式如下:

```
1 范围
2 引用文件
3 生产性分析目的
4 生产性分析准则
5 生产性分析工作内容
5.1 设计分析
5.2 标准和规范分析
5.3 图样分析
5.4 材料分析
5.5 制造工艺分析
5.6 连接方法分析
5.7 涂覆材料和方法分析
5.8 热处理和清洗工艺分析
5.9 安全分析
5.10 环境要求分析
5.11 检验和试验分析
6 生产性分析结论
```

3.1.43 改装总结

1. 文件用途

改装总结是对产品科研改装全过程进行全面总结的结论性文件。

2. 编制时机

在完成产品改装和试验试用后编制。

3. 编制依据

主要包括：研制总要求，产品规范，改装方案，试验大纲，试验报告，GJB 1389A—2005《系统电磁兼容性要求》，GJB 368B—2009《装备维修性工作通用要求》，GJB 3872—1999《装备综合保障通用要求》等。

4. 目次格式

参照 GJB 1362A—2007《军工产品定型程序和要求》附录 A 编写，目次格式如下：

```
1 改装任务来源
2 改装内容和改装过程
2.1 产品概述
2.1.1 产品用途
2.1.2 产品组成
```

2.1.3 产品特点

2.1.4 产品使用模式

2.2 改装内容

2.3 改装过程

2.3.1 论证阶段

2.3.2 方案阶段

2.3.3 工程研制阶段

2.3.4 鉴定阶段

3 试验试用情况

4 出现的重大技术问题及解决情况

4.X（重大技术问题 X）

4.X.1 问题描述

4.X.2 原因分析

4.X.3 纠正措施

4.X.4 验证情况

5 主要的配套成品、设备、材料的定型、鉴定和质量供货情况

5.1 主要配套成品的定型、鉴定情况和质量供货情况

5.2 主要配套设备的定型、鉴定情况和质量供货情况

5.3 主要配套材料的定型、鉴定情况和质量供货情况

6 产品可靠性维修性测试性保障性安全性情况

6.1 产品可靠性情况

6.2 产品维修性情况

6.3 产品测试性情况

6.4 产品保障性情况

6.5 产品安全性情况

7 贯彻标准化大纲情况

7.1 标准的选用、实施情况

7.2 标准化程度评价

8 改装工艺性、经济性评价

8.1 改装工艺性评价

8.2 改装经济性评价

9 改装要求满足情况及产品性能达标情况

9.1 改装要求满足情况

9.2 产品性能达标情况

10 尚存问题及解决措施

10.1 尚存问题

10.1.X（尚存问题 X）及解决措施

```
10.2 应继续完成的工作
11 结论性意见
```

3.1.44 研制总结(设计定型用)

1. 文件用途

研制总结是对产品研制工作全过程进行系统综述、全面总结的结论性文件,是产品设计定型的依据之一。

2. 编制时机

在完成工程研制和设计定型试验后,申请设计定型审查之前编制。

3. 编制依据

主要包括:研制立项综合论证报告,研制总要求,研制合同,研制计划,研制任务书,研制方案,设计计算报告,产品规范,设计定型试验大纲,设计定型试验报告,质量分析报告,标准化审查报告等。

4. 目次格式

按照GJB 1362A—2007《军工产品定型程序和要求》附录A编写,目次格式如下:

```
1 研制任务来源
2 产品概述和研制过程
2.1 产品概述
2.1.1 产品用途
2.1.2 产品组成
2.1.3 产品特点
2.1.4 产品使用模式
2.2 研制过程
2.2.1 方案阶段
2.2.2 工程研制阶段
2.2.3 设计定型阶段
3 设计定型试验情况
4 出现的重大技术问题及解决情况
4.X (重大技术问题X)
4.X.1 问题描述
4.X.2 原因分析
4.X.3 纠正措施
4.X.4 验证情况
```

5 主要的配套成品、设备、材料的定型、鉴定和质量供货情况

5.1 主要配套成品的定型、鉴定情况和质量供货情况

5.2 主要配套设备的定型、鉴定情况和质量供货情况

5.3 主要配套材料的定型、鉴定情况和质量供货情况

6 产品可靠性维修性测试性保障性安全性情况

6.1 产品可靠性情况

6.2 产品维修性情况

6.3 产品测试性情况

6.4 产品保障性情况

6.5 产品安全性情况

7 贯彻产品标准化大纲情况

7.1 标准的选用、实施情况

7.2 标准化程度评价

8 产品工艺性、经济性评价

8.1 产品工艺性评价

8.2 产品经济性评价

9 产品达到的战术技术性能(含指标对照表)

9.1 设计定型技术状态

9.2 战术技术性能达到情况

10 产品尚存问题及解决措施

10.1 设计定型遗留问题

10.1.X （产品尚存问题 X）及解决措施

10.2 定型后应继续完成的工作

11 对产品设计定型的意见

3.1.45 设计定型录像片解说词

1. 文件用途

产品定型录像片是国务院、中央军委军工产品定型委员会全体会议审议军工产品定型的专用录像片。在上报录像片时,应当同时提供解说词。

2. 编制时机

在编制产品设计定型录像片前,编写解说词并上报审批。

3. 编制依据

主要包括:研制立项综合论证报告(批复件),研制总要求(批复件),设计定型试验大纲(批复件),设计定型试验报告,产品规范,GJB 1362A—2007《军工产品定型程序和要求》等。

4. 目次格式

按照《产品定型录像片制作要求》编写,目次格式如下:

---
1 任务来源及主要作战使命
2 系统组成及主要战术技术指标
3 定型试验情况(含定型遗留问题及解决情况)
4 定型结论

3.1.46 总体单位对设计定型的意见

1. 文件用途

总体单位对军工产品能否设计定型提出明确的意见。

2. 编制时机

产品通过设计定型试验且符合规定的标准和要求,申请设计定型审查时。

3. 编制依据

主要包括:研制总要求,设计定型试验大纲,设计定型试验报告,重大技术问题的技术攻关报告等。

4. 目次格式

按照 GJB 1362A—2007《军工产品定型程序和要求》编写,目次格式如下:

---
1 产品研制任务的由来
2 产品参加系统联试情况
3 设计定型阶段产品出现问题的解决情况
4 产品现状
5 对产品设计定型的意见

3.1.47 军事代表机构对设计定型的意见

1. 文件用途

军事代表机构或军队其他有关单位对军工产品能否设计定型提出明确的意见。

2. 编制时机

产品通过设计定型试验且符合规定的标准和要求,申请设计定型审查时。

3. 编制依据

主要包括:研制总要求,研制合同,研制计划,研制任务书,设计定型试验大纲,设计定型试验报告,软件定型测评大纲,软件定型测评报告,重大技术问题的技术攻关报告等。

4. 目次格式

按照 GJB 1362A—2007《军工产品定型程序和要求》编写,目次格式如下:

1 产品研制任务的由来
2 军事代表机构对产品研制过程质量监督情况
3 设计定型阶段产品出现问题的解决情况
4 产品现状
5 对产品设计定型的意见

3.1.48 设计定型申请报告

1. 文件用途

向二级定委提出设计定型书面申请,供二级定委决策进行设计定型审查。

2. 编制时机

产品通过设计定型试验且符合规定的标准和要求时,由承研承制单位会同军事代表机构或军队其他有关单位向二级定委提出设计定型书面申请。

3. 编制依据

主要包括:研制总要求,研制合同,研制计划,研制任务书,设计定型试验大纲,设计定型试验报告,软件定型测评大纲,软件定型测评报告,重大技术问题的技术攻关报告等。

4. 目次格式

按照 GJB 1362A—2007《军工产品定型程序和要求》编写,目次格式如下:

1 产品研制任务的由来
2 产品简介和研制、设计定型试验概况
3 符合研制总要求和规定标准的程度
4 存在的问题和解决措施
5 设计定型意见
附:申请报告附件

3.1.49 设计定型审查意见书

1. 文件用途

是全面评定产品是否符合设计定型标准和要求的总结性文件,是军工产品定型委员会审批产品设计定型的重要依据。

2. 编制时机

在设计定型审查会上,由设计定型审查组讨论通过,审查组全体成员签署。

3. 编制依据

主要包括：研制总要求，研制合同，研制计划，研制任务书，设计定型试验大纲，设计定型试验报告，软件定型测评大纲，软件定型测评报告，设计定型审查组对产品进行的性能测试、设计定型文件审查结果，军事代表机构对设计定型的意见等。

4. 目次格式

按照 GJB 1362A—2007《军工产品定型程序和要求》编写，目次格式如下：

```
审查工作简况
1 产品简介
1.1 产品主要用途
1.2 产品主要组成
1.3 战术技术特点
2 产品研制、设计定型试验概况
3 实际达到的性能和批准要求的对比表
4 存在问题的处理意见
4.X（产品存在问题 X）的处理意见
5 对生产定型条件和时间的建议
6 产品达到设计定型标准和要求的程度，审查结论意见
```

对于航空军工产品，可按照 GJB 3845—1999《航空军工产品定型审查报告编写要求》第 5.1 条编写，目次格式如下：

```
审查工作概况
1 研制简要情况
1.1 研制依据
1.2 研制历程
2 主要功用和特点
2.1 主要用途
2.2 主要战术技术特点
2.3 主要组成
3 主要战术技术性能
4 主要技术问题解决情况
4.X（主要技术问题 X）及其解决情况
5 设计定型试验情况
5.1 地面试验情况
5.2 飞行试验情况
```

```
6 产品可靠性、维修性、测试性、保障性、安全性情况
6.1 产品可靠性情况
6.2 产品维修性情况
6.3 产品测试性情况
6.4 产品保障性情况
6.5 产品安全性情况
7 定型工作未尽事项的处理意见和建议
7.X（定型工作未尽事项X）的处理意见和建议
8 设计定型审查意见及结论
```

3.1.50 部队试用申请报告

1. 文件用途

用于向上级机关提出对产品开展部队试用工作的申请报告。

2. 编制时机

在产品完成工程研制，需要到部队进行试用以考核产品使用性能之前，或者产品进行小批量试生产，需要到部队进行试用以便生产定型之前，编制部队试用申请报告。

3. 编制依据

主要包括：研制总要求，研制方案，相关国家军用标准等。

4. 目次格式

按照GJB 1362A—2007《军工产品定型程序和要求》编写，目次格式如下：

```
1 试生产工作概况
2 产品技术状态和质量情况
3 工艺和生产条件基本情况
4 检验验收情况
5 对部队试用的要求和建议
```

3.1.51 部队试用大纲

1. 文件用途

用于规定部队试用工作内容，以全面考核产品的作战使用要求和部队适应性，以及产品对自然环境、诱发环境、电磁环境的适应性。是军工产品生产定型部队试用的纲领性文件，是组织实施军工产品部队试用的基本依据。

2. 编制时机

在产品完成工程研制,需要到部队进行试用以考核产品使用性能之前,或者产品进行小批量试生产,需要到部队进行试用以便生产定型之前,在部队试用申请报告得到批复后,编制部队试用大纲并通过评审。

3. 编制依据

主要包括:研制总要求,作战使用要求,部队试用年度计划或试用任务书,部队任务剖面,有关国家标准和国家军用标准,有关法规、规定,相关军事训练与考核大纲等。

4. 目次格式

按照GJB 1362A—2007《军工产品定型程序和要求》编写,目次格式如下:

```
1 试用目的和性质
2 试用内容、项目、方法
3 试用条件与要求
4 试用产品的数量、质量、批次、代号和技术状态
5 试用应录取和收集的资料、数据及处理的原则和方法
5.1 试用应录取和收集的资料、数据
5.2 试用数据处理原则
5.3 试用数据处理方法
6 试用产品的评价指标、评价模型、评价方法及说明
7 试用部队、保障分队的编制和要求
8 试用的其他要求及有关说明
```

按照GJB 6177—2007《军工产品定型部队试验试用大纲通用要求》编写,目次格式如下:

```
1 任务依据
2 试用目的
3 试用项目
4 考核内容和方法
5 试用条件与要求
6 被试品及陪试品数量、质量与编配方案
7 试用必须采集的资料、数据及处理的原则和方法
8 被试品的评价指标、评价方法及说明
9 试用保障
10 试用的其他要求及有关说明
```

3.1.52 部队试用大纲编制说明

1. 文件用途

用于说明部队试用大纲的编制依据、编制过程、确定大纲主要内容的理由、试用项目剪裁依据和理由等,以便在对部队试用大纲进行审查时更好地理解和完善部队试用大纲的内容。

2. 编制时机

在编制部队试用大纲的同时进行。

3. 编制依据

主要包括:研制总要求,作战使用要求,部队试用年度计划或试用任务书,部队任务剖面,有关国家标准和国家军用标准,有关法规、规定,相关军事训练与考核大纲,部队试用大纲等。

4. 目次格式

按照 GJB 6177—2007《军工产品定型部队试验试用大纲通用要求》编写,目次格式如下:

```
1 编制依据
2 确定大纲主要内容的理由
3 对试用项目及考核内容进行剪裁的依据和理由
4 编制过程
```

3.1.53 部队试用报告

1. 文件用途

全面反映部队试用大纲的执行情况,实事求是地反映产品技术状态和试用的实施过程,从总体上对被试品作出科学、客观、公正、完整的评价。是产品生产定型的依据之一。

2. 编制时机

在部队试用结束后 30 个工作日内完成。

3. 编制依据

主要包括:研制总要求,产品规范,技术说明书,使用维护说明书,部队试用大纲,相关国家军用标准等。

4. 目次格式

按照 GJB 1362A—2007《军工产品定型程序和要求》编写,目次格式如下:

```
1 试用工作概况
2 主要试用项目及试用结果
3 试用中出现的主要问题及归零情况
3.X（试用中出现的主要问题X）及归零情况
4 试用结论及建议
4.1 试用结论
4.2 试用建议
4.2.1 关于产品改进的意见和建议
4.2.2 关于产品编制的意见和建议
4.2.3 关于训练的意见和建议
4.2.4 关于作战使用的意见和建议
4.2.5 关于技术保障的意见和建议
附件1 产品全貌
附件2 产品试用前后主要技术性能测试记录
附件3 产品试用结果综合
附件4 产品试用期间故障
```

按照GJB 6178—2007《军工产品定型部队试验试用报告通用要求》编写，目次格式如下：

```
1 试用概况
2 试用条件说明
2.1 基本要求
2.2 环境条件
2.3 被试品
2.4 陪试品、测试仪器和设备
2.5 承试部队
2.6 其他条件
3 试用项目、结果和必要的说明
4 对被试品的评价
4.1 作战使用性能评价
4.2 部队适用性评价
4.2.1 可用性
4.2.2 可靠性
4.2.3 维修性
4.2.4 保障性
4.2.5 兼容性
```

```
4.2.6 机动性
4.2.7 安全性
4.2.8 人机工程
4.2.9 生存性
5 问题分析和改进建议
6 试用结论
7 关于编制、训练、作战使用和技术保障等方面的意见和建议
附件
```

3.1.54 技术状态更改建议

1. 文件用途

技术状态更改建议用来说明对技术状态项的功能特性和物理特性进行更改的范围、理由、内容、方案及其影响等,确保产品技术状态受控。

2. 编制时机

当承制方或订购方提出对已批准的技术状态进行更改时。在方案阶段、工程研制阶段、设计定型阶段、生产定型阶段均可提出技术状态更改建议。

3. 编制依据

主要包括:研制合同,研制任务书,GJB 3206A—2010《技术状态管理》等。

4. 目次格式

按照GJB 3206A—2010《技术状态管理》编写,目次格式如下:

```
1 更改建议的标识号
2 更改建议提出的单位、日期
3 更改的类别
4 更改的迫切程度
5 更改的型号、技术状态项的名称、编号
6 受影响的其他技术状态项的名称、编号
7 受影响的技术状态文档的名称、编号
8 受影响的产品的范围
9 更改理由简要说明
10 更改内容
11 更改带来的影响
12 更改所需费用估算
13 更改实施方案
附录
```

3.1.55 偏离(超差)申请

1. 文件用途

技术状态偏离申请或超差申请用来说明对技术状态项的功能特性和物理特性申请偏离或超差的范围、理由、内容及其影响等,确保产品技术状态受控。

2. 编制时机

在方案阶段、工程研制阶段、设计定型阶段、生产定型阶段均可提出偏离(超差)申请。

在技术状态项制造前,如果承制方认为有必要临时偏离已批准的技术状态文档,承制方可提出偏离申请。在技术状态项制造期间或检验验收过程中,如果承制方认为在制品、制成品虽不符合已批准的技术状态文档,但用批准的方法修理后或不经修理仍可使用,承制方可提出超差申请。

3. 编制依据

主要包括:研制合同,研制任务书,GJB 3206A—2010《技术状态管理》等。

4. 目次格式

按照 GJB 3206A—2010《技术状态管理》编写,目次格式如下:

```
1  偏离(超差)申请的标识号
2  申请单位、日期
3  偏离(超差)的级别
4  技术状态项名称、编号
5  受影响的技术状态文档名称、编号
6  受影响的产品范围和数量
7  偏离(超差)原因简要说明
8  偏离(超差)内容
9  偏离(超差)带来的影响
10 实施日期
   附录
```

3.1.56 技术通报

1. 文件用途

用于对已出厂武器装备进行排故、检查、改装以及其他重要技术事项。

2. 编制时机

凡涉及已出厂武器装备的使用、贮存、维修,且符合下述情况之一者,承制方应编写技术通报：

(1) 技术质量问题处理；

(2) 特殊检查或监控；

(3) 改(加)装；

(4) 技术状态更改；

(5) 协调技术要求；

(6) 其他重要技术事项。

3. 编制依据

主要包括：研制总要求，质量问题报告，重大技术问题的技术攻关报告，改装方案，GJB 4757—1997《武器装备技术通报编制规范》等。

4. 目次格式

按照 GJB 4757—1997(GJBz 20376—1997)《武器装备技术通报编制规范》编写，目次格式如下：

```
1  目的、依据
2  适用范围
3  实施方法、要求和时限
4  改(加)装件的结构说明
5  所用器材和工装设备
6  对武器装备技术状态和运输、贮存的影响
7  对使用与维修的要求
8  有关技术资料的更改
9  注意事项
10 执行标识
11 附件
```

3.1.57 生产定型试验申请报告

1. 文件用途

向二级定委提出生产定型试验书面申请。

2. 编制时机

对于批量生产工艺与设计定型试验样品工艺有较大变化，并可能影响产品主要战术技术指标的，应进行生产定型试验；对于产品在部队试用中暴露出影响使用的技术、质量问题的，经改进后应进行生产定型试验。在上述情况下，承研承制单位应会同军事代表机构或军队其他有关单位向二级定委提出生产定型试

验书面申请。

3. 编制依据

主要包括：研制总要求，研制合同，产品规范，设计定型审查意见书，部队试用报告，GJB 1362A—2007《军工产品定型程序和要求》等。

4. 目次格式

按照GJB 1362A—2007《军工产品定型程序和要求》第6.8条编写，目次格式如下：

---
1 试生产情况
2 产品质量情况
3 技术问题改进及解决情况
3.1 对设计定型提出的有关问题的改进及解决情况
3.2 对设计定型阶段尚存问题的改进及解决情况
3.3 对部队试用中发现问题的改进及解决情况
4 产品检验验收情况
5 对试验的要求和建议

3.1.58 生产定型试验大纲

1. 文件用途

用于规范生产定型试验的项目、内容和方法等，以全面考核产品战术技术指标、作战使用要求和维修保障要求。

2. 编制时机

在二级定委批准生产定型试验申请报告并确定承试单位后，由承试单位拟制。

3. 编制依据

主要包括：研制总要求，产品规范，GJB 1362A—2007《军工产品定型程序和要求》等。

4. 目次格式

按照GJB 1362A—2007《军工产品定型程序和要求》编写，目次格式如下：

---
1 编制大纲的依据
2 试验目的和性质
3 被试品、陪试品、配套设备的数量和技术状态
3.1 被试品的数量和技术状态
3.2 陪试品的数量和技术状态
3.3 配套设备的数量和技术状态
---

4 试验项目、内容和方法
5 主要测试、测量设备的名称、精度、数量
6 试验数据处理原则、方法和合格判定准则
6.1 试验数据处理原则
6.2 试验数据处理方法
6.3 试验数据合格判定准则
7 试验组织、参试单位及试验任务分工
8 试验网络图和试验的保障措施及要求
9 试验安全保证要求

3.1.59 生产定型试验报告

1. 文件用途

报告生产定型试验情况和试验结果,作为产品生产定型的依据。

2. 编制时机

试验结束后,承试单位在30个工作日内完成生产定型试验报告。

3. 编制依据

主要包括:研制总要求,产品规范,生产定型试验大纲,GJB 1362A—2007《军工产品定型程序和要求》等。

4. 目次格式

按照GJB 1362A—2007《军工产品定型程序和要求》编写,目次格式如下:

1 试验概况
2 试验项目、步骤和方法
2.X(试验项目X)的步骤和方法
3 试验数据
4 试验中出现的主要技术问题及处理情况
5 试验结果、结论
5.1 试验结果
5.2 试验结论
6 存在的问题和改进建议
6.X(存在的问题X)改进建议
7 试验照片
7.1 试验样品的全貌、主要侧面照片
7.2 主要试验项目照片
7.3 试验中发生的重大技术问题的特写照片
8 主要试验项目的实时音像资料

> 9 关于编制、训练、作战使用和技术保障等方面的意见和建议
> 9.1 关于编制的意见和建议
> 9.2 关于训练的意见和建议
> 9.3 关于作战使用的意见和建议
> 9.4 关于技术保障的意见和建议

3.1.60 价值工程分析和成本核算报告

1. 文件用途

报告产品研制成本、生产成本核算和寿命周期费用分析结果。

2. 编制时机

在生产定型阶段编写。

3. 编制依据

主要包括：武器装备研制合同暂行办法，武器装备研制合同暂行办法实施细则，国防科研试制费管理规定，产品规范，工艺规范，材料规范，GJB 1364—1992《装备费用－效能分析》等。

4. 目次格式

推荐的目次格式如下：

> 1 概述
> 2 研制成本
> 2.1 成本核算的依据和方法
> 2.1.1 成本核算的依据
> 2.1.2 成本核算的方法
> 2.2 成本组成及费用
> 2.3 成本核算
> 2.3.1 直接材料费核算
> 2.3.2 直接工资费核算
> 2.3.3 其他直接支出
> 2.3.3.1 设计费核算
> 2.3.3.2 试验费核算
> 2.3.3.3 外协费核算
> 2.3.3.4 专用设备、仪器购置费核算
> 2.3.3.5 专用工艺装备费核算
> 2.3.3.6 零星技术措施费核算
> 2.3.3.7 样品样机购置费核算

```
2.3.3.8 技术基础费核算
2.3.4 研制费用核算
2.3.5 管理费用核算
2.3.6 财务费用核算
2.3.7 经营费用核算
3 生产成本核算
3.1 制造成本
3.2 期间费用
3.3 工时
4 寿命周期费用分析
4.1 使用阶段费用分析
4.2 退役阶段费用分析
5 评价意见
6 存在的问题及改进工作的建议
```

3.1.61 生产性分析报告(生产定型阶段)

1. 文件用途

在生产定型阶段对产品生产性进行全面分析形成的输出报告。

2. 编制时机

在试生产期间编制。

3. 编制依据

主要包括:研制立项综合论证报告,研制总要求,研制合同,研制计划,通用规范,研制规范,研制方案,详细设计,设计计算报告,接口控制文件等。

4. 目次格式

按照 GJB 3363—1998《生产性分析》编写,目次格式如下:

```
1 范围
2 引用文件
3 生产性分析目的
4 生产性分析准则
5 生产性分析工作内容
5.1 对生产过程和方法的分析
5.2 备选材料的分析
5.3 工艺设计更改分析
5.4 工程更改建议分析
5.5 新的制造技术分析
6 生产性分析结论
```

3.1.62 试生产总结

1. 文件用途

试生产总结是对产品试生产工作全过程进行系统综述、全面总结的结论性文件。

2. 编制时机

产品通过工艺和生产条件考核、部队试用、生产定型试验后,承研承制单位和军事代表机构均认为已达到生产定型的标准和要求,拟申请生产定型审查之前。

3. 编制依据

主要包括:研制总要求,生产定型试验大纲,生产定型试验报告,重大技术问题的技术攻关报告,试生产总结,工艺标准化工作报告,质量分析报告等。

4. 目次格式

按照 GJB 1362A—2007《军工产品定型程序和要求》附录 A 编写,目次格式如下:

```
1 产品试生产主要过程
2 产品工艺和生产条件考核、部队试用、生产定型试验情况
2.1 产品工艺和生产条件考核情况
2.2 产品部队试用情况
2.3 产品生产定型试验情况
3 设计定型时提出的和试生产过程中出现的技术问题及解决情况
3.1 设计定型时提出的技术问题及解决情况
3.2 试生产过程中出现的技术问题及解决情况
4 设计定型文件更改和增补情况
4.1 设计定型文件更改情况
4.2 设计定型文件增补情况
5 试生产产品质量情况
6 批量生产条件
7 对产品生产定型的意见
```

3.1.63 生产定型录像片解说词

1. 文件用途

产品定型录像片是国务院、中央军委军工产品定型委员会全体会议审议军工产品定型的专用录像片。在上报录像片时,应当同时提供解说词。

2. 编制时机

在编制产品生产定型录像片前,编写解说词并上报审批。

3. 编制依据

主要包括:研制立项综合论证报告,研制总要求,设计定型审查意见书,生产定型试验大纲,生产定型试验报告等。

4. 目次格式

按照《产品定型录像片制作要求》编写,目次格式如下:

1 任务来源及主要作战使命
2 系统组成、主要战术技术指标及生产纲领
3 试生产、部队试用及定型试验情况(含定型遗留问题及解决情况)
4 定型结论

3.1.64 军事代表机构对生产定型的意见

1. 文件用途

军事代表机构或军队其他有关单位对军工产品能否生产定型提出明确的意见。

2. 编制时机

产品通过工艺和生产条件考核、部队试用、生产定型试验后,承研承制单位和军事代表机构均认为已达到生产定型的标准和要求时。

3. 编制依据

主要包括:研制总要求,生产定型试验大纲,生产定型试验报告,重大技术问题的技术攻关报告,试生产总结,工艺标准化工作报告,质量管理报告等。

4. 目次格式

按照 GJB 1362A—2007《军工产品定型程序和要求》编写,目次格式如下:

1 试生产概况
2 试生产产品质量情况和试生产批验收情况
3 工艺问题解决情况
4 产品图纸技术文件及工艺、工装审查情况
5 对生产定型的意见及提高质量保证能力的建议

3.1.65 生产定型申请报告

1. 文件用途

向二级定委申请生产定型。

2. 编制时机

产品通过工艺和生产条件考核、部队试用、生产定型试验后，承研承制单位认为已达到生产定型的标准和要求时，即可向二级定委申请生产定型。申请报告由承研承制单位会同军事代表机构或军队其他有关单位联合提出。

3. 编制依据

主要包括：研制总要求，生产定型试验大纲，生产定型试验报告，重大技术问题的技术攻关报告，试生产总结，工艺标准化工作报告，质量分析报告，军事代表机构对生产定型(鉴定)的意见等。

4. 目次格式

按照GJB 1362A—2007《军工产品定型程序和要求》编写，目次格式如下：

```
1 产品试生产概况及生产纲领
2 试生产产品质量情况
3 试生产过程中解决的主要生产技术问题
4 工艺和生产条件考核、部队试用、生产定型试验情况
4.1 工艺和生产条件考核情况
4.2 部队试用情况
4.3 生产定型试验情况
5 设计定型和部队试用提出的技术问题的解决程度
6 产品批量生产条件形成的程度
7 生产定型意见
附：申请报告附件
```

3.1.66 生产定型审查意见书

1. 文件用途

是全面评定产品是否符合生产定型标准和要求的总结性文件，是军工产品定型委员会审批产品生产定型的重要依据。

2. 编制时机

在生产定型审查会上，由生产定型审查组讨论通过，审查组全体成员签署。

3. 编制依据

主要包括：产品设计定型批复，产品规范或技术条件，生产定型试验大纲，生产定型试验报告，生产定型审查组对产品进行的性能测试、生产定型文件审查结果，军事代表机构对生产定型(鉴定)的意见等。

4. 目次格式

按照GJB 1362A—2007《军工产品定型程序和要求》编写，目次格式如下：

```
1 审查工作简况
2 产品简介
2.1 产品主要用途
2.2 产品主要组成
2.3 战术技术特点
3 试生产工作概况
4 工艺和生产条件考核、部队试用、生产定型试验、标准化工作概况
4.1 工艺和生产条件考核概况
4.2 部队试用概况
4.3 生产定型试验概况
4.4 标准化工作概况
5 达到生产定型标准和符合部队作战使用要求的程度
6 审查结论意见
```

对于航空军工产品,可按照 GJB 3845—1999《航空军工产品定型审查报告编写要求》第 5.2 条编写,目次格式如下:

```
0 审查工作概况
1 试生产简要情况
2 主要功用和特点
2.1 主要用途
2.2 主要战术技术特点
2.3 主要组成
3 主要战术技术性能
4 工艺、工装和质量保证体系情况
5 主要技术问题解决情况
5.X (主要技术问题 X)及其解决情况
6 生产定型试用/试验情况
6.1 生产定型试用情况
6.2 生产定型试验情况
7 生产定型审查意见及结论
```

3.2 软件文档

3.2.1 运行方案说明

1. 文件用途

《运行方案说明》(OCD)描述系统应满足的用户需要、与现有系统或规程的

关系以及使用方式等。OCD既可向开发者表述用户的需要,也可向用户或其他对象表达开发者的思路,以便在需方、开发方、保障机构和用户之间,对所开发的系统的运行方案达成共识。

2. 编制时机

对于嵌入式软件产品,在论证阶段编制。

对于纯软件产品,在软件需求分析阶段编制。

3. 编制依据

主要包括:研制立项综合论证报告,研制总要求,GJB 438B—2009《军用软件开发文档通用要求》等。

4. 目次格式

按照GJB 438B—2009《军用软件开发文档通用要求》编写,目次格式如下:

```
1 范围
1.1 标识
1.2 系统概述
1.3 文档概述
2 引用文档
3 现行系统或状态
3.1 背景、目标和范围
3.2 运行策略和约束
3.3 现行系统或状态的描述
3.4 用户或相关人员
3.5 保障方案
4 更改理由和实质
4.1 更改理由
4.2 所需更改的说明
4.3 更改的优先级别
4.4 考虑但未纳入的更改
4.5 假设和约束
5 新系统或修改后系统的方案
5.1 背景、目标和范围
5.2 运行策略和约束
5.3 新系统或修改后系统的描述
5.4 用户/受影响人员
5.5 保障方案
6 运行场景
```

> 7 影响综述
>
> 7.1 运行影响
>
> 7.2 组织影响
>
> 7.3 开发期间的影响
>
> 8 分析建议系统
>
> 8.1 优点概述
>
> 8.2 缺点/限制概述
>
> 8.3 考虑的替代方案和权衡
>
> 9 注释

3.2.2 系统/子系统规格说明

1. 文件用途

《系统/子系统规格说明》(SSS)描述系统的需求,以及确保满足各需求所使用的方法。系统外部接口方面的相关需求,可在 SSS 中给出或在引用的一个或多个《接口需求规格说明》(IRS)中给出。SSS 可由《接口需求规格说明》补充,共同构成系统设计与合格性测试的基础。

2. 编制时机

对于嵌入式软件产品,在论证阶段编制。

对于纯软件产品,在软件需求分析阶段编制。

3. 编制依据

主要包括:研制立项综合论证报告,研制总要求,研制方案,运行方案说明,GJB 438B—2009《军用软件开发文档通用要求》等。

4. 目次格式

按照 GJB 438B—2009《军用软件开发文档通用要求》编写,目次格式如下:

> 1 范围
>
> 1.1 标识
>
> 1.2 系统概述
>
> 1.3 文档概述
>
> 2 引用文档
>
> 3 需求
>
> 3.1 要求的状态和方式
>
> 3.2 系统能力需求
>
> 3.2.X（系统能力 X）
>
> 3.3 系统外部接口需求

```
3.3.1 接口标识和接口图
3.3.X （接口的项目唯一的标识符）
3.4 系统内部接口需求
3.5 系统内部数据需求
3.6 适应性需求
3.7 安全性需求
3.8 保密性需求
3.9 系统环境需求
3.10 计算机资源需求
3.10.1 计算机硬件需求
3.10.2 计算机硬件资源利用需求
3.10.3 计算机软件需求
3.10.4 计算机通信需求
3.11 系统质量因素
3.12 设计和构造的约束
3.13 人员需求
3.14 培训需求
3.15 保障需求
3.16 其他需求
3.17 包装需求
3.18 需求的优先顺序和关键性
4 合格性规定
5 需求可追踪性
6 注释
```

3.2.3 接口需求规格说明

1. 文件用途

《接口需求规格说明》(IRS)描述作用于一个或多个系统、子系统、硬件配置项(HWCI)、计算机软件配置项(CSCI)、人工操作或者其他系统部件之间的需求，以及实现这些实体间的一个或多个接口。一个 IRS 可以包含多个接口。IRS 可作为《系统/子系统规格说明》(SSS)和《软件需求规格说明》(SRS)的补充，共同构成系统和 CSCI 设计与合格性测试的基础。

2. 编制时机

对于嵌入式软件产品，在方案阶段编制。

对于纯软件产品，在软件需求分析阶段编制。

3. 编制依据

主要包括：研制立项综合论证报告，研制总要求，研制方案，运行方案说明，系统/子系统规格说明，软件需求规格说明，接口控制文件，GJB 438B—2009《军用软件开发文档通用要求》等。

4. 目次格式

按照 GJB 438B—2009《军用软件开发文档通用要求》编写，目次格式如下：

```
1 范围
1.1 标识
1.2 系统概述
1.3 文档概述
2 引用文档
3 需求
3.1 接口标识和接口图
3.X（接口的项目唯一的标识符）
3.Y 需求的优先顺序和关键性
4 合格性规定
5 需求可追踪性
6 注释
```

3.2.4 系统/子系统设计说明

1. 文件用途

《系统/子系统设计说明》(SSDD)描述系统/子系统的系统级或子系统级设计决策与体系结构设计。SSDD 与其相关的《接口设计说明》(IDD)和《数据库设计说明》(DBDD)，共同构成系统实现的基础。

2. 编制时机

对于嵌入式软件产品，在方案阶段编制。

对于纯软件产品，在系统需求分析阶段和软件设计阶段编制。

3. 编制依据

主要包括：研制立项综合论证报告，研制总要求，研制方案，运行方案说明，系统/子系统规格说明，接口需求规格说明，GJB 438B—2009《军用软件开发文档通用要求》等。

4. 目次格式

按照 GJB 438B—2009《军用软件开发文档通用要求》编写，目次格式如下：

```
1 范围
1.1 标识
1.2 系统概述
1.3 文档概述
2 引用文档
3 系统级设计决策
4 系统体系结构设计
4.1 系统部件
4.2 执行方案
4.3 接口设计
4.3.1 接口标识和图表
4.3.X（接口的项目唯一的标识符）
5 需求的可追踪性
6 注释
```

3.2.5 接口设计说明

1. 文件用途

《接口设计说明》(IDD)描述一个或多个系统或子系统、硬件配置项(HW-CI)、计算机软件配置项(CSCI)、人工操作或者其他系统部件的接口特性。一个IDD可以描述多个接口。IDD可作为《系统/子系统设计说明》(SSDD)、《软件设计说明》(SDD)和《数据库设计说明》(DBDD)的补充。IDD与其相关的《接口需求规格说明》(IRS)可用于接口设计决策的交流和控制。

2. 编制时机

对于嵌入式软件产品,在方案阶段和工程研制阶段编制。

对于纯软件产品,在概要设计和详细设计阶段编制。

3. 编制依据

主要包括:研制立项综合论证报告,研制总要求,研制方案,运行方案说明,系统/子系统规格说明,接口需求规格说明,系统/子系统设计说明,接口控制文件,GJB 438B—2009《军用软件开发文档通用要求》等。

4. 目次格式

按照GJB 438B—2009《军用软件开发文档通用要求》编写,目次格式如下:

```
1 范围
1.1 标识
1.2 系统概述
```

```
1.3 文档概述
2 引用文档
3 接口设计
3.1 接口标识和接口图
3.X（接口的项目唯一的标识符）
4 需求的可追踪性
5 注释
```

3.2.6 软件研制任务书

1. 文件用途

《软件研制任务书》(SDTD)描述软件开发的目的、目标、主要任务、功能及性能指标等要求，是软件开发的基础和依据。

2. 编制时机

对于嵌入式软件产品，在方案阶段编制。

对于纯软件产品，在软件需求分析阶段编制。

3. 编制依据

主要包括：研制立项综合论证报告，研制总要求，研制方案，运行方案说明，系统/子系统规格说明，系统/子系统设计说明，GJB 438B—2009《军用软件开发文档通用要求》等。

4. 目次格式

按照 GJB 438B—2009《军用软件开发文档通用要求》编写，目次格式如下：

```
1 范围
1.1 标识
1.2 系统概述
1.3 文档概述
2 引用文档
3 运行环境要求
3.1 硬件环境
3.2 软件环境
4 技术要求
4.1 功能
4.2 性能
4.3 输入/输出
4.4 数据处理要求
4.5 接口
```

```
4.6 固件
4.7 关键性要求
4.7.1 可靠性
4.7.2 安全性
4.7.3 保密性
5 设计约束
6 质量控制要求
6.1 软件关键性等级
6.2 标准
6.3 文档
6.4 配置管理
6.5 测试要求
6.6 对分承制方的要求
7 验收和交付
8 软件保障要求
9 进度和里程碑
10 注释
```

3.2.7 软件开发计划

1. 文件用途

《软件开发计划》(SDP)描述实施软件开发工作的计划。软件开发活动包含新开发、修改、重用、再工程、维护和由软件产品引起的其他所有活动。根据实际需要,可将 SDP 中的某些部分编制成单独的计划,如《软件配置管理计划》、《软件质量保证计划》和《软件测试计划》等。

2. 编制时机

对于嵌入式软件产品,在方案阶段编制。

对于纯软件产品,在软件需求分析阶段编制。

《软件开发计划》是动态的,随着项目的进展,在出现重大偏差或者在里程碑处应进行分析,必要时重新策划并修订 SDP。

3. 编制依据

主要包括:研制立项综合论证报告,研制总要求,研制合同,工作说明,研制计划,研制方案,运行方案说明,系统/子系统规格说明,GJB 438B—2009《军用软件开发文档通用要求》等。

4. 目次格式

按照 GJB 438B—2009《军用软件开发文档通用要求》编写,目次格式如下:

1 范围
1.1 标识
1.2 系统概述
1.3 文档概述
1.4 与其他计划之间的关系
2 引用文档
3 策划背景概述
4 软件开发活动的总体实施计划
4.1 软件开发过程
4.2 软件开发总体计划
4.2.1 软件开发方法
4.2.2 软件产品标准
4.2.3 可重用的软件产品
4.2.3.1 采用可重用软件产品
4.2.3.2 开发可重用软件产品
4.2.4 关键需求的处理
4.2.5 计算机硬件资源的利用
4.2.6 决策理由的记录
4.2.7 需方评审所需访问
5 详细的软件开发活动实施计划
5.1 项目策划和监控
5.2 软件开发环境建立
5.3 系统需求分析
5.4 系统设计
5.5 软件需求分析
5.6 软件设计
5.7 软件实现和单元测试
5.8 单元集成和测试
5.9 CSCI 合格性测试
5.10 CSCI/HWCI 集成与测试
5.11 系统合格性测试
5.12 软件使用准备
5.13 软件移交准备
5.14 软件验收支持
5.15 软件配置管理
5.16 软件产品评价

```
5.17 软件质量保证
5.18 纠正措施
5.19 联合评审
5.20 风险管理
5.21 测量与分析
5.22 保密性
5.23 分承制方管理
5.24 与软件独立验证和确认(IV&V)机构的联系
5.25 与相关开发方的协调
5.26 项目过程的改进
5.27 未提及的其他活动
6 进度表和活动网络图
7 项目组织和资源
7.1 项目组织
7.2 项目资源
8 注释
```

3.2.8 软件配置管理计划

1. 文件用途

《软件配置管理计划》(SCMP)描述在项目中如何实施软件配置管理。SCMP既可作为《软件开发计划》的一部分,也可单独成文。

2. 编制时机

对于嵌入式软件产品,在方案阶段编制。

对于纯软件产品,在软件需求分析阶段编制。

3. 编制依据

主要包括:研制立项综合论证报告,研制总要求,研制合同,工作说明,研制计划,研制方案,运行方案说明,系统/子系统规格说明,GJB 438B—2009《军用软件开发文档通用要求》,GJB 2255—1994《军用软件产品》等。

4. 目次格式

按照 GJB 438B—2009《军用软件开发文档通用要求》编写,目次格式如下:

```
1 范围
1.1 标识
1.2 系统概述
1.3 文档概述
```

```
1.4 与其他计划之间的关系
2 引用文档
3 组织和职责
4 软件配置管理活动
4.1 配置标识
4.2 配置控制
4.3 配置状态的记实
4.4 配置审核
4.5 软件发行管理和交付
5 工具、技术和方法
6 对供货单位的控制
7 日程表
8 注释
```

3.2.9 软件质量保证计划

1. 文件用途

《软件质量保证计划》(SQAP)描述在项目中采用的软件质量保证的措施、方法和步骤。SQAP既可作为《软件开发计划》的一部分,也可单独成文。

2. 编制时机

对于嵌入式软件产品,在方案阶段编制。

对于纯软件产品,在软件需求分析阶段编制。

3. 编制依据

主要包括:研制立项综合论证报告,研制总要求,研制合同,工作说明,研制计划,研制方案,运行方案说明,系统/子系统规格说明,GJB 438B—2009《军用软件开发文档通用要求》,GJB 439—1988《军用软件质量保证规范》,GJB 2255—1994《军用软件产品》等。

4. 目次格式

按照 GJB 438B—2009《军用软件开发文档通用要求》编写,目次格式如下:

```
1 范围
1.1 标识
1.2 系统概述
1.3 文档概述
1.4 与其他计划之间的关系
2 引用文档
```

> 3 组织和职责
>
> 4 标准、条例和约定
>
> 5 活动审核
>
> 6 工作产品审核
>
> 7 不符合问题的解决
>
> 8 工具、技术和方法
>
> 9 对供货单位的控制
>
> 10 记录的收集、维护和保存
>
> 11 注释

3.2.10 软件安装计划

1. 文件用途

《软件安装计划》(SIP)描述在用户的现场安装软件的计划。当软件的安装需要开发人员参与,且安装过程十分复杂时,应制定 SIP。

2. 编制时机

对于嵌入式软件产品,在方案阶段或工程研制阶段编制。

对于纯软件产品,在软件需求分析阶段编制。

3. 编制依据

主要包括:研制立项综合论证报告,研制总要求,研制合同,工作说明,研制计划,研制方案,运行方案说明,系统/子系统规格说明,GJB 438B—2009《军用软件开发文档通用要求》等。

4. 目次格式

按照 GJB 438B—2009《军用软件开发文档通用要求》编写,目次格式如下:

> 1 范围
>
> 1.1 标识
>
> 1.2 系统概述
>
> 1.3 文档概述
>
> 1.4 与其他计划之间的关系
>
> 2 引用文档
>
> 3 安装概述
>
> 3.1 说明
>
> 3.2 联系地点
>
> 3.3 保障材料
>
> 3.4 培训

```
3.5 任务
3.6 人员
3.7 保密性
4 为软件中心操作员提供特定现场信息
4.X 现场名
4.X.1 进度表
4.X.2 软件清单
4.X.3 设施
4.X.4 安装小组
4.X.5 安装规程
4.X.6 数据更新规程
5 软件用户的现场专用信息
5.X 现场名
5.X.1 进度表
5.X.2 安装规程
5.X.3 数据更新规程
6 注释
```

3.2.11 软件移交计划

1. 文件用途

《软件移交计划》(STrP)描述开发方向保障机构移交应交付项的计划。

2. 编制时机

如果在合同或软件研制任务书中规定了向独立保障机构移交的责任,应制定STrP。

在工程研制阶段或设计定型阶段编制。

3. 编制依据

主要包括:研制立项综合论证报告,研制总要求,研制合同,工作说明,研制计划,研制方案,运行方案说明,系统/子系统规格说明,GJB 438B—2009《军用软件开发文档通用要求》等。

4. 目次格式

按照 GJB 438B—2009《军用软件开发文档通用要求》编写,目次格式如下:

```
1 范围
1.1 标识
1.2 系统概述
1.3 文档概述
```

```
1.4 与其他计划之间的关系
2 引用文档
3 软件保障资源
3.1 设施
3.2 硬件
3.3 软件
3.4 其他文档
3.5 人员
3.6 其他资源
3.7 各组成部分之间的相互关系
4 推荐的过程
5 培训
6 预期的更改区域
7 移交计划
8 注释
```

3.2.12 软件测试计划

1. 文件用途

《软件测试计划》(STP)描述对计算机软件配置项(CSCI)和软件系统或子系统进行合格性测试的计划。

2. 编制时机

对于嵌入式软件产品,在工程研制阶段和设计定型阶段编制。

对于纯软件产品,在软件需求分析阶段和软件设计阶段编制。软件系统测试计划在软件需求分析阶段编制;软件集成测试计划在软件设计阶段(概要设计)编制;软件单元测试计划在软件设计阶段(详细设计)编制。

3. 编制依据

主要包括:研制立项综合论证报告,研制总要求,研制合同,工作说明,研制计划,研制方案,运行方案说明,系统/子系统规格说明,系统/子系统设计说明,软件需求规格说明,接口需求规格说明,软件产品规格说明,软件版本说明,GJB 438B—2009《军用软件开发文档通用要求》等。

4. 目次格式

按照 GJB 438B—2009《军用软件开发文档通用要求》编写,目次格式如下:

```
1 范围
1.1 标识
```

1.2 系统概述

1.3 文档概述

1.4 与其他计划的关系

2 引用文档

3 测试依据

4 软件测试环境

4.X（测试现场名称）

4.X.1 软件项

4.X.2 硬件和固件项

4.X.3 其他项

4.X.4 其他材料

4.X.5 所有者的特性、需方权利和许可证

4.X.6 安装、测试和控制

4.X.7 测试环境的差异性分析和有效性说明

4.X.8 参与组织

4.X.9 人员及分工

4.X.10 人员培训

4.X.11 要执行的测试

5 测试标识

5.1 一般信息

5.1.1 测试级

5.1.2 测试类别

5.1.3 一般测试条件

5.1.4 测试进展

5.1.5 数据记录、整理和分析

5.2 计划执行的测试

5.2.X（测试项）

5.2.X.Y（测试项的项目唯一的标识符）

6 测试进度

7 测试终止条件

8 需求的可追踪性

9 注释

3.2.13 软件需求规格说明

1. 文件用途

《软件需求规格说明》(SRS)描述对计算机软件配置项(CSCI)的需求,以及

确保满足每个需求所使用的方法。与CSCI外部接口有关的需求既可在SRS中描述,也可在SRS所引用的一个或多个《接口需求规格说明》(IRS)中描述。SRS可由《接口需求规格说明》补充,共同构成CSCI设计与合格性测试的基础。《软件需求规格说明》是软件分析人员、系统总体设计人员、用户之间相互沟通的基础,是软件设计人员进行概要设计和详细设计的依据,是软件编程人员进行编码的依据,是软件测试人员进行测试的基准,是项目管理者和质量检查人员以及用户评估、验收的依据之一。

2. 编制时机

对于嵌入式软件产品,在方案阶段编制。

对于纯软件产品,在软件需求分析阶段编制。

3. 编制依据

主要包括:研制立项综合论证报告,研制总要求,研制方案,运行方案说明,系统/子系统规格说明,软件开发计划,GJB 438B—2009《军用软件开发文档通用要求》等。

4. 目次格式

按照GJB 438B—2009《军用软件开发文档通用要求》编写,目次格式如下:

```
1 范围
1.1 标识
1.2 系统概述
1.3 文档概述
2 引用文档
3 需求
3.1 要求的状态和方式
3.2 CSCI能力需求
3.2.X (CSCI能力)
3.3 CSCI外部接口需求
3.3.1 接口标识和接口图
3.3.X (接口的项目唯一的标识符)
3.4 CSCI内部接口需求
3.5 CSCI内部数据需求
3.6 适应性需求
3.7 安全性需求
3.8 保密性需求
```

3.9 CSCI 环境需求

3.10 计算机资源需求

3.10.1 计算机硬件需求

3.10.2 计算机硬件资源使用需求

3.10.3 计算机软件需求

3.10.4 计算机通信需求

3.11 软件质量因素

3.12 设计和实现约束

3.13 人员需求

3.14 培训需求

3.15 软件保障需求

3.16 其他需求

3.17 验收、交付和包装需求

3.18 需求的优先顺序和关键程度

4 合格性规定

5 需求可追踪性

6 注释

3.2.14 软件设计说明

1. 文件用途

《软件设计说明》(SDD)描述计算机软件配置项(CSCI)的设计,SDD 与其相关的《接口设计说明》和《数据库设计说明》,共同构成软件实现的基础。《软件设计说明》是软件设计过程的结果,将软件需求转化为对软件结构、软件部件、接口和数据的描述,为软件实现提供详细的蓝图,可作为软件设计评审的基础、软件编码的依据、软件测试的基准。

2. 编制时机

对于嵌入式软件产品,在工程研制阶段编制。

对于纯软件产品,在软件设计阶段(含概要设计和详细设计)编制。

3. 编制依据

主要包括:研制立项综合论证报告,研制总要求,研制方案,运行方案说明,系统/子系统规格说明,系统/子系统设计说明,软件需求规格说明,接口控制文件,接口需求规格说明,GJB 438B—2009《军用软件开发文档通用要求》等。

4. 目次格式

按照 GJB 438B—2009《军用软件开发文档通用要求》编写,目次格式如下:

```
1 范围
1.1 标识
1.2 系统概述
1.3 文档概述
2 引用文档
3 CSCI级设计决策
4 CSCI体系结构设计
4.1 CSCI部件
4.2 执行方案
4.3 接口设计
4.3.1 接口标识和接口图
4.3.X（接口的项目唯一的标识符）
5 CSCI详细设计
5.X（软件单元的项目唯一的标识符,或者一组软件单元的标志符）
6 需求可追踪性
7 注释
```

3.2.15 数据库设计说明

1. 文件用途

《数据库设计说明》(DBDD)描述数据库的设计以及存取或操纵数据所使用的软件单元。DBDD是实现数据库及相关软件单元的基础。

2. 编制时机

对于嵌入式软件产品,在工程研制阶段编制。

对于纯软件产品,在软件设计阶段(含概要设计和详细设计)编制。

3. 编制依据

主要包括:研制立项综合论证报告,研制总要求,研制方案,运行方案说明,系统/子系统规格说明,系统/子系统设计说明,软件需求规格说明,接口控制文件,接口需求规格说明,GJB 438B—2009《军用软件开发文档通用要求》等。

4. 目次格式

按照GJB 438B—2009《军用软件开发文档通用要求》编写,目次格式如下:

```
1 范围
1.1 标识
1.2 数据库概述
1.3 文档概述
```

```
2 引用文档
3 数据库级设计决策
4 数据库详细设计
4.X（数据库设计级别的名称）
5 用于数据库访问或操纵的软件单元的详细设计
5.X（软件单元的项目唯一的标识符,或者一组软件单元的标志符）
6 需求可追踪性
7 注释
```

3.2.16 软件测试说明

1. 文件用途

《软件测试说明》(STD)描述执行计算机软件配置项(CSCI)、软件系统或子系统合格性测试所需的测试准备、测试用例及测试过程。需方根据STD能够评估所执行的合格性测试是否充分。

2. 编制时机

对于嵌入式软件产品,在工程研制阶段和设计定型阶段编制。

对于纯软件产品,在软件需求分析、软件设计阶段开始编制,到相应测试阶段开始前完成。软件系统测试说明在软件需求分析阶段开始编制,在软件系统测试开始前完成;软件集成测试说明在软件设计阶段(概要设计)开始编制,在软件集成测试开始前完成;软件单元测试说明在软件设计阶段(详细设计)开始编制,在软件单元测试开始前完成。

3. 编制依据

主要包括:研制立项综合论证报告,研制总要求,研制合同,工作说明,研制计划,研制方案,运行方案说明,系统/子系统规格说明,系统/子系统设计说明,软件需求规格说明,接口控制文件,接口需求规格说明,软件产品规格说明,软件版本说明,GJB 438B—2009《军用软件开发文档通用要求》等。

4. 目次格式

按照GJB 438B—2009《军用软件开发文档通用要求》编写,目次格式如下:

```
1 范围
1.1 标识
1.2 系统概述
1.3 文档概述
2 引用文档
3 测试准备
```

3.X（测试的项目唯一的标识符）

3.X.1 硬件准备

3.X.2 软件准备

3.X.3 其他测试前准备

4 测试说明

4.X（测试的项目唯一的标识符）

4.X.Y（测试用例的项目唯一的标识符）

4.X.Y.1 涉及的需求

4.X.Y.2 先决条件

4.X.Y.3 测试输入

4.X.Y.4 预期的测试结果

4.X.Y.5 评价结果的准则

4.X.Y.6 测试过程

4.X.Y.7 假设和约束

5 需求的可追踪性

6 注释

3.2.17 软件测试报告

1. 文件用途

《软件测试报告》(STR)是对计算机软件配置项(CSCI)、软件系统或子系统进行合格性测试的记录。需方根据 STR 可评估测试及其结果。为纠正软件缺陷提供依据，为软件进一步优化和软件能力评估提供依据，使用户对系统运行建立信心。

2. 编制时机

对于嵌入式软件产品，在工程研制阶段和设计定型阶段编制。

对于纯软件产品，在软件测试结束后 30 天内完成编制。

3. 编制依据

主要包括：研制立项综合论证报告，研制总要求，研制合同，工作说明，研制计划，研制方案，运行方案说明，系统/子系统规格说明，系统/子系统设计说明，软件需求规格说明，接口控制文件，接口需求规格说明，软件产品规格说明，软件版本说明，软件测试计划，软件测试说明，GJB 438B—2009《军用软件开发文档通用要求》等。

4. 目次格式

按照 GJB 438B—2009《军用软件开发文档通用要求》编写，目次格式如下：

```
1 范围
1.1 标识
1.2 系统概述
1.3 文档概述
2 引用文档
3 测试结果概述
3.1 对被测试软件的总体评估
3.2 测试环境的影响
3.3 改进建议
4 详细测试结果
4.X（测试的项目唯一的标识符）
4.X.1 测试结果总结
4.X.2 遇到的问题
4.X.2.Y（测试用例的项目唯一的标识符）
4.X.3 与测试用例/规程的不一致
4.X.3.Y（测试用例的项目唯一的标识符）
5 注释
```

3.2.18 软件产品规格说明

1. 文件用途

《软件产品规格说明》(SPS)描述或引用可执行软件、源文件以及软件保障信息,可用于为 CSCI 订购可执行软件和(或)源文件,是 CSCI 的主要软件保障文档,可帮助用户了解产品适用性,为测试者提供测试基础。

2. 编制时机

对于嵌入式软件产品,在工程研制阶段后期和设计定型阶段编制。

对于纯软件产品,在系统测试阶段编制。

3. 编制依据

主要包括:研制立项综合论证报告,研制总要求,研制方案,运行方案说明,系统/子系统规格说明,系统/子系统设计说明,软件需求规格说明,软件设计说明,接口控制文件,接口需求规格说明,接口设计说明,GJB 438B—2009《军用软件开发文档通用要求》等。

4. 目次格式

按照 GJB 438B—2009《军用软件开发文档通用要求》编写,目次格式如下:

```
1 范围
1.1 标识
1.2 系统概述
1.3 文档概述
2 引用文档
3 需求
3.1 可执行软件
3.2 源文件
3.3 包装需求
4 合格性规定
5 软件支持信息
5.1 "已建成"软件设计
5.2 编译/建立规程
5.3 修改规程
5.4 计算机硬件资源使用
6 需求的可追踪性
7 注释
```

3.2.19 软件版本说明

1. 文件用途

《软件版本说明》(SVD)标识并描述由一个或多个计算机软件配置项(CSCI)组成的软件版本,用于发布、追踪以及控制软件版本。

2. 编制时机

对于嵌入式软件产品,在工程研制阶段后期和设计定型阶段编制。

对于纯软件产品,在系统测试阶段编制。

3. 编制依据

主要包括:研制立项综合论证报告,研制总要求,研制方案,运行方案说明,系统/子系统规格说明,系统/子系统设计说明,软件需求规格说明,软件设计说明,接口控制文件,接口需求规格说明,接口设计说明,GJB 438B—2009《军用软件开发文档通用要求》等。

4. 目次格式

按照 GJB 438B—2009《军用软件开发文档通用要求》编写,目次格式如下:

```
1 范围
1.1 标识
1.2 系统概述
```

1.3 文档概述
2 引用文档
3 版本说明
3.1 发布的材料清单
3.2 软件内容清单
3.3 更改说明
3.4 适应性数据
3.5 有关的文档
3.6 安装说明
3.7 可能的问题和已知的错误
4 注释

3.2.20 软件用户手册

1. 文件用途

《软件用户手册》(SUM)描述操作该软件的用户如何安装和使用计算机软件配置项(CSCI)、相关的 CSCI、软件系统或子系统。SUM 可能还包括软件运行的某些特殊方面,如特定位置或任务的说明等。若软件由用户运行并且具有用户接口以获取联机用户输入或解释输出显示,则需要《软件用户手册》。如果软件是一个嵌入式软件,则该系统的用户手册或操作手册可能包括了 SUM 的内容,不必再单独编制《软件用户手册》。本文档也可代替《软件输入/输出手册》(SIOM)和《软件中心操作员手册》(SCOM)。

2. 编制时机

对于嵌入式软件产品,在工程研制阶段后期和设计定型阶段编制。

对于纯软件产品,在系统测试阶段编制。

3. 编制依据

主要包括:研制立项综合论证报告,研制总要求,研制方案,运行方案说明,系统/子系统规格说明,系统/子系统设计说明,软件需求规格说明,软件设计说明,接口控制文件,接口需求规格说明,接口设计说明,GJB 438B—2009《军用软件开发文档通用要求》等。

4. 目次格式

按照 GJB 438B—2009《军用软件开发文档通用要求》编写,目次格式如下:

1 范围
1.1 标识
1.2 系统概述

> 1.3 文档概述
>
> 2 引用文档
>
> 3 软件综述
>
> 3.1 软件应用
>
> 3.2 软件清单
>
> 3.3 软件环境
>
> 3.4 软件组织和操作概述
>
> 3.5 意外事故及运行的备用状态和方式
>
> 3.6 保密性
>
> 3.7 帮助和问题报告
>
> 4 软件入门
>
> 4.1 软件的首次用户
>
> 4.1.1 熟悉设备
>
> 4.1.2 访问控制
>
> 4.1.3 安装和设置
>
> 4.2 启动
>
> 4.3 停止和挂起
>
> 5 使用指南
>
> 5.1 能力
>
> 5.2 约定
>
> 5.3 处理规程
>
> 5.3.X（软件使用的方面）
>
> 5.4 有关的处理
>
> 5.5 数据备份
>
> 5.6 错误、故障和紧急情况下的恢复
>
> 5.7 消息
>
> 5.8 快速参考指南
>
> 6 注释

3.2.21 软件输入/输出手册

1. 文件用途

《软件输入/输出手册》（SIOM）是为安装在计算机中心或在其他集中式或网络化安装场所的软件系统而编制的，用户通过终端或个人计算机访问该系统，或者以批处理方式或以交互的方式提交输入和解释输出。SIOM 常与《软件中心操作员手册》（SCOM）一起使用，此时可代替《软件用户手册》（SUM）。

2. 编制时机

对于嵌入式软件产品,在工程研制阶段后期和设计定型阶段编制。

对于纯软件产品,在系统测试阶段编制。

3. 编制依据

主要包括:研制立项综合论证报告,研制总要求,研制方案,运行方案说明,系统/子系统规格说明,系统/子系统设计说明,软件需求规格说明,软件设计说明,接口控制文件,接口需求规格说明,接口设计说明,GJB 438B—2009《军用软件开发文档通用要求》等。

4. 目次格式

按照GJB 438B—2009《军用软件开发文档通用要求》编写,目次格式如下:

```
1 范围
1.1 标识
1.2 系统概述
1.3 文档概述
2 引用文档
3 软件综述
3.1 软件应用
3.2 软件清单
3.3 软件环境
3.4 软件组织和操作概述
3.5 意外事故及运行的备用状态和方式
3.6 保密性
3.7 帮助和问题报告
4 使用软件
4.1 启动规程
4.2 输入描述
4.2.1 输入条件
4.2.2 输入格式
4.2.3 组成规则
4.2.4 输入词汇
4.2.5 输入样例
4.3 输出描述
4.3.1 一般描述
```

> 4.3.2 输出格式
>
> 4.3.3 输出样例
>
> 4.3.4 输出词汇
>
> 4.4 输出的使用
>
> 4.5 恢复和错误纠正规程
>
> 4.6 通信诊断
>
> 5 查询规程
>
> 5.1 数据库/数据文件格式
>
> 5.2 查询能力
>
> 5.3 查询准备
>
> 5.4 控制指令
>
> 6 用户终端处理规程
>
> 6.1 可用的能力
>
> 6.2 访问规程
>
> 6.3 显示、更新和检索的规程
>
> 6.4 恢复和错误纠正规程
>
> 6.5 结束规程
>
> 7 注释

3.2.22 软件中心操作员手册

1. 文件用途

《软件中心操作员手册》(SCOM)是为计算机中心或在其他集中式或网络化的安装场所工作的人员,提供如何安装和操作软件系统的信息而编制的。用户通过终端或个人计算机访问该系统,或以批处理方式或以交互的方式提交和接受输入与输出。SCOM 常与《软件输入/输出手册》(SIOM)一起使用,此时可代替《软件用户手册》(SUM)。

2. 编制时机

对于嵌入式软件产品,在工程研制阶段后期和设计定型阶段编制。

对于纯软件产品,在系统测试阶段编制。

3. 编制依据

主要包括:研制立项综合论证报告,研制总要求,研制方案,运行方案说明,系统/子系统规格说明,系统/子系统设计说明,软件需求规格说明,软件设计说明,接口控制文件,接口需求规格说明,接口设计说明,GJB 438B—2009《军用软件开发文档通用要求》等。

4. 目次格式

按照GJB 438B—2009《军用软件开发文档通用要求》编写，目次格式如下：

1 范围
1.1 标识
1.2 系统概述
1.3 文档概述
2 引用文档
3 软件综述
3.1 软件应用
3.2 软件清单
3.3 软件环境
3.4 软件组织和操作概述
3.5 意外事故及运行的备用状态和方式
3.6 保密性
3.7 帮助和问题报告
4 安装和设置
5 运行描述
5.1 运行清单
5.2 阶段划分
5.3 诊断规程
5.4 错误信息列表
5.5 每个运行的说明
5.5.X（运行名或标识）的运行描述
5.5.X.1 控制输入
5.5.X.2 运行管理信息
5.5.X.3 输入—输出文件
5.5.X.4 输出报告
5.5.X.5 再版输出报告
5.5.X.6 用于运行重启/恢复和连续性的规程
6 注释

3.2.23 计算机编程手册

1. 文件用途

《计算机编程手册》（CPM）为程序员描述对指定计算机进行编程所需要的信息。

2. 编制时机

对于嵌入式软件产品,在工程研制阶段后期和设计定型阶段编制。

对于纯软件产品,在系统测试阶段编制。

3. 编制依据

主要包括:研制立项综合论证报告,研制总要求,研制方案,运行方案说明,系统/子系统规格说明,系统/子系统设计说明,软件需求规格说明,软件设计说明,接口控制文件,接口需求规格说明,接口设计说明,GJB 438B—2009《军用软件开发文档通用要求》等。

4. 目次格式

按照GJB 438B—2009《军用软件开发文档通用要求》编写,目次格式如下:

```
1 范围
1.1 标识
1.2 系统概述
1.3 文档概述
2 引用文档
3 软件编程环境
3.1 系统配置
3.2 操作信息
3.3 编译、汇编和连接
4 编程信息
4.1 编程特征
4.2 程序指令
4.3 输入和输出控制
4.4 其他编程技术
4.5 编程示例
4.6 错误检测和诊断特征
5 注释
```

3.2.24 计算机操作手册

1. 文件用途

《计算机操作手册》(COM)描述操作指定的计算机及其外部设备所需的信息。

2. 编制时机

对于嵌入式软件产品,在工程研制阶段后期和设计定型阶段编制。

对于纯软件产品,在系统测试阶段编制。

3. 编制依据

主要包括:研制立项综合论证报告,研制总要求,研制方案,运行方案说明,系统/子系统规格说明,系统/子系统设计说明,软件需求规格说明,软件设计说明,接口控制文件,接口需求规格说明,接口设计说明,GJB 438B—2009《军用软件开发文档通用要求》等。

4. 目次格式

按照GJB 438B—2009《军用软件开发文档通用要求》编写,目次格式如下:

```
1 范围
1.1 标识
1.2 计算机系统概述
1.3 文档概述
2 引用文档
3 计算机系统操作
3.1 计算机系统的准备和关机
3.1.1 加电和断电
3.1.2 启动
3.1.3 关机
3.2 操作规程
3.2.1 输入和输出规程
3.2.2 监视规程
3.2.3 恢复规程
3.2.4 脱机规程
3.2.5 其他规程
3.3 问题处理规程
4 诊断特征
4.1 诊断特征概述
4.2 诊断规程
4.2.X (诊断规程名)
4.3 诊断工具集
4.3.X (诊断工具名)
5 注释
```

3.2.25 固件保障手册

1. 文件用途

《固件保障手册》(FSM)描述对系统的固件设备进行编程和再编程所需的

信息,也描述为擦除固件设备、向固件设备加载软件、验证加载过程和标记已加载的固件设备所需的固件设备和装备、软件以及规程,适用于只读存储器(ROM)、可编程 ROM(PROM)、可擦除 PROM(EPROM)以及其他固件设备。

2. 编制时机

对于嵌入式软件产品,在工程研制阶段后期和设计定型阶段编制。

对于纯软件产品,在系统测试阶段编制。

3. 编制依据

主要包括:研制立项综合论证报告,研制总要求,研制方案,运行方案说明,系统/子系统规格说明,系统/子系统设计说明,软件需求规格说明,软件设计说明,接口控制文件,接口需求规格说明,接口设计说明,GJB 438B—2009《军用软件开发文档通用要求》等。

4. 目次格式

按照 GJB 438B—2009《军用软件开发文档通用要求》编写,目次格式如下:

```
1 范围
1.1 标识
1.2 系统概述
1.3 文档概述
2 引用文档
3 固件编程指令
3.X (被编程固件设备的标识符)
3.X.1 预编程设备综述
3.X.2 写入设备的软件
3.X.3 编程设备
3.X.4 编程软件
3.X.5 编程规程
3.X.6 安装和修复规程
3.X.7 供应商信息
4 注释
```

3.2.26 软件研制总结报告

1. 文件用途

《软件研制总结报告》(SDSR)描述软件整个研制/开发情况。是产品设计定型的依据之一。

2. 编制时机

在设计定型阶段编制。

3. 编制依据

主要包括：研制立项综合论证报告，研制总要求，研制合同，研制计划，研制方案，运行方案说明，软件研制任务书，系统/子系统规格说明，系统/子系统设计说明，软件需求规格说明，软件设计说明，接口控制文件，接口需求规格说明，接口设计说明，软件定型测评大纲，软件定型测评报告，GJB 438B—2009《军用软件开发文档通用要求》等。

4. 目次格式

按照GJB 438B—2009《军用软件开发文档通用要求》编写，目次格式如下：

```
1 范围
1.1 标识
1.2 系统概述
1.3 文档概述
2 任务来源与研制依据
3 软件概述
4 软件研制过程
4.1 软件研制过程概述
4.2 系统要求分析和设计
4.3 软件需求分析
4.4 软件设计
4.5 软件实现和单元测试
4.6 软件集成与测试
4.7 CSCI合格性测试
4.8 CSCI/HWCI集成和测试
4.9 其他
5 软件满足任务指标情况
6 质量保证情况
6.1 质量保证措施实施情况
6.2 软件重大技术质量问题和解决情况
7 配置管理情况
7.1 软件配置管理要求
7.2 软件配置管理实施情况
7.3 软件配置状态变更情况
8 测量和分析
9 结论
10 注释
```

3.2.27 软件配置管理报告

1. 文件用途

《软件配置管理报告》(SCMR)描述软件整个研制/开发过程中软件配置管理情况。

2. 编制时机

在设计定型阶段编制。

3. 编制依据

主要包括:研制立项综合论证报告,研制总要求,研制方案,运行方案说明,软件研制任务书,系统/子系统规格说明,系统/子系统设计说明,软件需求规格说明,软件设计说明,接口控制文件,接口需求规格说明,接口设计说明,软件定型测评大纲,软件定型测评报告,GJB 438B—2009《军用软件开发文档通用要求》等。

4. 目次格式

按照 GJB 438B—2009《军用软件开发文档通用要求》编写,目次格式如下:

```
1 范围
1.1 标识
1.2 系统概述
1.3 文档概述
2 引用文档
3 软件配置管理情况综述
4 软件配置管理基本信息
5 专业组划分及权限分配
6 配置项记录
7 变更记录
8 基线记录
9 入库记录
10 出库记录
11 审核记录
12 备份记录
13 测量
14 注释
```

3.2.28 软件质量保证报告

1. 文件用途

《软件质量保证报告》(SQAR)描述软件整个研制/开发过程中软件质量保

证情况。

2. 编制时机

在设计定型阶段编制。

3. 编制依据

主要包括:研制立项综合论证报告,研制总要求,研制合同,研制计划,软件开发计划,软件配置管理计划,软件质量保证计划,研制方案,运行方案说明,软件研制任务书,系统/子系统规格说明,系统/子系统设计说明,软件需求规格说明,软件设计说明,接口控制文件,接口需求规格说明,接口设计说明,软件定型测评大纲,软件定型测评报告,GJB 438B—2009《军用软件开发文档通用要求》等。

4. 目次格式

按照 GJB 438B—2009《军用软件开发文档通用要求》编写,目次格式如下:

```
1 范围
1.1 标识
1.2 系统概述
1.3 文档概述
2 引用文档
3 软件研制概述
4 软件质量保证情况
5 软件配置管理情况
6 第三方评测情况
7 注释
```

3.2.29 软件定型测评大纲

1. 文件用途

用于规范软件定型测评的项目、内容和方法等,以全面考核产品软件是否符合研制总要求,暴露并解决产品存在的设计缺陷。

2. 编制时机

在设计定型阶段编制。

3. 编制依据

主要包括:研制立项综合论证报告,研制总要求,研制合同,工作说明,研制计划,软件开发计划,软件配置管理计划,软件质量保证计划,研制方案,运行方案说明,系统/子系统规格说明,系统/子系统设计说明,软件需求规格说明,接口需求规格说明,软件产品规格说明,软件版本说明,GJB 438B—2009《军用软件开发文档通用要求》,GJB 1268A—2004《军用软件验收要求》,GJB 2434A—2004《军用软件产品评价》,GJB 5234—2004《军用软件验证和确认》,GJB 5235—2004《军用软件配置管理》,GJB 5236—2004《军用软件质量度量》,GJB 6921—2009《军用软件定型测评大纲编制要求》等。

4. 目次格式

按照 GJB 6921—2009《军用软件定型测评大纲编制要求》编写,目次格式如下:

```
1 范围
1.1 标识
1.2 文档概述
1.3 委托方的名称与联系方式
1.4 承研单位的名称与联系方式
1.5 定型测评机构的名称与联系方式
1.6 被测软件概述
2 引用文件
3 测试内容与方法
3.1 测试总体要求
3.2 测试项及测试方法
3.3 测试内容充分性及测试方法有效性分析
3.4 软件问题类型及严重性等级
4 测评环境
4.1 软硬件环境
4.2 测评场所
4.3 测评数据
4.4 环境差异影响分析
5 测评进度
6 测评结束条件
7 软件质量评价内容与方法
8 定型测评通过准则
9 配置管理
10 质量保证
11 测评分包
12 测评项目组成员构成
13 安全保密与知识产权保护
14 测评风险分析
15 其他
```

3.2.30 软件定型测评报告

1. 文件用途

报告软件鉴定测评情况和测评结果,作为产品设计定型的依据。

2. 编制时机

对于嵌入式软件产品,在设计定型阶段编制。

对于纯软件产品,在软件鉴定测评结束后 30 天内编制。

3. 编制依据

主要包括:研制立项综合论证报告,研制总要求,研制合同,工作说明,研制计划,软件开发计划,软件配置管理计划,软件质量保证计划,研制方案,运行方案说明,系统/子系统规格说明,系统/子系统设计说明,软件需求规格说明,接口需求规格说明,软件产品规格说明,软件版本说明,软件定型测评大纲,GJB 438B—2009《军用软件开发文档通用要求》,GJB 1268A—2004《军用软件验收要求》,GJB 2434A—2004《军用软件产品评价》,GJB 5234—2004《军用软件验证和确认》,GJB 5235—2004《军用软件配置管理》,GJB 5236—2004《军用软件质量度量》,GJB 6921—2009《军用软件定型测评大纲编制要求》,GJB 6922—2009《军用软件定型测评报告编制要求》等。

4. 目次格式

按照 GJB 6922—2009《军用软件定型测评报告编制要求》编写,目次格式如下:

```
1 范围
1.1 标识
1.2 文档概述
1.3 委托方的名称与联系方式
1.4 承研单位的名称与联系方式
1.5 定型测评机构的名称与联系方式
1.6 被测软件概述
2 引用文件
3 测评概述
3.1 测评过程概述
3.2 测评环境说明
3.2.1 软硬件环境
3.2.2 测评场所
3.2.3 测评数据
3.2.4 环境差异影响分析
```

```
3.3 测评方法说明
4 测试结果
4.1 测试执行情况
4.2 软件问题
4.3 测试的有效性、充分性说明
5 评价结论与改进建议
5.1 评价结论
5.2 改进建议
6 其他
```

3.3 工艺文件

3.3.1 工艺总方案

1. 文件用途

工艺总方案是产品工艺技术准备工作的重要依据和指导性工艺文件。

2. 编制时机

在方案阶段编写,并按照 GJB 1269A—2000《工艺评审》进行工艺评审工作。

3. 编制依据

主要包括:研制总要求,研制方案,研制合同,GJB 1269A—2000《工艺评审》等。

4. 目次格式

推荐的目次格式如下:

```
1 范围
2 引用文件
3 关键试制工艺的工艺性分析、全部过程工艺工作量估计
3.1 关键试制工艺
3.2 关键试制工艺的工艺性分析
3.2.X（关键试制工艺 X)的工艺性分析
3.3 全部过程工艺工作量估计
4 自制件和外购件建议
4.1 建议的自制件清单
4.2 建议的外购件清单
5 工艺设备购置或改造建议
```

6 专用工装和非标准设备的选择原则及控制数
7 关键技术项目及其解决方案,试验件的选择
7.1 关键技术项目及其解决方案
7.2 选择的试验件项目
8 新工艺、新材料试验意见
8.1 新工艺试验意见
8.2 新材料试验意见
9 关键器材项目
10 对产品试制计划进度安排的建议
11 其他特殊项目的要求

3.3.2 工艺规范(D类规范)

1. 文件用途

用于规定制造时对产品或材料实施某种工艺作业的方法,例如热处理、焊接、密封、缩微和标记等。适用于生产过程或控制工艺。

2. 编制时机

在工程研制阶段编写工艺规范草案,在定型阶段应最终确定工艺规范的正式版本。

3. 编制依据

主要包括:研制总要求,研制合同,研制方案,研制规范,产品规范,GJB1269A—2000《工艺评审》,相关国家军用规范等。

4. 目次格式

按照GJB 6387—2008《武器装备研制项目专用规范编写规定》编写,目次格式如下:

1 范围
2 引用文件
3 要求
3.1 一般要求
3.1.1 环境要求
3.1.2 安全防护要求
3.1.3 人员要求
3.2 控制要求
3.2.1 工艺材料控制
3.2.2 工艺设备与工艺装备控制
3.2.3 零件控制

> 3.2.4 制造控制
>
> 3.2.5 包装控制
>
> 4 验证
>
> 4.1 检验分类
>
> 4.2 检验条件
>
> 4.3 工艺设计评审
>
> 4.4 完工后检验
>
> 4.5 检验方法
>
> 5 包装
>
> 6 说明事项
>
> 6.1 预定用途
>
> 6.2 分类
>
> 6.3 订购文件中应明确的内容
>
> 6.4 术语和定义
>
> 6.5 符号、代号和缩略语
>
> 6.6 其他

3.3.3 材料规范(E类规范)

1. 文件用途

用于规定产品制造中使用的原材料(化学化合物)、混合物(如清洁剂、油漆)或半成品(如电缆、铜管、棒材)等。一般用于材料的制造,也可用来指导材料的研制。

2. 编制时机

在工程研制阶段编写材料规范草案,在定型阶段应最终确定材料规范的正式版本。

3. 编制依据

主要包括:研制总要求,研制合同,研制方案,研制规范,产品规范,相关国家军用规范等。

4. 目次格式

按照GJB 6387—2008《武器装备研制项目专用规范编写规定》编写,目次格式如下:

> 1 范围
>
> 2 引用文件
>
> 3 要求

3.1 状态特征

3.2 物理及化学性能

3.3 力学性能

3.4 工艺性能

3.5 环境适应性

3.6 组织

3.7 外形、尺寸及重量

3.8 稳定性

3.9 毒性

4 验证

4.1 检验分类

4.2 检验条件

4.3 定型(或鉴定)试验

4.4 首件检验

4.5 质量一致性检验

4.6 包装检验

4.7 抽样

4.8 缺陷分类

4.9 检验方法

5 包装、运输与贮存

5.1 防护包装

5.2 装箱

5.3 运输和贮存

5.4 标志

6 说明事项

6.1 预定用途

6.2 分类

6.3 订购文件中应明确的内容

6.4 术语和定义

6.5 符号、代号和缩略语

6.6 其他

3.3.4 工艺设计工作总结

1. 文件用途

对产品的工艺设计工作进行全面和系统的总结,用于产品工艺评审。

2. 编制时机

在完成工艺设计,拟申请工艺评审之前编制。

3. 编制依据

主要包括:研制方案,工艺总方案,特性分析报告,工艺规范,材料规范等。

4. 目次格式

推荐的目次格式如下:

```
1 范围
2 引用文件
3 产品概述
3.1 产品结构
3.2 主要技术要求
3.3 产品工艺项目
4 工艺实施方案
5 存在的技术难点(或技术关键)及其工艺解决措施
6 工艺过程结果,产品(样品)质量状态,符合性
7 最终达到的技术效益、经济效益及推广前景
```

3.3.5 工艺评审报告

1. 文件用途

对产品研制生产拟采取的工艺进行评审把关,以便及早发现和纠正工艺设计中的缺陷,为批准工艺设计提供决策性的咨询。

2. 编制时机

工艺评审后形成工艺评审报告。

3. 编制依据

主要包括:试制工艺总方案,特性分析报告,工艺规范,材料规范,工艺设计工作总结等。

4. 目次格式

推荐的目次格式如下:

```
1 评审项目名称、产品(图号、型号)
2 被评审主要工艺文件编号、标识
3 主要技术概述(程序、流程、重点、难点、攻关)
4 应用阶段达到技术水平
5 评审组评审过程
```

6 评审意见与评审结论
7 改进建议
8 评审组
9 评审提出问题、改进措施及跟踪验证

3.3.6 工艺总结

1. 文件用途

对研制过程中的工艺工作进行全面和系统的总结。

2. 编制时机

设计定型阶段编制。

3. 编制依据

主要包括：研制方案，工艺总方案，特性分析报告，工艺规范，材料规范，工艺设计工作总结，工艺评审报告等。

4. 目次格式

推荐的目次格式如下：

1 范围
2 引用文件
3 产品概述
3.1 产品结构
3.2 主要技术要求
3.3 产品工艺项目
4 试制加工工作概况
4.1 结构件加工
4.2 特种工艺
4.3 电子装联
4.3.1 电路板组装件的焊接
4.3.2 组件的装配
5 对元器件原材料和成品的质量控制情况
6 互换性及尚不能互换件的说明
7 对设计部门的图样和文件资料的评价意见
8 复杂件、关键件工艺攻关情况
9 生产线工艺、工装及加工设备的有效性
10 工艺评审情况
11 产品成本控制说明
12 结论

3.3.7 工艺和生产条件考核报告

1. 文件用途

用于二级定委评估承研承制单位产品工艺和生产条件是否稳定并满足批量生产条件,以全面启动产品生产定型相关工作。

2. 编制时机

产品工艺和生产条件基本稳定、满足批量生产条件时,总部分管有关装备的部门、军兵种装备部会同国务院有关部门和有关单位,按照生产定型的标准和要求,对承研承制单位的工艺和生产条件组织考核,形成并向二级定委提交《工艺和生产条件考核报告》。

3. 编制依据

主要包括:研制总要求,产品规范,设计定型审查意见书,工艺总结报告,工艺评审报告等。

4. 目次格式

推荐的目次格式如下:

```
0 考核工作简况
1 生产工艺流程
2 工艺指令性文件和全套工艺规程
3 工艺装置设计图样
4 工序、特殊工艺考核报告及工艺装置一览表
5 关键和重要零部件的工艺说明
6 产品检验记录
7 承研承制单位质量管理体系和产品质量保证的有关文件
8 元器件、原材料等生产准备的有关文件
9 工艺和生产条件考核结论性意见
```

3.4 标准化文件

3.4.1 标准化大纲

1. 文件用途

产品标准化大纲是指导产品研制标准化工作的基本文件。新研制产品应按系统、分系统、设备等不同层次分别编制产品标准化大纲。上层次产品标准化大纲对下层次产品标准化大纲起指导和约束作用,下层次产品标准化大纲应贯彻

和细化上层次产品标准化大纲的规定和要求。

2. 编制时机

产品标准化大纲应在方案阶段随产品研制方案同步协调编制,并按GJB/Z 113—1998《标准化评审》规定的程序和要求进行评审,按有关规定签署、批准后执行。

3. 编制依据

系统层次产品标准化大纲的编制依据主要包括:订购方在"主要战术技术指标"、"初步总体方案"、系统研制总体方案及研制合同中提出的标准化要求等。

分系统层次产品标准化大纲的编制依据主要包括:系统层次产品标准化大纲、分系统研制方案及合同(协议书)中提出的标准化要求等。

设备层次产品标准化大纲的编制依据主要包括:上层次产品标准化大纲、设备研制方案及合同(协议书)中提出的标准化要求等。

4. 目次格式

按照GJB/Z 114A—2005《产品标准化大纲编制指南》编写,目次格式如下:

1 概述
2 标准化目标
3 标准实施要求
3.1 一般要求
3.2 重大标准实施要求
3.3 标准选用范围
3.4 标准件、元器件、原材料选用范围
4 产品通用化、系列化、组合化设计要求和接口、互换性要求
4.1 产品通用化、系列化、组合化设计要求
4.2 接口、互换性要求
4.2.1 接口标准及其要求
4.2.2 互换性标准及其要求
5 型号标准化文件体系要求
5.1 型号标准化文件体系表
5.2 型号标准化文件项目表
6 图样和技术文件要求
6.1 完整性、正确性、统一性要求
6.1.1 完整性要求
6.1.2 正确性要求
6.1.3 统一性要求
6.2 管理要求

```
6.2.1 管理的协调性
6.2.2 借用件管理要求
6.2.3 更改管理要求
6.2.4 审批会签要求
7   标准化工作范围和研制各阶段的主要工作
7.1 标准化工作范围
7.2 产品研制各阶段的主要工作
8   标准化工作协调管理要求
```

3.4.2 标准化工作报告

1. 文件用途

标准化工作报告是产品研制过程中各研制阶段执行《武器装备研制生产标准化工作规定》和实施产品标准化大纲情况的总结性报告,用于产品标准化评审(标准化方案评审、标准化实施评审和标准化最终评审)。

2. 编制时机

在各研制阶段标准化工作完成以后进行标准化评审(设计标准化方案评审、设计标准化实施评审和设计标准化最终评审)之前编制。

3. 编制依据

主要包括:上层次产品和本产品标准化大纲,相关标准与规范,研制方案,详细设计,产品规范等。

4. 目次格式

按照 GJB/Z 113—1998《标准化评审》编写,目次格式如下:

```
1 概述
2 执行《武器装备研制生产标准化工作规定》的情况
3 《标准化大纲》的基本情况或实施情况
4 取得的成绩和效益分析
5 存在的问题及解决措施
6 结论和建议
```

3.4.3 标准化审查报告

1. 文件用途

标准化审查报告是产品研制过程中实施产品标准化大纲情况的总结性报告,用于客观反映、正确评价产品研制过程中标准化大纲的实施情况和产品标准化程度与水平。

2. 编制时机

在产品设计定型阶段编制。

3. 编制依据

主要包括:上层次产品和本产品标准化大纲,相关标准与规范,研制方案,详细设计,产品规范,标准化工作报告等。

4. 目次格式

按照《武器装备研制生产标准化工作规定》编写,目次格式如下:

```
1 范围
2 引用文件
3 标准及标准化要求的实施情况
4 图样和技术文件的完整性、正确性及统一性评价
5 产品"三化"水平评价,标准化系数计算
6 标准化效益分析评估
7 存在的问题及改进的措施意见
8 审查结论
```

3.4.4 工艺标准化大纲(工艺标准化综合要求)

1. 文件用途

工艺标准化综合要求规定样机试制工艺标准化要求,用于指导产品工程研制阶段的工艺标准化工作。

工艺标准化大纲规定生产定型工艺标准化要求,用于指导产品生产(工艺)定型阶段的工艺标准化工作。

2. 编制时机

在工程研制阶段编制工艺标准化综合要求。

在生产(工艺)定型阶段初期,根据批量生产的要求,进一步修改和补充工艺标准化综合要求,形成工艺标准化大纲。

3. 编制依据

工艺标准化综合要求的编制依据主要包括:工艺总方案;产品标准化大纲等。

工艺标准化大纲的编制依据主要包括:产品标准化大纲,设计定型标准化审查报告;工艺标准化综合要求的实施情况及实施评审意见;试生产工艺总方案等。

4. 目次格式

按照 GJB/Z 106A—2005《工艺标准化大纲编制指南》编写,目次格式如下:

1 范围
2 引用文件
3 产品概述
3.1 编制依据
3.2 产品用途
3.3 产品组成
3.4 工艺特点
4 工艺、工装标准化目标及工作范围
4.1 目标
4.2 工作范围
5 实施标准要求
6 工装的"三化"要求
7 工艺文件、工装设计文件的完整性、正确性、统一性要求
8 应完成的主要任务、工作项目

3.4.5 工艺标准化工作报告

1. 文件用途

工艺标准化工作报告是产品研制过程中各研制阶段执行《武器装备研制生产标准化工作规定》和实施工艺标准化大纲情况的总结性报告,用于工艺标准化评审(工艺标准化方案评审、工艺标准化实施评审和工艺标准化最终评审)。

2. 编制时机

在各研制阶段工艺标准化工作完成以后进行工艺标准化评审(工艺标准化方案评审、工艺标准化实施评审和工艺标准化最终评审)之前编制。

3. 编制依据

主要包括:上层次产品和本产品工艺标准化大纲,相关标准与规范,研制方案,详细设计,产品规范等。

4. 目次格式

按照 GJB/Z 113—1998《标准化评审》编写,目次格式如下:

1 概述
2 执行《武器装备研制生产标准化工作规定》的情况
3 《工艺标准化大纲》的基本情况或实施情况
4 取得的成绩和效益分析

5 存在的问题及解决措施
6 结论和建议

3.4.6 工艺标准化审查报告

1. 文件用途

工艺标准化审查报告是产品生产过程中实施工艺标准化大纲情况的总结性报告,用于客观反映、正确评价产品生产过程中工艺标准化大纲的实施情况和工艺标准化程度与水平。

2. 编制时机

在产品生产定型阶段编制。

3. 编制依据

主要包括:武器装备研制生产标准化工作规定,工艺标准化大纲,相关标准与规范,研制方案,详细设计,产品规范,工艺标准化工作报告等。

4. 目次格式

按照《武器装备研制生产标准化工作规定》编写,目次格式如下:

1 范围
2 引用文件
3 标准及标准化要求的实施情况
4 工艺文件、工装设计文件的完整性、正确性及统一性评价
5 工装"三化"水平评价,标准化系数计算
6 标准化效益分析评估
7 存在的问题及改进的措施
8 审查结论

3.5 质量文件

3.5.1 质量保证大纲(质量计划)

1. 文件用途

质量保证大纲(质量计划)明确组织或供方为满足质量要求所开展的活动及可能带来的风险,对采购、研制、生产和售后服务等活动的质量控制做出规定。

产品应按 GJB 450A、GJB 368B、GJB 2547A、GJB 900、GJB 3872 的要求,分别编制可靠性大纲(可靠性工作计划)、维修性大纲(维修性工作计划)、测试性大纲(测试性工作计划)、安全性大纲(安全性工作计划)和综合保障大纲(综合保障

工作计划),并作为质量保证大纲的组成部分。

2. 编制时机

质量保证大纲应在产品研制、生产开始前,确定产品实现所需要的过程后,由质量部门或项目负责人组织制定。质量保证大纲实施前应经审批,合同要求时,应提交顾客认可。

适当时,可对质量保证大纲进行修改。修改后的质量保证大纲应重新履行审批手续,必要时,再次提交顾客认可。

3. 编制依据

主要包括:研制立项综合论证报告,研制总要求,研制合同,研制计划,研制任务书,质量方针,质量目标,质量管理体系文件,GJB 1406A—2005《产品质量保证大纲要求》,可靠性工作计划,维修性工作计划,测试性工作计划,综合保障工作计划,安全性工作计划,环境工程工作计划,其他相关的计划等。

4. 目次格式

按照 GJB 1406A—2005《产品质量保证大纲要求》编写,目次格式如下:

```
1 范围
2 质量工作原则与质量目标
2.1 质量工作原则
2.2 质量目标
3 管理职责
4 文件和记录的控制
5 质量信息的管理
6 技术状态管理
6.1 技术状态标识
6.2 技术状态控制
6.3 技术状态记实
6.4 技术状态审核
7 人员培训和资格考核
8 顾客沟通
9 设计过程质量控制
9.1 任务分析
9.2 设计分析
9.3 设计输入
9.4 可靠性设计
9.5 维修性设计
9.6 测试性设计
9.7 保障性设计
```

9.8 安全性设计

9.9 元器件、零件和原材料的选择和使用

9.10 软件设计

9.11 人机工程设计

9.12 特性分析

9.13 设计输出

9.14 设计评审

9.15 设计验证

9.16 设计确认/定型（鉴定）

9.17 设计更改的控制

10 试验控制

11 采购质量控制

11.1 采购品的控制

11.2 外包过程的控制

12 试制和生产过程质量控制

12.1 工艺准备

12.2 元器件、零件和原材料的控制

12.3 基础设施和工作环境

12.4 关键过程控制

12.5 特殊过程控制

12.6 关键件、重要件的控制

12.7 试制、生产准备状态检查

12.8 首件鉴定

12.9 产品质量评审

12.10 装配质量控制

12.11 标识和可追溯性

12.12 顾客财产

12.13 产品防护

12.14 监视和测量

12.14.1 一般要求

12.14.2 过程检验

12.14.3 验收试验和检验

12.14.4 例行试验（典型试验）

12.14.5 无损检验

12.14.6 试验和检验记录

12.15 不合格品的控制

12.16 售后服务

3.5.2 质量分析报告

1. 文件用途

对研制产品的质量及其质量保证工作进行全面和系统的分析,用于产品质量评审,是产品设计定型技术文件之一。

2. 编制时机

质量分析报告在产品检验合格之后、交付之前编写。作为产品质量评审的提交文件。

根据需要,军工产品研制质量分析报告可按产品设计质量分析报告和产品生产质量分析报告分开编写。

3. 编制依据

主要包括:研制任务书,研制合同,质量保证大纲,相关技术文件,适用的标准、规范、法规及有关质量管理体系文件等。

4. 目次格式

按照GJB 907A—2006《产品质量评审》要求编写,目次格式如下:

```
1 范围
2 引用文件
3 研制过程简介
4 技术指标符合任务书情况
5 产品技术状态符合情况
6 质量保证大纲执行情况
  6.1 质量保证大纲的编制
  6.2 质量工作原则与质量目标
  6.3 管理职责
  6.4 文件和记录的控制
  6.5 质量信息的管理
  6.6 技术状态管理
  6.7 人员培训和资格考核
  6.8 顾客沟通
  6.9 设计过程质量控制
  6.10 试验控制
  6.11 采购质量控制
  6.12 试制和生产过程质量控制
7 产品性能符合技术指标情况
8 产品质量情况
```

```
9 质量问题及归零情况
9.X（质量问题 X）
9.X.1 问题描述
9.X.2 原因分析
9.X.3 纠正措施
9.X.4 归零情况
10 专项评审结论
10.X（专项评审 X）
10.X.1 评审过程
10.X.2 评审结论
11 产品质量结论
```

3.5.3 配套产品、原材料、元器件及检测设备的质量和定点供应情况

1. 文件用途

用于报告产品研制生产所需的配套产品、原材料、元器件及检测设备的质量和定点供应情况，以确保产品质量可靠并有稳定的供货来源，是产品生产定型的依据之一。

2. 编制时机

在设计定型阶段宜编写，在生产定型阶段应当编写。

3. 编制依据

主要包括：质量保证大纲，产品规范，材料规范，有关质量管理体系文件等。

4. 目次格式

推荐的目次格式如下：

```
1 范围
2 引用文件
3 产品简介
4 配套产品的质量和定点供应情况
5 配套原材料、元器件的质量和定点供应情况
6 配套检测设备的质量和定点供应情况
7 结论性意见
```

3.5.4 质量管理报告

1. 文件用途

对产品的生产质量及其质量保证工作进行全面和系统的总结，用于产品生

产定型阶段质量评审,是产品生产定型技术文件之一。

2. 编制时机

在生产定型阶段编写。

3. 编制依据

主要包括:研制总要求,产品规范,工艺规范,材料规范,质量保证大纲,有关质量管理体系文件等。

4. 目次格式

按照GJB 907A—2006《产品质量评审》要求编写,目次格式如下:

```
1  范围
2  引用文件
3  产品生产过程简介
4  质量保证大纲执行情况
4.1  质量保证大纲的编制
4.2  质量工作原则与质量目标
4.3  管理职责
4.4  文件和记录的控制
4.5  质量信息的管理
4.6  技术状态管理
4.7  人员培训和资格考核
4.8  顾客沟通
4.9  设计过程质量控制(可省略)
4.10 试验控制
4.11 采购质量控制
4.12 试制和生产过程质量控制
5  试制和生产过程质量控制情况
5.1  工艺准备
5.2  元器件、零件和原材料的控制
5.3  基础设施和工作环境
5.4  关键过程控制
5.5  特殊过程控制
5.6  关键件、重要件的控制
5.7  试制、生产准备状态检查
5.8  首件鉴定
5.9  产品质量评审
5.10 装配质量控制
5.11 标识和可追溯性
```

5.12 顾客财产
5.13 产品防护
5.14 监视和测量
5.15 不合格品的控制
5.16 售后服务
6 产品技术状态更改控制情况
6.1 设计更改及其控制情况
6.2 工艺更改及其控制情况
6.3 技术文件更改及其控制情况
7 产品性能符合技术指标情况
8 产品质量情况
9 质量问题及归零情况
9.X（质量问题 X）
9.X.1 问题描述
9.X.2 原因分析
9.X.3 纠正措施
9.X.4 归零情况
10 专项评审结论
10.X（专项评审 X）
10.X.1 评审过程
10.X.2 评审结论
11 产品质量结论

3.6 风险管理文件

3.6.1 风险管理计划

1. 文件用途

风险管理计划具体规定为了满足订购方的要求所需要进行的风险管理工作。

2. 编制时机

由承研承制方在论证阶段提出，并在研制周期的每个阶段更新，使其详细程度和途径与阶段目标一致。在系统设计审查之前，提交使用部门批准。

3. 编制依据

主要包括：研制立项综合论证报告，研制总要求，研制合同，工作分解结构，研制方案，GJB 2993—1997《武器装备研制项目管理》，GJB 5852—2006《装备研制风险分析要求》等。

4. 目次格式

推荐的目次格式如下：

```
1 范围
2 引用文件
3 产品概述
3.1 功能特点
3.2 任务要求
3.3 在工作分解结构中的位置
3.4 研制阶段
4 风险管理策略和方法
5 组织机构
6 风险管理过程和程序
6.1 风险规划
6.2 风险评估
6.3 风险处理
6.4 风险监控
7 风险管理信息系统、文件及报告
```

3.6.2 风险分析报告

1. 文件用途

对产品研制的技术风险、进度风险和费用风险等进行分析，将风险控制在可以接受的程度内。

2. 编制时机

按照风险管理计划开展风险分析，随着装备研制的进展反复迭代、不断深入，并贯穿于装备研制的全过程，形成风险分析报告。

3. 编制依据

主要包括：研制合同，研制任务书，工作分解结构，研制总要求，研制方案，风险管理计划，研制计划，GJB 5852—2006《装备研制风险分析要求》等。

4. 目次格式

按照 GJB 5852—2006《装备研制风险分析要求》编写，目次格式如下：

```
1 范围
2 引用文件
3 产品概述
3.1 功能特点
3.2 任务要求
```

```
3.3 在工作分解结构中的位置
3.4 研制阶段
4 风险分析过程
4.1 分析过程概述
4.2 风险识别
4.3 风险发生可能性及后果严重性等级划分准则
4.4 风险排序准则
4.5 风险接受准则
5 分析结果
5.1 风险源清单
5.2 风险排序清单
5.3 高风险项目处置措施建议
6 分析结论
附件
```

3.6.3 技术成熟度评价工作计划

1. 文件用途

具体规定技术成熟度评价工作的组织和计划进度,确保按时、保质、保量地完成技术成熟度评价工作。

2. 编制时机

在方案阶段和工程研制阶段分别编制。

由评价工作负责人根据评价决策机构的要求,与项目负责人一起制定,并就相关内容及时与评价决策机构进行协调、沟通,最终确定评价工作计划。

3. 编制依据

主要包括:研制立项综合论证报告,研制总要求,研制合同,研制计划,研制方案等。

4. 目次格式

推荐的目次格式如下:

```
1 项目概述
2 技术成熟度评价工作组
3 技术成熟度评价工作计划表
```

3.6.4 关键技术元素(初始候选)清单

1. 文件用途

关键技术元素初始候选清单由项目负责人制定,供技术成熟度评价工作负责人组织的技术成熟度评价工作组审核,以协调确定最终的关键技术元素清单。

关键技术元素清单列出技术成熟度评价的对象。

2．编制时机

按照技术成熟度评价工作计划,在方案阶段和工程研制阶段分别编制。

3．编制依据

主要包括:研制立项综合论证报告,研制总要求,研制合同,研制计划,研制方案,工作分解结构等。

4．目次格式

推荐的目次格式如下:

```
1 项目概述
2 工作分解结构或技术分解结构
3 技术元素未列入关键技术元素(初始候选)清单的详细解释说明
4 关键技术元素(初始候选)清单及其解释说明
```

3.6.5 技术成熟度评价报告

1．文件用途

系统、全面、详细地展示项目技术成熟度评价过程和评价结果,并给出不成熟关键技术元素改进到所需技术成熟度等级的技术成熟计划建议。

2．编制时机

按照技术成熟度评价工作计划,在完成技术成熟度评价后编制。通常,应在方案阶段转工程研制阶段前完成第一次技术成熟度评价,在工程研制阶段转设计定型阶段前完成第二次技术成熟度评价。

3．编制依据

主要包括:研制立项综合论证报告,研制总要求,研制合同,研制计划,研制方案,工作分解结构,技术成熟度评价工作计划,关键技术元素初始候选清单,关键技术元素清单等。

4．目次格式

推荐的目次格式如下:

```
1 项目概述
1.1 项目目标
1.2 国内外发展现状与差距分析
1.3 主要研究内容
1.4 应用背景和应用范围
```

```
1.5 系统简介(对与系统相关的项目)
2 技术成熟度评价工作概况
2.1 技术成熟度评价工作组
2.2 技术成熟度评价工作计划
2.3 技术成熟度评价工作计划执行情况
3 关键技术元素识别
3.1 关键技术分解结构或系统分解结构
3.2 关键技术元素清单
4 关键技术元素成熟度评价
4.1 技术成熟度等级及判定细则
4.2 关键技术元素成熟度评价
4.2.X（第X个关键技术元素）
4.3 评价结果小结
5 结论与建议
5.1 结论
5.2 建议
附件 关键技术元素评价资料
```

3.6.6 技术成熟计划

1. 文件用途

列出不成熟关键技术元素改进到所需技术成熟度等级时需要进行的活动，与风险管理计划相结合，降低技术风险。技术成熟计划提供的信息应纳入项目研制计划中，以细化或修订研制计划。

2. 编制时机

根据技术成熟度评价报告的建议，分别在方案阶段转工程研制阶段，工程研制阶段转设计定型阶段前编制。

3. 编制依据

主要包括：研制立项综合论证报告，研制总要求，研制合同，研制计划，研制方案，工作分解结构，技术成熟度评价工作计划，关键技术元素初始候选清单，关键技术元素清单，技术成熟度评价报告等。

4. 目次格式

推荐的目次格式如下：

```
1 目的
1.1 项目的目的
```

> 1.2 技术成熟计划的目的
> 2 技术评价
> 2.1 前期独立技术评审情况
> 2.2 前期技术成熟度评价情况
> 2.3 技术成熟度等级定义
> 2.4 技术继承性
> 2.5 当前项目活动和技术成熟情况
> 2.6 技术成熟度管理
> 3 技术成熟计划
> 3.1 技术成熟需求
> 3.2 全寿命周期效益
> 3.3 具体技术的成熟计划
> 3.3.X（第 X 项技术）的成熟计划
> 4 技术成熟进度表
> 5 技术成熟经费预算
> 附录

3.7 可靠性文件

3.7.1 可靠性要求

1. 文件用途

协调确定可靠性定量定性要求，以满足系统战备完好性和任务成功性要求。

2. 编制时机

在装备立项综合论证过程中，提出初步的可靠性使用要求；在研制总要求的综合论证过程中，应权衡、协调和调整可靠性、维修性和保障系统及其资源要求，以合理的寿命周期费用满足系统战备完好性和任务成功性要求；在方案阶段结束前，应确定可靠性使用要求的目标值和门限值，并将其转换为合同中的规定值和最低可接受值。

3. 编制依据

主要包括：武器装备的主要作战使用性能要求，通用规范，GJB 450A—2004《装备可靠性工作通用要求》，GJB 451A—2005《可靠性维修性保障性术语》，GJB 1909A—2009《装备可靠性维修性保障性要求论证》，GJB 3872—1999《装备综合保障通用要求》等。

4. 目次格式

按照 GJB 450A—2004《装备可靠性工作通用要求》、GJB 1909A—2009《装备可靠性维修性保障性要求论证》编写,目次格式如下:

```
1  范围
2  引用文件
3  概述
4  装备的使命和任务
5  装备使用方案、设计方案和保障方案
6  故障定义和判断准则
7  装备可靠性定性定量要求及约束条件
8  装备可靠性要求确定的过程和分析方法
9  装备可靠性要求可验证性分析
10 装备可靠性专项经费预计分析
```

3.7.2 可靠性工作项目要求

1. 文件用途

针对产品所处的层次,选择并确定可靠性工作项目,以可接受的寿命周期费用实现规定的可靠性要求。

2. 编制时机

在论证阶段编制,最迟在方案阶段编制。

3. 编制依据

主要包括:研制立项综合论证报告,研制总要求,研制合同,可靠性要求,GJB 450A—2004《装备可靠性工作通用要求》等。

4. 目次格式

按照 GJB 450A—2004《装备可靠性工作通用要求》编写,目次格式如下:

```
1  范围
2  引用文件
3  可靠性工作项目选择原则
4  可靠性工作项目选择权衡分析
5  可靠性工作项目主要实施内容
```

3.7.3 可靠性计划

1. 文件用途

对可靠性工作提出总要求、做出总体安排;对订购方应完成的工作做出安排;明确对承制方可靠性工作的要求;协调可靠性工作中订购方和承制方以及订购方内部的关系。

2. 编制时机

订购方应在装备立项综合论证开始时制定并实施可靠性计划。随着可靠性工作的开展,应不断补充、完善可靠性计划。

3. 编制依据

主要包括:研制总要求,研制合同,研制计划,GJB 450A—2004《装备可靠性工作通用要求》,GJB 451A—2005《可靠性维修性保障性术语》等。

4. 目次格式

按照 GJB 450A—2004《装备可靠性工作通用要求》编写,目次格式如下:

```
1 范围
2 引用文件
3 总体要求和安排
4 管理和实施机构及其职责
5 论证工作安排
6 信息工作要求与安排
7 对承制方监督与控制工作安排
8 评审工作要求与安排
9 可靠性评估与改进工作要求与安排
10 工作进度
```

3.7.4 可靠性工作计划(可靠性大纲)

1. 文件用途

承制方制定可靠性工作计划(可靠性大纲),是为了有计划地组织、指挥、协调、检查和控制全部可靠性工作,以确保产品满足合同规定的可靠性要求。

2. 编制时机

承制方应从方案阶段开始就制定可靠性工作计划,随着研制的进展不断完善。当订购方的要求变更时,计划应做相应的更改。

3. 编制依据

主要包括:研制总要求,研制合同,研制计划,可靠性要求,可靠性工作项目要求,可靠性计划,GJB 450A—2004《装备可靠性工作通用要求》等。

4. 目次格式

按照 GJB 450A—2004《装备可靠性工作通用要求》编写,目次格式如下:

```
1 范围
2 引用文件
3 可靠性要求
4 可靠性工作项目
5 实施细则
6 可靠性工作管理机构及职责
7 可靠性工作实施机构及职责
8 可靠性工作与其他工作协调的说明
9 实施计划所需相关数据资料
9.1 数据资料种类及获取途径
9.2 数据资料传递方式与程序
10 可靠性评审安排
11 关键问题
11.1 关键问题种类及其对可靠性工作的影响
11.2 关键问题的解决方法或途径
12 可靠性工作进度安排
13 相应的保证条件与资源等
```

3.7.5 可靠性模型

1. 文件用途

建立产品的可靠性模型,用于定量分配、预计和评价产品的可靠性。

2. 编制时机

最早应在方案阶段建立可靠性模型,随着系统研制工作的进展,可靠性模型应不断修改完善。

3. 编制依据

主要包括:研制总要求,研制合同,研制方案,GJB 450A—2004《装备可靠性工作通用要求》,GJB 451A—2005《可靠性维修性保障性术语》,GJB 813—1990《可靠性模型的建立和可靠性预计》等。

4. 目次格式

按照 GJB 450A—2004《装备可靠性工作通用要求》,GJB 813—1990《可靠性模型的建立和可靠性预计》编写,目次格式如下:

```
1 范围
2 引用文件
```

```
3 定义产品
3.1 概述
3.2 步骤
4 确定产品可靠性框图
5 确定产品可靠性数学模型
6 运行比
```

3.7.6 可靠性分配

1. 文件用途

将产品(装备)的可靠性指标,由上到下、由整体到局部逐级分配到规定的产品层次(分系统、设备、软件等),以此作为可靠性设计和提出外协、外购产品可靠性定量要求的依据。

2. 编制时机

可靠性分配应在研制阶段早期即开始进行,且是一个反复迭代的过程。

3. 编制依据

主要包括:研制总要求,研制方案,可靠性模型,GJB 450A—2004《装备可靠性工作通用要求》,GJB/Z 23—1991《可靠性和维修性工程报告编写一般要求》等。

4. 目次格式

按照 GJB 450A—2004《装备可靠性工作通用要求》,GJB/Z 23—1991《可靠性和维修性工程报告编写一般要求》编写,目次格式如下:

```
1 范围
2 引用文件
3 待分配的可靠性指标及其来源
4 系统组成及特点
5 货架产品及单独有可靠性指标要求的产品的清单及其可靠性水平
6 分配原则
7 分配余量的确定及其理由
8 不直接参加分配部分的可靠性影响
9 有关说明
10 分配方法的选择及影响选择的各种因素
11 最终分配结果
```

3.7.7 可靠性预计

1. 文件用途

预计产品的基本可靠性和任务可靠性,评价所提出的设计方案是否满足规定的可靠性定量要求,并从中发现设计的薄弱环节,为改进设计提供依据。

2. 编制时机

可靠性预计工作应与产品设计同步进行,在产品研制的各个阶段,可靠性预计应反复迭代,以使预计结果与产品的技术状态始终保持一致。

3. 编制依据

主要包括:研制总要求,研制方案,可靠性模型,可靠性分配,GJB 450A—2004《装备可靠性工作通用要求》,GJB 451A—2005《可靠性维修性保障性术语》,GJB 813—1990《可靠性模型的建立和可靠性预计》,GJB/Z 299C—2006《电子设备可靠性预计手册》,MIL-HDBK-217F《电子设备可靠性预计》等。

4. 目次格式

按照 GJB 450A—2004《装备可靠性工作通用要求》,GJB 813—1990《可靠性模型的建立和可靠性预计》编写,目次格式如下:

```
1  范围
2  引用文件
3  产品的可靠性指标
4  产品的组成及工作原理
5  产品的可靠性模型
6  选择预计的方法
7  预计的假设条件
8  数据来源及数据的有效性
9  可靠性预计过程
10 预计结果
11 薄弱环节分析及结论
12 改进措施与建议
```

3.7.8 故障模式、影响及危害性分析

1. 文件用途

故障模式、影响及危害性分析(FMECA)是由"故障模式及影响分析"(FMEA)和"危害性分析"(CA)所组成。CA 是 FMEA 的补充和扩展,只有进行

FMEA,才能进行 CA。它们的目的、用途见表 3.1。

表 3.1 FMECA、FMEA 和 CA 的目的、用途

	FMECA	FMEA	CA
目的	分析产品中所有可能产生的故障模式及其对产品所造成的所有可能影响,并按每一个故障模式的严酷度及其发生概率予以分类的一种自下而上进行归纳的分析技术	分析产品中所有可能产生的故障模式及其对产品所造成的所有可能影响,并按每一个故障模式的严酷度予以分类的一种自下而上进行归纳的分析技术	按每一个故障模式的严酷度及其发生的概率所产生的综合影响进行划等分类
用途	1. 找出产品的所有可能的故障模式及其影响,并进行定性、定量的分析,进而采取相应措施,并确认风险低于可接受水平; 2. 为确定严酷度为Ⅰ、Ⅱ类故障模式清单和单点故障模式清单提供定性、定量依据; 3. 作为维修性(M)、安全性(S)、测试性(T)、保障性(S)设计与分析的输入; 4. 为确定可靠性试验、寿命试验的产品项目清单提供依据; 5. 为确定关键、重要件清单提供定性、定量信息	1. 找出产品的所有可能的故障模式及其影响,并进行定性分析,进而采取相应的措施; 2. 为确定严酷度为Ⅰ、Ⅱ类故障模式清单和单点故障模式清单提供定性依据; 3. 作为维修性(M)、安全性(S)、测试性(T)、保障性(S)设计与分析的输入; 4. 为确定可靠性试验、寿命试验的产品项目清单提供依据; 5. 为确定关键、重要件清单提供定性信息	主要从风险分析的角度对 FMEA 进行补充、扩展

2. 编制时机

FMECA 方法在产品寿命周期各阶段的应用见表 3.2。

表 3.2 在产品寿命周期各阶段选用的 FMECA 方法

	论证阶段与方案阶段	工程研制阶段(含设计定型)	生产阶段	使用阶段
方法	功能 FMECA	功能 FMECA; 硬件 FMECA; 软件 FMECA; DMECA; 过程 FMECA	过程 FMECA	硬件 FMECA; 软件 FMECA; DMECA; 过程 FMECA

（续）

	论证阶段与方案阶段	工程研制阶段（含设计定型）	生产阶段	使用阶段
目的	分析研究产品功能设计的缺陷与薄弱环节，为产品功能设计的改进和方案的权衡提供依据	分析研究产品硬件、软件、过程和生存性与易损性设计的缺陷与薄弱环节，为产品的硬件、软件、工艺和生存性与易损性设计的改进提供依据	分析研究产品工艺过程的缺陷和薄弱环节，为产品工艺设计的改进提供依据	分析研究产品使用过程中实际发生的故障、原因及其影响，为提高产品使用可靠性和进行产品的改进、改型或新产品的研制提供依据

3. 编制依据

主要包括：研制总要求，研制合同，研制方案，详细设计，GB 7826—1987《失效模式和效应分析（FMEA）程序》，GJB 450A—2004《装备可靠性工作通用要求》，GJB/Z 1391—2006《故障模式、影响及危害性分析指南》，GJB/Z 23—1991《可靠性和维修性工程报告编写一般要求》等。

4. 目次格式

按照 GJB/Z 1391—2006《故障模式、影响及危害性分析指南》，GJB/Z 23—1991《可靠性和维修性工程报告编写一般要求》编写，目次格式如下：

```
1 范围
2 引用文件
3 概述
3.1 基本情况
3.2 基本准则和假设
3.3 分析方法
3.4 故障判据
3.5 其他有关解释和说明
4 功能原理
5 系统定义
6 表的格式及其填写说明
6.1 FMEA 表的格式及其填写说明
6.2 CA 表的格式及其填写说明
7 结论与建议
8 FMECA 清单
9 附件
```

3.7.9 故障树分析

1. 文件用途

运用演绎法逐级分析，寻找导致某种故障事件（顶事件）的各种可能原因，直到最基本的原因，并通过逻辑关系的分析确定潜在的硬件、软件的设计缺陷，以便采取改进措施。

2. 编制时机

故障树分析（FTA）适用于产品工程研制阶段的设计分析和事故后原因分析。

3. 编制依据

主要包括：研制总要求，研制合同，研制方案，故障模式、影响及危害性分析，GJB 450A—2004《装备可靠性工作通用要求》，GJB 451A—2005《可靠性维修性保障性术语》，GJB/Z 768A—1998《故障树分析指南》等。

4. 目次格式

按照GJB/Z 768A—1998《故障树分析指南》编写，目次格式如下：

```
1 范围
2 引用文件
3 产品描述
4 FTA约定
5 故障树建造
6 故障树定性分析
7 故障树定量分析
8 分析结论和建议
9 附件
```

3.7.10 潜在通路分析

1. 文件用途

在假设所有元器件及部件均未失效的情况下，从系统工程的角度，通过潜在通路分析工作，发现通路中可能存在的、或在一定的激励条件下可能产生非期望功能或抑制期望功能的潜在状态，以保证通路安全可靠。

2. 编制时机

在工程研制阶段完成潜在通路分析工作后编制。

潜在通路分析工作通常在系统设计基本完成、能提供完整设计资料的情况下进行，最理想的时机是在试样或正样阶段之后，设计定型之前。

3. 编制依据

主要包括：研制总要求，研制合同，研制方案，研制任务书，技术说明书，电路图，元器件目录，GJB450A－2004《装备可靠性工作通用要求》等。

4. 目次格式

按照 GJB 450A—2004《装备可靠性工作通用要求》编写，目次格式如下：

```
1 范围
2 引用文件
3 任务分析范围
4 收集和处理数据
4.1 数据收集
4.2 数据审核
4.3 数据预处理
5 网络森林生成或路径追踪
6 应用潜在通路分析线索表进行分析
6.1 潜在功能分析检查
6.2 设计检查
6.2.1 潜在路径
6.2.2 潜在时序
6.2.3 潜在指示
6.2.4 潜在标志
7 分析结论
7.X 潜在问题 X
7.X.1 （潜在问题 X）描述
7.X.2 （潜在问题 X）危害性
7.X.3 （潜在问题 X）改进措施建议
```

3.7.11 电路容差分析

1. 文件用途

分析电路的组成部分在规定的使用温度范围内其参数偏差和寄生参数对电路性能容差的影响，并根据分析结果提出相应的改进措施。

2. 编制时机

电路容差分析工作应在产品详细设计阶段已经具备了电路的详细设计资料后完成。

3. 编制依据

主要包括：研制总要求，研制合同，研制方案，电路图，元器件目录，GJB

450A—2004《装备可靠性工作通用要求》,GJB/Z 89—1997《电路容差分析指南》,GJB/Z 223—2005《最坏情况电路分析指南》等。

4. 目次格式

按照 GJB 450A—2004《装备可靠性工作通用要求》、GJB/Z 89—1997《电路容差分析指南》编写,目次格式如下:

```
1 范围
2 引用文件
3 电路描述
4 电路特性的极限要求
5 容差分析考虑的设计参数
6 容差分析方法选择
7 容差分析过程
8 分析结论
```

3.7.12 可靠性设计准则

1. 文件用途

通过制定并贯彻型号可靠性设计准则,将有助于保证、提高型号可靠性的一系列设计要求设计到产品中去。

2. 编制时机

可靠性设计准则在方案阶段就应着手制定,并在型号初步设计和详细设计阶段认真贯彻实施。

3. 编制依据

主要包括:研制立项综合论证报告,研制总要求,研制合同(包括工作说明),研制方案,GJB 450A—2004《装备可靠性工作通用要求》,国内外有关规范、标准和手册等。

4. 目次格式

按照 GJB 450A—2004《装备可靠性工作通用要求》编写,目次格式如下:

```
1 范围
2 引用文件
3 产品概述
4 可靠性设计准则
```

3.7.13 元器件、零部件和原材料选择与控制

1. 文件用途

制定元器件、零部件和原材料的选择与控制要求,尽可能地减少元器件、零部件、原材料的品种,保持和提高产品的固有可靠性,降低保障费用的寿命周期费用。

2. 编制时机

在研制阶段的早期就开始进行对元器件的选择、应用和控制工作,并贯穿于产品寿命周期。

3. 编制依据

主要包括:研制总要求,研制合同,研制方案,GJB 450A—2004《装备可靠性工作通用要求》,GJB 3404—1998《电子元器件选用管理要求》,GJB/Z 299C—2006《电子设备可靠性预计手册》等。

4. 目次格式

按照 GJB 450A—2004《装备可靠性工作通用要求》编写,目次格式如下:

```
1 范围
2 引用文件
3 控制要求
4 标准化要求
5 优选目录
6 禁止和限制使用的种类和范围
7 应用指南(包括降额准则或安全系数)
8 试验和筛选的要求与方法
9 参加信息交换网的要求
```

3.7.14 可靠性关键项目

1. 文件用途

确定和控制其故障对安全性、战备完好性、任务成功性和保障要求有重大影响的项目,以及复杂性高、新技术含量高或费用昂贵的项目。

2. 编制时机

可靠性关键项目的确定和控制应是一个动态过程,可从方案阶段开始,通过定期评审来评审可靠性关键项目控制和试验的有效性,并对可靠性关键项目清单及其控制计划和方法进行增减。

3. 编制依据

主要包括:研制总要求,研制合同,研制方案,故障模式、影响及危害性分析,故障树分析,GJB 450A—2004《装备可靠性工作通用要求》,GJB/Z 23—1991《可靠性和维修性工程报告编写一般要求》等。

4. 目次格式

按照 GJB 450A—2004《装备可靠性工作通用要求》编写,目次格式如下:

1 范围
2 引用文件
3 可靠性关键项目的判别准则
4 可靠性关键项目的确定方法
5 可靠性关键项目清单
6 可靠性关键项目控制方法
7 可靠性关键项目试验要求

3.7.15 测试、包装、贮存、装卸、运输和维修对产品可靠性的影响

1. 文件用途

通过测试与分析确定功能测试、包装、贮存、装卸、运输和维修对产品可靠性的影响。

2. 编制时机

在方案阶段可以根据需要编制;在工程研制阶段和设计定型阶段完成编制;在生产与使用阶段如进行了设计更改也应相应修订。

3. 编制依据

主要包括:研制总要求,研制合同,研制方案,可靠性要求,可靠性工作计划,GJB 450A—2004《装备可靠性工作通用要求》等。

4. 目次格式

按照 GJB 450A—2004《装备可靠性工作通用要求》编写,目次格式如下:

1 范围
2 引用文件
3 功能测试、包装、贮存、装卸、运输和维修的条件
4 功能测试、包装、贮存、装卸、运输和维修对产品可靠性的影响分析
4.1 功能测试对产品可靠性的影响分析
4.2 包装对产品可靠性的影响分析
4.3 贮存对产品可靠性的影响分析
4.4 装卸对产品可靠性的影响分析

> 4.5 运输对产品可靠性的影响分析
> 4.6 维修对产品可靠性的影响分析
> 5 分析结论
> 6 改进措施建议

3.7.16 有限元分析

1. 文件用途

对产品的机械强度和热特性等进行分析和评价,尽早发现承载结构和材料的薄弱环节及产品的过热部分,以便及时采取设计改进措施。

2. 编制时机

一般在产品初始设计方案之后,详细设计完成之前,当产品的结构和材料设计特性清晰明确时。

3. 编制依据

主要包括:研制总要求,研制合同,研制方案,可靠性工作计划,GJB 450A—2004《装备可靠性工作通用要求》等。

4. 目次格式

按照 GJB 450A—2004《装备可靠性工作通用要求》编写,目次格式如下:

> 1 范围
> 2 引用文件
> 3 分析对象
> 4 分析方法
> 5 分析步骤
> 6 分析结论
> 7 设计改进措施建议

3.7.17 耐久性分析

1. 文件用途

发现可能过早发生耗损故障的零部件,确定故障的根本原因和可能采取的纠正措施。

2. 编制时机

随着产品设计过程的进展,耐久性分析应迭代进行。

3. 编制依据

主要包括:研制总要求,研制合同,研制方案,寿命期环境剖面,使用环境文件,GJB 450A—2004《装备可靠性工作通用要求》等。

4. 目次格式

按照 GJB 450A—2004《装备可靠性工作通用要求》编写,目次格式如下:

```
1 范围
2 引用文件
3 分析对象
4 分析方法
5 分析过程
5.1 工作与非工作寿命要求
5.2 载荷和环境应力
5.3 特性识别
5.3.1 结构特性识别
5.3.2 材料特性识别
5.3.3 工艺特性识别
5.3.4 强度特性识别
5.4 可能发生耗损故障的故障部位和故障机理
5.5 预期时间内的故障判据
5.6 寿命计算
6 分析结论
7 设计改进措施建议
```

3.7.18 环境应力筛选

1. 文件用途

为研制和生产的产品建立并实施环境应力筛选程序,以便发现和排除不良元器件、制造工艺和其他原因引入的缺陷造成的早期故障。

2. 编制时机

环境应力筛选可用于装备的研制和生产阶段及大修过程,应根据筛选效果对环境应力筛选方法进行调整。

3. 编制依据

主要包括:研制总要求,研制合同,研制计划,研制方案,产品规范,GJB 450A—2004《装备可靠性工作通用要求》,GJB 1032—1990《电子产品环境应力筛选方法》,GJB/Z 34—1993《电子产品定量环境应力筛选指南》等。

4. 目次格式

按照 GJB 450A—2004《装备可靠性工作通用要求》编写,目次格式如下:

```
1 范围
2 引用文件
3 受筛产品说明及清单
4 筛选设备要求
5 检测仪器仪表及其精度说明
6 筛选方法
6.1 应力类型和水平
6.2 通/断电要求
6.3 检测要求
6.4 无故障要求
7 性能检测项目
8 筛选过程及故障记录
9 实施和监督部门及其职责
```

3.7.19 可靠性增长试验大纲

1. 文件用途

可靠性增长试验的目的是使产品处于模拟实际使用的环境条件下,暴露产品的潜在缺陷,找出设计和制造过程中的薄弱环节,分析原因,采取纠正措施,并验证纠正措施的有效性。通过系统地消除失效原因,使产品的可靠性得到提高。可靠性增长试验大纲是描述可靠性增长试验目的、要求和程序的纲领性文件,用于规范可靠性增长试验工作。

2. 编制时机

在(方案阶段可选择进行可靠性增长试验)研制阶段的可靠性增长试验前制定可靠性增长试验大纲。

3. 编制依据

主要包括:研制总要求,研制合同,研制计划,试验与评定总计划,通用规范,产品规范,GJB 450A—2004《装备可靠性工作通用要求》,GJB 1407—1992《可靠性增长试验》,GJB/Z 77—1995《可靠性增长管理手册》,GJB 899A—2009《可靠性鉴定和验收试验》等。

4. 目次格式

按照 GJB 450A—2004《装备可靠性工作通用要求》、GJB 1407—1992《可靠性增长试验》编写,目次格式如下:

```
1 范围
2 引用文件
```

3 试验目的
4 受试产品说明及要求
4.1 受试产品说明
4.1.1 受试产品组成
4.1.2 受试产品功能
4.2 受试产品要求
4.2.1 受试产品技术状态
4.2.2 受试产品数量
5 试验设备及检测仪器的说明和要求
5.1 试验设备的说明和要求
5.2 检测仪器的说明和要求
6 试验方案
6.1 产品初始可靠性水平
6.2 可靠性增长起始时间
6.3 增长率
6.4 计划的可靠性增长曲线
6.5 试验截尾
7 试验条件
7.1 标准大气条件
7.2 试验环境条件
7.2.1 电应力
7.2.2 温度应力
7.2.3 湿度应力
7.2.4 振动应力
8 性能、功能的检测要求
9 故障判据、故障分类和故障统计
10 试验数据的收集、记录和处理的要求
11 预防性维修的要求
12 试验进度安排
13 故障分析、改进设计情况
14 受试产品的最后处理
15 组织机构及试验管理的规定
16 其他有关事项

3.7.20 可靠性增长试验报告

1. 文件用途

用于报告可靠性增长试验情况和试验结果。

2. 编制时机

在可靠性增长试验结束以后 30 天内完成。

3. 编制依据

主要包括：研制总要求，研制合同，研制计划，研制方案，试验与评定总计划，产品规范，可靠性增长试验大纲，GJB 150A—2009《军用装备实验室环境试验方法》，GJB 841—1990《故障报告、分析和纠正措施系统》，GJB 899A—2009《可靠性鉴定和验收试验》，GJB 1032—1990《电子产品环境应力筛选方法》，GJB 1407—1992《可靠性增长试验》，GJB/Z 299C—2006《电子装备实验室可靠性预计手册》等。

4. 目次格式

按照 GJB 1407—1992《可靠性增长试验》编写，目次格式如下：

```
1  试验内容和目的
2  试验依据
3  试验的日历时间和地点
4  试验的样本量、样机状态及累积试验时间
5  试验中所使用的环境条件说明
6  试验中所使用的试验装置及测试仪表的说明
7  应力施加方法说明
8  试验中发生的故障次数、故障分类及故障处理情况
9  可靠性评估方法及结果
10 其他需要说明的有关事项
```

3.7.21 可靠性鉴定(验收)试验方案

1. 文件用途

用于全面规划装备的可靠性鉴定(验收)试验工作，为装备开展可靠性鉴定(验收)试验提供依据。

2. 编制时机

在产品的设计定型阶段，进行可靠性鉴定试验之前，编写可靠性鉴定试验方案。

在产品的生产阶段，进行可靠性验收试验之前，编写可靠性验收试验方案。

3. 编制依据

主要包括：研制总要求，研制合同，研制计划，研制方案，试验与评定总计划，产品规范，GJB 150A—2009《军用装备实验室环境试验方法》，GJB 450A—2004《装备可靠性工作通用要求》，GJB 899A—2009《可靠性鉴定和验收试验》等。

4. 目次格式

按照 GJB 899A—2009《可靠性鉴定和验收试验》编写，目次格式如下：

```
1 试验目的
2 试验对象及数量
3 统计试验方案、判决风险的确定原则
4 综合环境条件的确定原则
5 试验场所的确定原则
6 评审点的设置
7 试验进度
8 其他要求
```

3.7.22 可靠性鉴定(验收)试验大纲

1. 文件用途

可靠性鉴定试验大纲用于规范可靠性鉴定试验的项目、内容和方法等，验证产品的设计是否达到了规定的可靠性要求。

可靠性验收试验大纲用于规范可靠性验收试验的项目、内容和方法等，验证产品的生产是否继续满足规定的可靠性要求。

2. 编制时机

在产品的设计定型阶段，进行可靠性鉴定试验之前，编写可靠性鉴定试验大纲。

在产品的生产阶段，进行可靠性验收试验之前，编写可靠性验收试验大纲。

3. 编制依据

主要包括：研制总要求，研制合同，研制计划，研制方案，试验与评定总计划，产品规范，可靠性鉴定(验收)试验方案，GJB 150A—2009《军用装备实验室环境试验方法》，GJB 450A—2004《装备可靠性工作通用要求》，GJB 899A—2009《可靠性鉴定和验收试验》等。

4. 目次格式

按照 GJB 899A—2009《可靠性鉴定和验收试验》编写，目次格式如下：

```
1 试验目的和适用范围
2 引用标准和文件
3 受试产品说明和要求
4 试验统计方案
5 综合环境条件
6 试验设施和测试设备要求
```

> 7 受试产品检测项目及合格判据
> 8 故障判据、分类和统计原则
> 9 试验前有关工作
> 10 试验过程中的监测及记录要求
> 11 故障的报告和处理要求
> 12 有关问题的说明

3.7.23 可靠性鉴定(验收)试验程序

1. 文件用途

用于规范可靠性鉴定(验收)试验的试验程序,以保证可靠性鉴定(验收)试验大纲的实施。

2. 编制时机

在产品的设计定型阶段,进行可靠性鉴定试验之前,编写可靠性鉴定试验程序。

在产品的生产阶段,进行可靠性验收试验之前,编写可靠性验收试验程序。

3. 编制依据

主要包括:研制总要求,研制合同,研制计划,研制方案,试验与评定总计划,产品规范,可靠性鉴定(验收)试验方案,可靠性鉴定(验收)试验大纲,GJB 150A—2009《军用装备实验室环境试验方法》,GJB 450A—2004《装备可靠性工作通用要求》,GJB 899A—2009《可靠性鉴定和验收试验》等。

4. 目次格式

按照GJB 899A—2009《可靠性鉴定和验收试验》编写,目次格式如下:

> 1 试验设施和测试设备
> 2 综合环境条件及其施加方式
> 3 试验检测
> 4 试验开始前有关工作
> 5 试验实施步骤
> 6 故障处理程序
> 7 试验设施故障处理程序

3.7.24 可靠性鉴定(验收)试验报告

1. 文件用途

用于报告可靠性鉴定(验收)试验情况和试验结果。

2. 编制时机

在可靠性鉴定(验收)试验结束之后 30 天内完成。

3. 编制依据

主要包括:研制总要求,研制合同,研制计划,研制方案,试验与评定总计划,产品规范,可靠性鉴定(验收)试验方案,可靠性鉴定(验收)试验大纲,可靠性鉴定(验收)试验程序,GJB 150A—2009《军用装备实验室环境试验方法》,GJB 450A—2004《装备可靠性工作通用要求》,GJB 899A—2009《可靠性鉴定和验收试验》等。

4. 目次格式

按照 GJB 899A—2009《可靠性鉴定和验收试验》编写,目次格式如下:

```
1  试验内容、目的和结论
2  试验依据
3  试验时间、地点及参试人员
4  受试产品说明
5  试验统计方案
6  综合环境条件及应力施加方法说明
7  试验设施和仪器情况
8  试验前准备工作情况
9  试验过程描述
10 试验中发生的故障次数、故障分类及故障处理情况
11 可靠性评估结论
12 存在的问题和建议
13 其他需要说明的有关事项
```

3.7.25　可靠性鉴定(验收)试验总结

1. 文件用途

对可靠性鉴定(验收)试验情况进行全面总结。

2. 编制时机

可靠性鉴定(验收)试验结束之后,视情编写。

3. 编制依据

主要包括:研制总要求,研制合同,研制计划,研制方案,试验与评定总计划,产品规范,可靠性鉴定(验收)试验方案,可靠性鉴定(验收)试验大纲,可靠性鉴定(验收)试验程序,可靠性鉴定(验收)试验报告,GJB 150A—2009《军用装备实验室环境试验方法》,GJB 450A—2004《装备可靠性工作通用要求》,GJB

899A—2009《可靠性鉴定和验收试验》等。

4. 目次格式

按照 GJB 899A—2009《可靠性鉴定和验收试验》编写,目次格式如下:

```
1 试验依据
2 组织机构
3 试验方案
4 试验过程
5 故障情况
6 纠正措施
7 试验结论
8 试验总结
```

3.7.26 可靠性分析评价

1. 文件用途

是对整个研制过程中开展的可靠性工作情况和产品可靠性满足研制总要求情况的总结性报告,是产品设计定型文件之一。

2. 编制时机

在完成产品工程研制和设计定型试验后,申请设计定型之前编写。

3. 编制依据

主要包括:研制总要求,研制合同,研制方案,可靠性要求,可靠性工作计划,可靠性模型,可靠性分配,可靠性预计,可靠性试验大纲,可靠性试验报告等。

4. 目次格式

按照 GJB 450A—2004《装备可靠性工作通用要求》编写,目次格式如下:

```
1 范围
2 引用文件
3 产品概述
3.1 产品任务
3.2 产品组成
3.3 产品功能
4 可靠性要求
4.1 可靠性定性要求
4.2 可靠性定量要求
5 可靠性设计与分析
6 可靠性试验情况
7 结论
```

3.7.27 使用期间可靠性信息收集计划

1. 文件用途

规范装备使用期间可靠性信息收集的程序和要求,进行使用期间可靠性信息分析、传递和贮存使用的方法、方式、内容和时限等。

2. 编制时机

在装备使用阶段前完成。

3. 编制依据

主要包括:研制总要求,研制合同,研制计划,研制方案,产品规范,使用期间维修性、测试性信息收集计划,GJB 1686A—2005《装备质量信息管理通用要求》,GJB 450A—2004《装备可靠性工作通用要求》等。

4. 目次格式

按照GJB 450A—2004《装备可靠性工作通用要求》编写,目次格式如下:

```
1 范围
2 引用文件
3 信息收集和分析的部门、单位和人员及其职责
4 信息收集工作的管理与监督要求
5 信息收集的范围、方法和程序
6 信息分析、处理、传递的要求和方法
7 信息分类与故障判别准则
8 信息审核、汇总的安排
```

3.7.28 使用期间可靠性信息分类与编码

1. 文件用途

按标准要求统一可靠性信息分类、信息单元、信息编码,使使用可靠性信息收集工作规范化。

2. 编制时机

在装备使用阶段前完成。

3. 编制依据

主要包括:研制总要求,研制合同,研制计划,研制方案,产品规范,使用期间可靠性信息收集计划,GJB 1686A—2005《装备质量信息管理通用要求》,GJB 1775—1993《装备质量与可靠性信息分类和编码通用要求》,GB 7027—2002《信息分类和编码的基本原则与方法》,GJB 450A—2004《装备可靠性工作通用要求》等。

4. 目次格式

按照 GJB 1775—1993《装备质量与可靠性信息分类和编码通用要求》编写，目次格式如下：

1 范围
2 引用文件
3 信息分类
4 信息单元的设置
4.1 与故障有关的信息单元
4.2 与维修有关的信息单元
4.3 与使用环境有关的信息单元
4.4 与 XX 有关的信息单元
5 信息项的预置
6 信息编码
6.1 产品故障信息代码
6.2 产品维修信息代码
6.3 产品使用环境信息代码
6.4 产品 YY 信息代码
7 与其他信息收集工作的协调

3.7.29 使用期间可靠性评估计划

1. 文件用途

用来规范参与使用期间可靠性评估各方的职责及进行评估的内容、方法和程序等，评估装备在实际使用条件下达到的可靠性水平，验证装备是否满足规定的使用可靠性要求。

2. 编制时机

使用期间可靠性评估计划应在装备部署前完成。

3. 编制依据

主要包括：研制总要求，研制合同，研制计划，研制方案，产品规范，使用期间可靠性信息收集计划，GJB 450A—2004《装备可靠性工作通用要求》等。

4. 目次格式

按照 GJB 450A—2004《装备可靠性工作通用要求》编写，目次格式如下：

1 范围
2 引用文件
3 参与评估各方及其职责

```
4 装备概述
5 数据及其要求
6 评估准则
7 评估内容
8 评估方法及程序
9 所需资源
10 与其他评估的协调
```

3.7.30 使用期间可靠性评估报告

1. 文件用途

用于报告使用期间可靠性评估情况及结果。

2. 编制时机

装备初始部署一个基本作战单元后开始进行初始使用可靠性评估,之后完成初始使用期间可靠性评估报告;装备全面部署后进行后续使用可靠性评估,之后完成后续使用期间可靠性评估报告。

3. 编制依据

主要包括:研制总要求,研制合同,研制计划,研制方案,产品规范,使用期间可靠性信息收集计划,部队实际使用条件下收集的各种数据,有关专门试验,使用期间可靠性评估计划,GJB 450A—2004《装备可靠性工作通用要求》等。

4. 目次格式

按照GJB 450A—2004《装备可靠性工作通用要求》编写,目次格式如下:

```
1 范围
2 引用文件
3 数据的评价
4 评估过程
5 评估结论
6 纠正措施
7 改进建议
8 有关说明
```

3.7.31 使用期间可靠性改进计划

1. 文件用途

规范使用期间可靠性改进工作的组织和实施人员及其职责,改进内容、程序及其他方面的要求和安排等,对装备使用中暴露的可靠性问题采用改进措施,以提高装备的使用可靠性水平。

2．编制时机

在装备使用阶段完成。

3．编制依据

主要包括:研制总要求,研制合同,研制计划,研制方案,产品规范,使用期间可靠性信息收集计划,部队实际使用条件下收集的各种数据,有关专门试验,使用期间可靠性评估报告,GJB 450A—2004《装备可靠性工作通用要求》等。

4．目次格式

按照 GJB 450A—2004《装备可靠性工作通用要求》编写,目次格式如下:

```
1 范围
2 引用文件
3 确定改进项目及其目标
4 改进方案
5 改进单位、人员及其职责
6 经费安排
7 进度安排
8 验证要求和方法
9 与其他改进项目的协调和权衡
```

3.7.32 使用期间可靠性改进项目报告

1．文件用途

用于报告使用期间可靠性改进情况和改进结果。

2．编制时机

在进行了使用期间可靠性改进工作后编制。

3．编制依据

主要包括:研制总要求,研制合同,研制计划,研制方案,产品规范,使用期间可靠性改进计划,GJB 450A—2004《装备可靠性工作通用要求》等。

4．目次格式

按照 GJB 450A—2004《装备可靠性工作通用要求》编写,目次格式如下:

```
1 范围
2 引用文件
3 改进计划的执行情况
```

> 4 各项目改进过程
> 5 改进结果分析
> 6 有关说明
> 7 有关建议

3.8 维修性文件

3.8.1 维修性要求

1. 文件用途

协调并确定维修性定量定性要求,以满足系统战备完好性、任务成功性要求和保障资源等约束。

2. 编制时机

在装备立项综合论证过程中,应提出初步的使用维修性要求;在方案阶段结束转入工程研制前,应确定使用维修性要求的目标值和门限值,并将其转换为合同中的规定值和最低可接受值。

3. 编制依据

主要包括:武器装备的主要作战使用性能要求,通用规范,GJB 368B—2009《装备维修性工作通用要求》,GJB 1909A—2009《装备可靠性维修性保障性要求论证》等。

4. 目次格式

按照 GJB 368B—2009《装备维修性工作通用要求》,GJB 1909A—2009《装备可靠性维修性保障性要求论证》编写,目次格式如下:

> 1 范围
> 2 引用文件
> 3 概述
> 4 装备的使命和任务
> 5 装备使用方案、设计方案和保障方案
> 6 故障定义和判断准则
> 7 装备维修性定性定量要求及约束条件
> 8 装备维修性要求确定的过程和分析方法
> 9 装备维修性要求可验证性分析
> 10 装备维修性专项经费预计分析

3.8.2 维修性工作项目要求

1. 文件用途

选择并确定维修性工作项目,以可接受的寿命周期费用,实现规定的维修性要求。

2. 编制时机

在装备研制立项综合论证时开始编制。

3. 编制依据

主要包括:研制总要求,研制合同,研制计划,维修性要求,GJB 368B—2009《装备维修性工作通用要求》等。

4. 目次格式

按照 GJB 368B—2009《装备维修性工作通用要求》编写,目次格式如下:

```
1 范围
2 引用文件
3 维修性工作项目的选择
4 维修性工作项目与其他工程的协调
5 维修性工作项目的实施内容
```

3.8.3 维修性计划

1. 文件用途

全面规划装备寿命周期的维修性工作,制定并实施维修性计划,以保证维修性工作顺利进行。

2. 编制时机

订购方应在立项论证阶段制定维修性计划,随着装备论证、研制、生产、使用的进展,订购方应不断调整、完善相关阶段维修性计划。

3. 编制依据

主要包括:研制总要求,研制计划,GJB 368B—2009《装备维修性工作通用要求》,GJB 451A—2005《可靠性维修性保障性术语》等。

4. 目次格式

按照 GJB 368B—2009《装备维修性工作通用要求》编写,目次格式如下:

```
1 范围
2 引用文件
3 总体要求和安排
```

> 4 管理和实施机构及其职责
> 5 维修性及其工作项目要求论证工作的安排
> 6 维修性信息工作的要求与安排
> 7 对承制方监督与控制工作的安排
> 8 评审工作的要求与安排
> 9 试验与评价工作的要求与安排
> 10 使用期间维修性评价与改进工作的要求与安排
> 11 工作进度及经费安排
> 12 与其他计划的协调

3.8.4 维修性工作计划

1. 文件用途

制定并实施维修性工作计划,以确保产品满足合同规定的维修性要求。

2. 编制时机

承制方在方案论证中制定初始的维修性工作计划,随着研制的进展不断完善。当订购方的要求变更时,计划应做必要的相应更改。

3. 编制依据

主要包括:研制总要求,维修性计划,研制合同,通用规范,GJB 368B—2009《装备维修性工作通用要求》,GJB 451A—2005《可靠性维修性保障性术语》等。

4. 目次格式

按照 GJB 368B—2009《装备维修性工作通用要求》编写,目次格式如下:

> 1 范围
> 2 引用文件
> 3 维修性要求和维修性工作项目的要求
> 4 各项维修性工作项目的实施细则
> 5 管理和实施机构及其职责
> 6 维修性工作与其他工作协调的说明
> 7 维修性工作所需数据资料
> 7.1 数据资料种类及获取途径
> 7.2 数据资料传递方式与程序
> 8 维修性评审安排
> 9 关键问题分析
> 10 工作进度

3.8.5 维修性模型

1. 文件用途

建立产品的维修性模型,用于定量分配、预计与评定产品的维修性。

2. 编制时机

在论证阶段即可根据需要建立模型。只要硬件设计许可,即使还没有可利用的定量的输入数据,也应尽早建立模型。

3. 编制依据

主要包括:研制总要求,研制合同,通用规范,维修性计划,维修性工作计划,GJB 368B—2009《装备维修性工作通用要求》,GJB 451A—2005《可靠性维修性保障性术语》,GJB/Z 145—2006《维修性建模指南》等。

4. 目次格式

按照 GJB/Z 145—2006《维修性建模指南》编写,目次格式如下:

```
1 范围
2 引用文件
3 建模的目的、时机与用途
4 建模的参数
5 相关信息、资料及维修约束条件
6 建立模型
7 确认模型
```

3.8.6 维修性分配

1. 文件用途

(1) 为产品或产品各组成的设计人员提供维修性设计指标,以使产品最终符合规定的维修性要求;

(2) 提供一种维修性记录与跟踪手段;

(3) 在涉及几个转承制方或供应方时,维修性分配可以作为承制方的一种维修性管理工具。

2. 编制时机

在方案阶段即可开始分配工作,重复进行维修性分配和预计,直到获得合理的分配值为止。

3. 编制依据

主要包括:研制总要求,研制合同,研制计划,维修性计划,维修性工作计划,

GJB 368B—2009《装备维修性工作通用要求》,GJB/Z 57—1994《维修性分配与预计手册》等。

4. 目次格式

按照 GJB/Z 57—1994《维修性分配与预计手册》编写,目次格式如下:

```
1 范围
2 引用文件
3 维修性分配的条件
4 维修性分配的主要依据
5 使用需求分析
6 功能层次分析
7 维修方案
8 维修频率
9 分配的指标
10 分配原则
11 分配方法及影响因素
12 分配结果
```

3.8.7 维修性预计

1. 文件用途

估计产品的维修性,评价所提出的设计方案在规定的保障条件下,是否能满足规定的维修性定量要求。

2. 编制时机

在方案阶段即可进行维修性预计,反复进行,并随设计更改和有关信息的增加而调整。

3. 编制依据

主要包括:研制总要求,研制合同,研制计划,维修性计划,维修性工作计划,维修性分配,GJB 368B—2009《装备维修性工作通用要求》,GJB/Z 57—1994《维修性分配与预计手册》等。

4. 目次格式

按照 GJB/Z 57—1994《维修性分配与预计手册》编写,目次格式如下:

```
1 范围
2 引用文件
3 维修性预计的条件
```

4 维修性预计的主要依据
5 使用需求分析
6 功能层次分析
7 维修方案
8 维修频率
9 预计的各种假设
10 预计的参数
11 预计方法
12 相关数据
13 预计结果

3.8.8 故障模式及影响分析——维修性信息

1. 文件用途

确定可能的故障模式及其对产品工作的影响,以便确定需要的维修性设计特征,包括故障检测隔离系统的设计特征。

2. 编制时机

对于功能 FMEA 一般用于产品的论证、方案阶段或工程研制阶段早期。硬件、软件、过程 FMEA 编制时机参照 GJB/Z 1391—2006《故障模式、影响及危害性分析指南》的要求。

3. 编制依据

主要包括:研制总要求,维修性要求,研制合同,研制计划,GJB 368B—2009《装备维修性工作通用要求》,GJB/Z 1391—2006《故障模式、影响及危害性分析指南》等。

4. 目次格式

按照 GJB/Z 1391—2006《故障模式、影响及危害性分析指南》编写,目次格式如下:

1 范围
2 引用文件
3 系统定义
4 故障模式分析
5 故障原因分析
6 故障影响及严酷度分析
7 故障检测方法分析
8 设计改进与使用补偿措施分析
9 FMEA 的实施

3.8.9 维修性分析

1. 文件用途

分析从承制方的各种报告中得到的数据和从订购方得到的信息,以建立能够实现维修性要求的设计准则、对设计方案进行权衡、确定和量化维修保障要求、向维修保障计划提供输入,并证实设计符合维修性要求。

2. 编制时机

承制方应在初步设计评审时向订购方提交一份维修性分析项目清单。各有关的单项研究和分析应协调进行。

3. 编制依据

主要包括:研制总要求,研制合同,研制计划,GJB 368B—2009《装备维修性工作通用要求》,GJB/Z 23—1991《可靠性和维修性工程报告编写一般要求》等。

4. 目次格式

按照GJB 368B—2009《装备维修性工作通用要求》编写,目次格式如下:

```
1 范围
2 引用文件
3 产品简述
4 数据与信息
5 维修性分析项目
6 维修性分析方法
7 分析过程及结果
8 更改建议
9 资源要求建议
```

3.8.10 抢修性分析

1. 文件用途

分析评价潜在战场损伤的抢修快捷性与资源要求,并为战场抢修分析提供相应输入。

2. 编制时机

在研制装备过程中应尽早进行战场抢修性分析。

3. 编制依据

主要包括:研制总要求,研制合同,研制计划,GJB 368B—2009《装备维修性工作通用要求》等。

4. 目次格式

按照 GJB 368B—2009《装备维修性工作通用要求》编写,目次格式如下:

```
1 范围
2 引用文件
3 数据与信息
4 确定潜在战场损伤
5 抢修工作类型分析
6 资源要求建议
7 更改建议
```

3.8.11 维修性设计准则

1. 文件用途

将维修性的定量和定性要求及使用和保障约束转化为具体的产品设计准则,以指导和检查产品设计。

2. 编制时机

在初步设计评审时提交一份设计准则及其来源的文件,并得到订购方认可。在详细设计评审时应最终确定其内容和说明。

3. 编制依据

主要包括:研制总要求,研制合同,研制计划,GJB 368B—2009《装备维修性工作通用要求》,适用的设计手册等。

4. 目次格式

按照 GJB 368B—2009《装备维修性工作通用要求》编写,目次格式如下:

```
1 范围
2 引用文件
3 产品概述
4 维修性设计准则
```

3.8.12 维修保障计划和保障性分析的输入

1. 文件用途

为制定详细的维修保障计划和进行保障性分析准备输入,使维修性工作项目的有关输出与保障性分析的输入要求相协调。

2. 编制时机

工程研制阶段前即可开始编制此文件。随着维修性分析的深入和维修性设计准则的确立而及时修正。

3. 编制依据

主要包括:研制合同,研制计划,维修性模型,维修性分析,维修性设计准则,GJB 368B—2009《装备维修性工作通用要求》等。

4. 目次格式

按照 GJB 368B—2009《装备维修性工作通用要求》编写,目次格式如下:

```
1 范围
2 引用文件
3 使用保障要求
4 维修性数据
5 ××阶段维修性分析结果清单
```

3.8.13 维修性核查方案

1. 文件用途

对贯穿于从零部件到系统的整个研制过程的维修性试验与评定工作制定实施方案,检查与修正维修性分析与验证所用的模型及数据,鉴别设计缺陷,以便采取纠正措施,实现维修性的持续增长。

2. 编制时机

方案阶段即编制维修性核查方案,随着研制的进展而不断完善,用以指导在不同产品层次上反复进行的维修性核查工作。

3. 编制依据

主要包括:研制总要求,研制合同,研制计划,GJB 368B—2009《装备维修性工作通用要求》,GJB 2072—1994《维修性试验与评定》等。

4. 目次格式

按照 GJB 2072—1994《维修性试验与评定》编写,目次格式如下:

```
1 范围
2 引用文件
3 概述
4 组织
5 试验场地与资源
6 实施
  6.1 准备
  6.2 试验
  6.3 评定
```

```
6.4 试验与评定报告
7  监督与管理
8  试验经费
```

3.8.14 维修性核查报告

1. 文件用途

记录核查过程及结果的文件。

2. 编制时机

维修性核查结束后,完成核查报告。

3. 编制依据

主要包括:研制总要求,研制合同,研制计划,维修性工作计划,维修性核查方案,GJB 368B—2009《装备维修性工作通用要求》,GJB 2072—1994《维修性试验与评定》等。

4. 目次格式

按照 GJB 2072—1994《维修性试验与评定》编写,目次格式如下:

```
1  范围
2  引用文件
3  核查方案简述
4  核查情况简述
5  数据汇总及分析
6  分析结论
7  相关影响的评估
8  纠正措施
9  改进建议
```

3.8.15 维修性验证计划

1. 文件用途

维修性验证是一种正规、严格的检验性试验评定,验证产品的维修性(含测试性)是否符合合同规定要求。维修性验证计划主要包括维修性验证目的、要求和程序等内容,用来规范维修性验证工作的实施。

2. 编制时机

应于产品工程研制开始时基本确定,随着研制的进展,逐步调整,并在产品设计定型阶段进行维修性验证之前确定。

3. 编制依据

主要包括：研制总要求，研制合同，研制计划，维修性工作计划，产品规范，GJB 368B—2009《装备维修性工作通用要求》，GJB 2072—1994《维修性试验与评定》，GJB/Z 23—1991《可靠性和维修性工程报告编写一般要求》等。

4. 目次格式

按照 GJB 368B—2009《装备维修性工作通用要求》编写，目次格式如下：

1 验证的目的、指标和要求
2 验证的方法及选用的理由
3 结合其他试验进行的理由、方法及注意事项
3.1 结合其他试验进行的理由
3.2 结合其他试验进行的方法
3.3 结合其他试验进行的注意事项
4 受试样品、试验用设备、设施以及所需维修作业数
5 试验组的组成、人员资格及职责
6 有关情况的规定或处理原则
7 试验总时间和详细的试验实施计划
8 收集数据的内容与属性
9 订购方参加验证的时机与程度
10 验证试验安全保证要求

3.8.16 维修性验证报告

1. 文件用途

用于报告维修性验证试验情况和试验结果。

2. 编制时机

在维修性验证试验结束后，完成维修性验证报告。

3. 编制依据

主要包括：研制总要求，研制合同，研制计划，维修性工作计划，产品规范，维修性验证计划，GJB 368B—2009《装备维修性工作通用要求》，GJB 2072—1994《维修性试验与评定》等。

4. 目次格式

按照 GJB 2072—1994《维修性试验与评定》和 GJB 1362A—2007《军工产品定型程序和要求》编写，目次格式如下：

1 试验概况
2 试验项目、步骤和方法

2.X（试验项目 X）的步骤和方法

3 试验数据

4 试验中出现的主要技术问题及处理情况

5 试验结果、结论

5.1 试验结果

5.2 试验结论

6 存在的问题和改进建议

6.X（存在的问题 X）改进建议

7 试验照片

7.1 试验样品的全貌、主要侧面照片

7.2 主要试验项目照片

7.3 试验中发生的重大技术问题的特写照片

8 主要试验项目的实时音像资料

9 关于编制、训练、作战使用和技术保障等方面的意见和建议

9.1 关于编制的意见和建议

9.2 关于训练的意见和建议

9.3 关于作战使用的意见和建议

9.4 关于技术保障的意见和建议

3.8.17 维修性分析评价方案

1. 文件用途

通过综合利用与产品有关的各种信息，评价产品是否满足合同规定的维修性要求。主要用于难以实施维修性验证的复杂装备。

2. 编制时机

在设计定型前编制。

3. 编制依据

主要包括：研制总要求，研制合同，研制计划，维修性工作计划，产品规范，综合保障计划，GJB 368B—2009《装备维修性工作通用要求》等。

4. 目次格式

按照 GJB 368B—2009《装备维修性工作通用要求》编写，目次格式如下：

1 范围

2 引用文件

3 数据与信息

4 分析评价方法的确定

5 评价准则

6 评价报告的要求

7 有关评审的安排

3.8.18 维修性分析评价报告

1. 文件用途

用于报告维修性评价情况和评价结果。

2. 编制时机

在设计定型阶段完成。

3. 编制依据

主要包括：研制总要求，研制合同，研制计划，维修性工作计划，产品规范，维修性分析评价方案，GJB 368B—2009《装备维修性工作通用要求》，GJB 2072—1994《维修性试验与评定》等。

4. 目次格式

按照GJB 368B—2009《装备维修性工作通用要求》编写，目次格式如下：

```
1 范围
2 引用文件
3 数据与信息的收集、分析与处理
4 分析评价过程
5 分析评价结论
6 纠正措施
7 改进建议
```

3.8.19 维修性评估报告

1. 文件用途

是对整个研制过程中开展的维修性工作情况和产品维修性满足研制总要求情况的总结性报告，是产品设计定型文件之一。

2. 编制时机

在完成产品工程研制和设计定型试验后，申请设计定型之前编写。

3. 编制依据

主要包括：研制总要求，研制合同，研制计划，维修性工作计划，产品规范，维修性验证大纲，维修性验证报告，GJB 368B—2009《装备维修性工作通用要求》，GJB 2072—1994《维修性试验与评定》等。

4. 目次格式

按照GJB 2072—1994《维修性试验与评定》编写，目次格式如下：

```
1 范围
2 引用文件
```

```
3 产品概述
3.1 产品任务
3.2 产品组成
3.3 产品功能
4 维修性要求
4.1 维修性定性要求
4.2 维修性定量要求
5 维修性设计与分析
6 维修性试验情况
7 结论
```

3.8.20 使用期间维修性信息收集计划

1. 文件用途

用来规范装备使用期间维修性信息收集的程序和要求,进行使用期间维修性信息分析、传递和贮存使用的方法、方式、内容与时限等。

2. 编制时机

在装备使用之前完成。

3. 编制依据

主要包括:研制总要求,研制合同,研制计划,维修性工作计划,产品规范,维修性分析评价方案,综合保障计划,GJB 368B—2009《装备维修性工作通用要求》,GJB 1686A—2005《装备质量信息管理通用要求》等。

4. 目次格式

按照 GJB 368B—2009《装备维修性工作通用要求》编写,目次格式如下:

```
1 范围
2 引用文件
3 信息收集和分析机构设置及职责
4 管理与监督要求
5 信息收集的范围、方法和程序
6 信息分析、处理、传递的要求和方法
7 信息分类与维修性缺陷判断准则
8 信息审核、汇总的安排
9 信息收集工作与其他工作的协调
```

3.8.21 使用期间维修性信息分类和编码

1. 文件用途

按标准要求统一维修性信息分类、信息单元、信息编码,使使用维修性信息收集工作规范化。

2. 编制时机

在装备使用之前完成。

3. 编制依据

主要包括:研制总要求,研制合同,研制计划,维修性工作计划,使用期间维修性信息收集计划,产品规范,GJB 368B—2009《装备维修性工作通用要求》,GJB 1686A—2005《装备质量信息管理通用要求》,GJB 1775—1993《装备质量与可靠性信息分类和编码通用要求》,GB 7027—2002《信息分类和编码的基本原则与方法》等。

4. 目次格式

按照 GJB 1775—1993《装备质量与可靠性信息分类和编码通用要求》编写,目次格式如下:

```
1 范围
2 引用文件
3 信息分类
4 信息单元的设置
4.1 与故障有关的信息单元
4.2 与维修有关的信息单元
4.3 与维修资源有关的信息单元
4.4 与……有关的信息单元
5 信息项的预置
6 信息编码
6.1 产品故障信息代码
6.2 产品维修信息代码
6.3 产品维修资源信息代码
6.4 产品……信息代码
7 与其他信息收集工作的协调
```

3.8.22 使用期间维修性评价计划

1. 文件用途

用来规范参与使用期间维修性评价各方的职责及进行评价的内容、方法和程序等,确定装备在实际使用条件下达到的维修性水平,评价装备是否满足规定的使用维修性要求。

2. 编制时机

使用期间维修性评价计划应在装备部署前完成。

3. 编制依据

主要包括:研制总要求,研制合同,研制计划,维修性工作计划,使用期间维修性信息收集计划,产品规范,GJB 368B—2009《装备维修性工作通用要求》等。

4. 目次格式

按照GJB 368B—2009《装备维修性工作通用要求》编写,目次格式如下:

1 范围
2 引用文件
3 参与评价各方及其职责
4 装备概述
5 数据与信息
6 评价准则
7 评价内容
8 评价方法及程序
9 所需资源
10 与其他评价的协调

3.8.23 使用期间维修性评价报告

1. 文件用途

用于报告使用期间维修性评价情况和评价结果。

2. 编制时机

装备初始部署一个基本作战单元后开始进行初始使用维修性评价,之后完成初始使用期间维修性评价报告;装备全面部署后进行后续使用维修性评价,之后完成后续使用期间维修性评价报告。

3. 编制依据

主要包括:研制总要求,研制合同,研制计划,维修性工作计划,使用期间维修性信息收集计划,使用期间维修性评价计划,产品规范,部队实际的使用条件下收集的各种数据,有关专门试验,GJB 368B—2009《装备维修性工作通用要求》等。

4. 目次格式

按照GJB 368B—2009《装备维修性工作通用要求》编写,目次格式如下:

```
1 范围
2 引用文件
3 数据的评价
4 分析过程
5 分析评价结论
6 纠正措施
7 改进建议
8 有关说明
```

3.8.24 使用期间维修性改进计划

1. 文件用途

规范使用期间维修性改进工作的组织和实施人员及其职责，改进内容、程序及其他方面的要求和安排等，对装备使用期间暴露的维修性问题采用改进措施，以提高装备的维修性水平。

2. 编制时机

在装备使用阶段完成。

3. 编制依据

主要包括：研制总要求，研制合同，研制计划，维修性工作计划，使用期间维修性信息收集计划，使用期间维修性评价计划，使用期间维修性评价报告，产品规范，部队实际的使用条件下收集的各种数据，有关专门试验，GJB 368B—2009《装备维修性工作通用要求》等。

4. 目次格式

按照 GJB 368B—2009《装备维修性工作通用要求》编写，目次格式如下：

```
1 范围
2 引用文件
3 确定改进项目及其目标
4 改进方案
5 改进单位、人员及其职责
6 经费安排
7 进度安排
8 验证要求和方法
9 与其他改进项目的协调和权衡
```

3.8.25 使用期间维修性改进报告

1. 文件用途

用于报告使用期间维修性改进情况和改进结果。

2. 编制时机

在进行了使用期间维修性改进后编写。

3. 编制依据

主要包括:研制总要求,研制合同,研制计划,维修性工作计划,使用期间维修性信息收集计划,使用期间维修性评价计划,使用期间维修性改进计划,使用期间维修性评价报告,产品规范,GJB 368B—2009《装备维修性工作通用要求》等。

4. 目次格式

按照 GJB 368B—2009《装备维修性工作通用要求》编写,目次格式如下:

```
1  范围
2  引用文件
3  改进计划的执行情况
4  各项目改进过程
5  改进结果分析
6  有关说明
7  有关建议
```

3.9 测试性文件

3.9.1 诊断方案

1. 文件用途

协调并确定装备诊断方案,以满足装备战备完好性、任务成功性、安全性要求和保障资源等约束。

2. 编制时机

论证阶段开始编制,并在方案阶段进一步细化。

3. 编制依据

主要包括:研制总要求,研制合同(包括工作说明),维修性、保障性、安全性分析所得到的数据,人机工程分析结果,GJB 2547A《装备测试性工作通用要求》等。

4. 目次格式

按照 GJB 2547A《装备测试性工作通用要求》编写,目次格式如下:

```
1 范围
2 引用文件
3 装备简介
4 装备诊断需求
5 评价准则
6 权衡方法
7 装备诊断方案
7.1 关键功能和安全关键功能的嵌入式诊断要求及能力
7.2 提高装备可用性的嵌入式诊断要求及能力
7.3 功能检测的嵌入式诊断要求及能力
7.4 附加嵌入式诊断要求及能力
7.5 外部诊断要求
7.6 BIT 能力范围
7.7 ATE 要求
7.8 技术文件要求
7.9 其他要求
```

3.9.2 测试性要求

1. 文件用途

协调并确定装备测试性定量和定性要求,以满足装备战备完好性、任务成功性、安全性要求和保障资源等约束。

2. 编制时机

在装备立项综合论证过程中,确定初步的测试性要求。在研制总要求论证过程中,明确测试性要求。在方案阶段结束前应最后确定一组协调的测试性要求。

3. 编制依据

主要包括:研制立项综合论证报告,研制合同(包括工作说明),进行保障性分析所得到的数据,人机工程系统分析报告,GJB 2547A《装备测试性工作通用要求》、GJB 1909A—2009《装备可靠性维修性保障性要求论证》等。

4. 目次格式

按照 GJB 2547A《装备测试性工作通用要求》、GJB 1909A—2009《装备可靠性维修性保障性要求论证》编写,目次格式如下:

```
1 范围
2 引用文件
3 概述
4 装备的使命和任务
5 装备使用方案、设计方案和保障方案
6 故障定义和判断准则
7 装备测试性定性定量要求及约束条件
8 装备测试性要求确定的过程和分析方法
9 装备测试性要求可验证性分析
10 装备测试性专项经费预计分析
```

3.9.3 测试性工作项目要求

1. 文件用途

选择并确定测试性工作项目,以合理的费用实现规定的测试性要求。

2. 编制时机

在论证阶段制定。

3. 编制依据

主要包括:研制立项综合论证报告,研制合同(包括工作说明),测试性要求,GJB 2547A《装备测试性工作通用要求》等。

4. 目次格式

按照 GJB 2547A《装备测试性工作通用要求》编写,目次格式如下:

```
1 范围
2 引用文件
3 测试性工作项目的选择
4 测试性工作项目与其他工程的协调
5 测试性工作项目的实施内容
```

3.9.4 测试性计划

1. 文件用途

全面规划装备寿命周期的测试性工作,制定并实施测试性计划,以保证测试性工作顺利进行。

2. 编制时机

在装备立项综合论证开始时制定测试性计划,随着装备论证、研制、生产、使用的进展,订购方应不断调整、完善测试性计划。

3. 编制依据

主要包括:研制立项综合论证报告,诊断方案,测试性要求,测试性工作项目要求,GJB 2547A《装备测试性工作通用要求》等。

4. 目次格式

按照 GJB 2547A《装备测试性工作通用要求》编写,目次格式如下:

```
1 范围
2 引用文件
3 总体要求和安排
4 管理和实施机构及其职责
5 有关论证工作的安排
6 信息工作的要求与安排
7 对承制方监督与控制工作的安排
8 评审工作的要求与安排
9 试验与评价工作的要求与安排
10 使用期间评价与改进工作的要求与安排
11 工作进度及经费预算安排
12 与其他计划的协调
```

3.9.5 测试性工作计划

1. 文件用途

明确并合理地安排要求的工作项目,以确保装备满足合同规定的测试性要求。

2. 编制时机

论证阶段可根据需要编制测试性工作计划。测试性工作计划是一个动态文件,随着研制的进展应不断完善。

3. 编制依据

主要包括:研制立项综合论证报告,研制总要求,研制合同(包括工作说明),测试性要求,测试性工作项目要求,测试性计划,GJB 2547A《装备测试性工作通用要求》等。

4. 目次格式

按照 GJB 2547A《装备测试性工作通用要求》编写,目次格式如下:

```
1 范围
2 引用文件
```

3 测试性要求和工作项目要求
4 各项工作项目实施细则
5 管理和实施机构及其职责
6 测试性工作与其他工作协调的说明
7 有关数据资料传递方式与程序
8 对转承制方和供应方的监督和控制
9 评审工作安排
10 拟定测试性增长目标和增长方案
11 试验与评价工作安排
12 关键问题及影响,解决方法或途径
13 工作进度

3.9.6 测试性模型

1. 文件用途

建立产品的测试性模型,用于分配、预计、设计和评价产品的测试性。

2. 编制时机

论证阶段可根据需要建立测试性模型。在工程研制阶段,应根据设计的变更和使用保障条件的变化及时对模型加以修改。

3. 编制依据

主要包括:研制总要求,测试性要求,可靠性要求,维修性要求,保障性要求,产品设计资料,GJB 2547A《装备测试性工作通用要求》,GJB/Z 145—2006《维修性建模指南》等。

4. 目次格式

按照 GJB/Z 145—2006《维修性建模指南》编写,目次格式如下:

1 范围
2 引用文件
3 建模的目的、时机与用途
4 确定建模的参数
5 有关信息、资料及测试约束条件
6 建立模型
7 确认模型

3.9.7 测试性分配

1. 文件用途

根据可靠性、任务关键性和技术风险等要求,将产品的测试性定量要求逐层分配到规定的产品层次,以明确产品各层次的测试性定量要求。

2. 编制时机

应尽可能在研制的早期阶段开始分配工作。通过测试性预计,初步预计能够达到的测试性水平,重复进行分配和预计,直到获得合理的分配值为止。

3. 编制依据

主要包括:研制总要求,测试性要求,测试性模型,可靠性要求,维修性要求,保障性要求,GJB 2547A《装备测试性工作通用要求》等。

4. 目次格式

按照 GJB 2547A《装备测试性工作通用要求》编写,目次格式如下:

1 范围
2 引用文件
3 测试性分配的条件
4 分配的指标
5 分配原则
6 分配方法及说明
7 分配过程
8 分配结果及其合理性说明

3.9.8 测试性预计

1. 文件用途

根据测试性设计资料估计产品的测试性水平是否能满足规定的测试性定量要求。

2. 编制时机

必须在整个研制过程中进行测试性预计,并且是反复迭代的,在测试性验证之前,也应进行测试性预计。

3. 编制依据

主要包括:研制总要求,测试性要求,测试性模型,产品设计资料,FMEA 报告,GJB 2547A《装备测试性工作通用要求》等。

4. 目次格式

按照 GJB 2547A《装备测试性工作通用要求》编写,目次格式如下:

1 范围
2 引用文件
3 测试性预计的条件
4 预计的各种假设

```
5 预计的参数
6 预计方法及说明
7 相关数据
8 预计过程及结果
9 未能检测与隔离的功能
10 改进建议
```

3.9.9 故障模式、影响及危害性分析——测试性信息

1. 文件用途

进行故障模式、影响及危害性分析(FMECA),为产品的测试性设计、分析及试验与评价提供相关信息。

2. 编制时机

在方案阶段、工程研制阶段与定型阶段进行故障模式、影响及危害性分析并形成文件。

3. 编制依据

主要包括:研制总要求,可靠性、维修性的功能及硬件 FMECA 表,产品的设计信息,收集的故障检测和故障隔离能力有关的数据,GJB 2547A《装备测试性工作通用要求》,GJB/Z 1391—2006《故障模式、影响及危害性分析指南》等。

4. 目次格式

按照 GJB/Z 1391—2006《故障模式、影响及危害性分析指南》编写,目次格式如下:

```
1 范围
2 引用文件
3 概述
4 功能原理
5 系统定义
6 表的格式及其填写说明
7 FMECA 实施
8 相关信息
9 与其他工作协调的说明
```

3.9.10 测试性设计准则

1. 文件用途

将测试性要求及使用和保障约束转化为具体的产品测试性设计准则,指导

和检查产品设计。

2. 编制时机

方案阶段可根据需要制定测试性设计准则,工程研制阶段与定型阶段必须编制测试性设计准则。测试性设计准则应随着研制阶段的进展及时改进和完善。

3. 编制依据

主要包括:研制总要求,测试性要求,产品设计资料,适用的设计手册,GJB/Z 91—1997《维修性设计技术手册》,GJB 2547A《装备测试性工作通用要求》等。

4. 目次格式

按照 GJB 2547A《装备测试性工作通用要求》编写,目次格式如下:

```
1 范围
2 引用文件
3 产品概述
4 测试性设计准则
```

3.9.11 固有测试性设计分析报告

1. 文件用途

分析、记录系统或设备设计过程中固有测试性设计工作,使系统或设备的设计便于进行故障检测与隔离。

2. 编制时机

方案阶段即开展固有测试性设计,编写固有测试性设计分析报告。

3. 编制依据

主要包括:研制总要求,研制合同(包括工作说明),诊断方案,测试性要求,测试性设计准则,产品设计资料,GJB 2547A《装备测试性工作通用要求》等。

4. 目次格式

按照 GJB 2547A《装备测试性工作通用要求》编写,目次格式如下:

```
1 范围
2 引用文件
3 产品概述
4 结构设计情况
4.1 结构与功能等方面的合理划分
4.2 初始化
4.3 模块接口
4.4 测试控制
```

```
4.5 测试观测
4.6 元器件选择
5 诊断体系结构设计情况
5.1 测试点布局
5.2 BIT 结构设计
5.3 性能监测结构设计
5.4 故障信息的存储和显示结构设计
5.5 中央测试系统(CTS)结构设计
6 测试性设计准则落实和完善情况
```

3.9.12 测试性设计准则符合性报告

1. 文件用途

对系统或设备的固有测试性进行分析，以确定硬件是否有利于测试，并确定存在的问题。

2. 编制时机

方案阶段根据需要选择进行固有测试性分析与评价，研制阶段进行固有测试性分析与评价。

3. 编制依据

主要包括：研制总要求，研制合同（包括工作说明），诊断方案，测试性要求，产品设计资料，测试性设计准则，GJB 2547A《装备测试性工作通用要求》等。

4. 目次格式

按照 GJB 2547A《装备测试性工作通用要求》编写，目次格式如下：

```
1 范围
2 引用文件
3 测试性设计准则的剪裁
3.1 剪裁原则
3.2 设计准则的修改、删减
3.3 增加的设计准则
4 指定加权系数
5 确定固有测试性最低要求值
6 计分步骤
6.1 准则适用对象数
6.2 符合准则对象数
6.3 每条准则的得分
6.4 每条准则的加权得分
```

6.5 固有测试性值
7 改进建议

3.9.13 诊断能力设计

1. 文件用途

进行嵌入式诊断设计和外部诊断设计,以满足规定的产品测试性指标要求。

2. 编制时机

方案阶段、生产使用阶段根据需要选择进行诊断能力设计,研制阶段进行诊断能力设计。

3. 编制依据

主要包括:研制总要求,研制合同(包括工作说明),诊断方案,测试性要求,测试性设计准则,FMECA－测试性信息,固有测试性设计分析报告,产品设计资料,GJB 2547A《装备测试性工作通用要求》等。

4. 目次格式

参考 GJB 2547A《装备测试性工作通用要求》编写,目次格式如下:

1 范围
2 引用文件
3 产品概述
4 诊断能力设计权衡
5 诊断策略设计
6 嵌入式诊断详细设计
6.1 BIT 详细设计
6.2 性能监测详细设计
6.3 中央诊断系统(CTS)详细设计
6.4 故障信息的显示记录和输出设计
7 外部诊断设计
7.1 测试点详细设计
7.2 诊断逻辑和测试程序设计
7.3 UUT 与外部测试设备兼容性设计

3.9.14 测试要求文件

1. 文件用途

作为被测对象(UUT)整个性能检验和诊断步骤的源文件使用,并作为对每个 UUT 在其维修环境中(由人工维修或 ATE 维修)的设备的要求。还为 UUT

设计提供详细的技术状态标识和测试要求数据,以保证它们之间有相兼容的测试程序。

2. 编制时机

在工程研制阶段开始编制,在设计定型阶段确定。

3. 编制依据

主要包括:研制总要求,研制方案,接口控制文件,技术状态资料,GJB 3385—1998《测试与诊断术语》等。

4. 目次格式

推荐的目次格式如下:

```
1 范围
2 引用文件
3 术语、定义和缩略语
4 技术状态资料
5 UUT 资料
5.1 一般信息
5.2 功能和性能
5.3 工作原理
5.4 使用指南
5.5 使用限制
5.6 接口定义
5.7 图样
5.8 零件目录
6 UUT 测试要求
6.X（测试项 X)
6.X.1 测试要求
6.X.2 测试流程图
6.X.3 验收测试程序
```

3.9.15 测试性核查计划

1. 文件用途

对贯穿于整个研制过程中的不断进行的测试性分析与评价工作制定实施计划,识别测试性设计缺陷,采取纠正措施,实现测试性的持续改进与增长。

2. 编制时机

方案阶段即编制测试性核查计划,随着研制的进展不断完善,用以指导在不同产品层次上反复进行的测试性核查工作。

3. 编制依据

主要包括：研制合同（包括工作说明），测试性要求，测试性工作计划，研制试验报告，相关数据资料，GJB 2547A《装备测试性工作通用要求》等。

4. 目次格式

按照 GJB 2547A《装备测试性工作通用要求》编写，目次格式如下：

1 范围
2 引用文件
3 概述
4 组织
5 试验场地与资源
6 实施
6.1 准备
6.2 试验
6.3 评定
6.4 试验与评定报告
7 监督与管理
8 试验经费

3.9.16 测试性核查报告

1. 文件用途

记录核查过程及结果的文件。

2. 编制时机

测试性核查工作结束后，形成测试性核查报告。

3. 编制依据

主要包括：研制合同，测试性要求，测试性工作计划，测试性核查计划，研制试验报告，相关数据资料，GJB 2547A《装备测试性工作通用要求》等。

4. 目次格式

按照 GJB 2547A《装备测试性工作通用要求》编写，目次格式如下：

1 范围
2 引用文件
3 核查的产品简介
4 核查方法及说明
5 数据汇总及分析
6 核查过程

```
7 核查结论
8 设计缺陷分析及纠正措施
9 改进建议
```

3.9.17 测试性验证试验计划

1. 文件用途

测试性验证试验是一项较正规、严格的测试性试验,评价产品是否满足规定的测试性要求。测试性验证试验计划主要包括测试性验证目的、要求和程序等内容,用来规范测试性验证试验工作。

2. 编制时机

应在产品工程研制开始时基本确定测试性验证试验计划,并随着研制的进展,逐步调整。

3. 编制依据

主要包括:研制合同(包括工作说明),测试性要求,FMECA 信息,使用维护说明书,GJB 2547A《装备测试性工作通用要求》,GJB 2072—1994《维修性试验与评定》等。

4. 目次格式

按照 GJB 2547A《装备测试性工作通用要求》编写,目次格式如下:

```
1  验证的目的、指标和要求
2  验证的方法及选用的理由
3  结合其他试验进行的理由、方法及注意事项
3.1 结合其他试验进行的理由
3.2 结合其他试验进行的方法
3.3 结合其他试验进行的注意事项
4  受试样品、试验用设备、设施以及所需维修作业数
5  试验组的组成、人员资格及职责
6  有关情况的规定或处理原则
7  试验总时间和详细的试验实施计划
8  收集数据的内容与属性
9  订购方参加验证的时机与程度
10 试验安全保证要求
11 试验经费及保障用物资
```

3.9.18 测试性验证试验报告

1. 文件用途

用于报告测试性验证试验情况和试验结果。

2. 编制时机

在测试性验证试验工作结束后,形成测试性验证试验报告。

3. 编制依据

主要包括:研制合同(包括工作说明),测试性要求,FMECA信息,使用维护说明书,测试性验证试验计划,GJB 2547A《装备测试性工作通用要求》,GJB 2072—1994《维修性试验与评定》等。

4. 目次格式

按照GJB 1362A—2007《军工产品定型程序和要求》编写,目次格式如下:

```
1 试验概况
2 试验项目、步骤和方法
2.X（试验项目X）的步骤和方法
3 试验数据
4 试验中出现的主要技术问题及处理情况
5 试验结果、结论
5.1 试验结果
5.2 试验结论
6 存在的问题和改进建议
6.X（存在的问题X）改进建议
7 试验照片
7.1 试验样品的全貌、主要侧面照片
7.2 主要试验项目照片
7.3 试验中发生的重大技术问题的特写照片
8 主要试验项目的实时音像资料
```

3.9.19 测试性分析评价计划

1. 文件用途

对于难以实施测试性验证试验的产品,可用分析评价方法确定产品是否满足规定的测试性要求。测试性分析评价计划即是对综合分析评价工作提出要求、工作程序和有关安排,规范综合分析评价工作。

2. 编制时机

在设计定型阶段编制。

3. 编制依据

主要包括：研制合同（包括工作说明），测试性要求，研制试验报告，相关数据资料，GJB 2547A《装备测试性工作通用要求》等。

4. 目次格式

按照 GJB 2547A《装备测试性工作通用要求》编写，目次格式如下：

```
1 范围
2 引用文件
3 分析评价人员组成及其职责
4 数据与信息
5 分析评价方法的确定
6 评价准则
7 评价报告的要求
8 有关评审的安排
```

3.9.20 测试性分析评价报告

1. 文件用途

用于报告测试性分析评价情况和评价结果。

2. 编制时机

在设计定型阶段完成。

3. 编制依据

主要包括：研制合同（包括工作说明），测试性要求，研制试验报告，相关数据资料，测试性分析评价计划，GJB 2547A《装备测试性工作通用要求》等。

4. 目次格式

按照 GJB 2547A《装备测试性工作通用要求》编写，目次格式如下：

```
1 范围
2 引用文件
3 数据与信息的收集、分析与处理
4 分析评价过程
5 分析评价结论
6 纠正措施
7 改进建议
```

3.9.21 测试性评估报告

1. 文件用途

用于及时向订购方和有关单位通报测试性设计状况。

2. 编制时机

测试性评估报告是一个不断更新的文件,包含了测试性设计的最新信息。测试性评估报告应在每次重大的评审之前做出修订,其内容和详细程度取决于研制阶段。

在设计定型阶段,应按照已开展的测试性工作,形成最终的测试性评估报告。

3. 编制依据

主要包括:研制总要求,测试性要求,测试性模型,测试性分配,测试性预计,固有测试性设计分析报告,诊断能力设计,产品规范,GJB 2547A《装备测试性工作通用要求》等。

4. 目次格式

按照 GJB 2547A《装备测试性工作通用要求》编写,目次格式如下:

```
1 范围
2 引用文件
3 产品概述
3.1 产品任务
3.2 产品组成
3.3 产品功能
4 测试性要求
4.1 系统级测试性要求
4.1.1 系统级测试性定量要求
4.1.2 系统级测试性定性要求
4.2 技术状态项(CI)测试性要求
4.2.1 CI 测试性定量要求
4.2.2 CI 测试性定性要求
5 测试性设计与分析
5.1 测试性设计权衡结果的说明
5.1.1 人工测试与自动测试的权衡
5.1.2 BIT 与 ATE 的权衡
5.1.3 BIT 和脱机测试的配合
5.2 测试性设计数据
```

5.2.1 BIT

5.2.1.1 故障检测率

5.2.1.2 故障隔离率

5.2.1.3 故障潜伏时间

5.2.1.4 故障隔离时间

5.2.2 BIT+ATE

5.2.2.1 故障检测率

5.2.2.2 故障隔离率

5.2.2.3 故障潜伏时间

5.2.2.4 故障隔离时间

5.3 固有测试性核对表

5.3.1 一般要求

5.3.2 测试数据

5.3.3 嵌入式诊断（含 BIT、性能监测）设计

5.3.4 传感器

5.3.5 测试点

5.3.6 电子功能结构设计

5.3.7 电子功能的划分

5.3.8 测试控制

5.3.9 测试通路

5.3.10 元器件选择

5.3.11 模拟电路设计

5.3.12 射频（RF）电路设计

5.3.13 电光（EO）设备设计

5.3.14 数字电路设计

5.3.15 基于边界扫描的电路板设计

5.4 固有测试性评价

5.4.1 测试性设计准则的剪裁原则

5.4.2 测试性设计准则的加权原则

5.4.3 固有测试性最低要求值

5.4.4 固有测试性评价

5.4.4.1 准则适用对象数的确定

5.4.4.2 符合准则对象数的确定

5.4.4.3 准则得分

5.4.4.4 准则加权得分

5.4.4.5 固有测试性值

5.5 测试性详细设计分析过程的说明

> 5.6 产品测试性预计数据
> 5.6.1 产品故障检测率
> 5.6.2 产品故障隔离率
> 5.6.3 产品故障潜伏时间
> 5.6.4 产品故障隔离时间
> 5.7 系统测试性预计数据
> 5.7.1 系统故障检测率
> 5.7.2 系统故障隔离率
> 5.7.3 系统故障潜伏时间
> 5.7.4 系统故障隔离时间
> 6 测试性试验情况
> 7 结论

3.9.22 使用期间测试性信息收集计划

1. 文件用途

用来规范装备使用期间测试性信息收集的程序和要求,进行使用期间测试性信息分析、传递和贮存使用的方法、方式、内容与时限等。

2. 编制时机

在装备使用之前完成。

3. 编制依据

主要包括:可靠性、维修性、保障性信息收集计划与工作要求,部队现有的装备保障系统要求,GJB 1686A—2005《装备质量信息管理通用要求》,GJB 1775—1993《装备质量与可靠性信息分类和编码通用要求》,GB 7027—2002《信息分类和编码的基本原则与方法》,GJB 2547A《装备测试性工作通用要求》等。

4. 目次格式

按照 GJB 2547A《装备测试性工作通用要求》编写,目次格式如下:

> 1 范围
> 2 引用文件
> 3 信息收集和分析机构设置及职责
> 4 管理与监督要求
> 5 信息收集的范围、方法和程序
> 6 信息分析、处理、传递的要求和方法
> 7 信息分类方法与准则
> 8 信息审核、汇总等的安排
> 9 信息收集工作与其他工作的协调

3.9.23 使用期间测试性信息分类和编码

1. 文件用途

按标准要求统一测试性信息分类、信息单元、信息编码,使使用测试性信息收集工作规范化。

2. 编制时机

在装备使用之前完成。

3. 编制依据

主要包括:使用期间测试性信息收集计划,装备代码手册,GJB 1775—1993《装备质量与可靠性信息分类和编码通用要求》,GJB 1686A—2005《装备质量信息管理通用要求》,GJB 2547A《装备测试性工作通用要求》,GB 7027—2002《信息分类和编码的基本原则与方法》等。

4. 目次格式

按照GJB 1775—1993《装备质量与可靠性信息分类和编码通用要求》编写,目次格式如下:

```
1 范围
2 引用文件
3 信息分类
4 信息单元的设置
4.1 与故障有关的信息单元
4.2 与测试有关的信息单元
4.3 与……有关的信息单元
5 信息项的预置
6 信息编码
6.1 产品故障信息代码
6.2 产品测试信息代码
6.3 产品……信息代码
7 与其他信息收集工作的协调
```

3.9.24 使用期间测试性评价计划

1. 文件用途

用来规范参与使用期间测试性评价各方的职责及进行评价的内容、方法和程序等,对装备的使用测试性水平进行评价,验证装备是否满足规定的使用测试性要求。

2. 编制时机

使用期间测试性评价计划应在装备部署前完成。

3. 编制依据

主要包括:研制总要求,研制合同(包括工作说明),使用期间测试性信息收集计划,GJB 2547A《装备测试性工作通用要求》等。

4. 目次格式

按照 GJB 2547A《装备测试性工作通用要求》编写,目次格式如下:

1 范围
2 引用文件
3 参与评价各方及其职责
4 装备概述
5 数据与信息
6 评价准则
7 评价内容
8 评价方法及程序
9 所需资源
10 与其他评估的协调

3.9.25 使用期间测试性评价报告

1. 文件用途

用于报告使用期间测试性评价情况和评价结果。

2. 编制时机

在进行了使用期间测试性评价后编写。

3. 编制依据

主要包括:研制总要求,研制合同(包括工作说明),使用期间测试性信息收集计划,部队实际的使用条件下收集的各种数据,有关专门试验,使用期间测试性评价计划,GJB 2547A《装备测试性工作通用要求》等。

4. 目次格式

按照 GJB 2547A《装备测试性工作通用要求》编写,目次格式如下:

1 范围
2 引用文件
3 数据的评价
4 分析过程
5 分析评价结论
6 纠正措施

7 改进建议
8 有关说明

3.9.26 使用期间测试性改进方案

1. 文件用途

规范使用期间测试性改进工作的组织和实施人员及其职责,改进内容、程序及其他方面的要求和安排等,对装备使用中暴露的测试性问题采用改进措施,以提高装备的使用测试性水平。

2. 编制时机

在装备使用阶段完成。

3. 编制依据

主要包括:研制总要求,研制合同(包括工作说明),有关专门试验,使用中发现的有关测试性问题,使用期间测试性评价报告,GJB 2547A《装备测试性工作通用要求》等。

4. 目次格式

按照 GJB 2547A《装备测试性工作通用要求》编写,目次格式如下:

1 范围
2 引用文件
3 确定改进项目及其目标
4 改进单位、人员及其职责
5 改进方案
6 经费安排
7 进度安排
8 验证要求和方法
9 与其他改进项目的协调和权衡

3.9.27 使用期间测试性改进项目报告

1. 文件用途

用于报告使用期间测试性改进情况和改进结果。

2. 编制时机

在进行了使用期间测试性改进后编写。

3. 编制依据

主要包括:研制总要求,研制合同(包括工作说明),使用期间测试性改进计划,GJB 2547A《装备测试性工作通用要求》等。

4. 目次格式

按照 GJB 2547A《装备测试性工作通用要求》编写,目次格式如下:

1 范围
2 引用文件
3 改进项目分析
4 各项目改进过程
5 改进结果分析
6 有关说明
7 有关建议

3.10 保障性文件

3.10.1 保障性要求

1. 文件用途

协调确定保障性定量定性要求,以满足系统战备完好性和任务成功性要求。

2. 编制时机

在论证阶段拟定初步的系统战备完好性要求,并将其分解为初步的可靠性维修性等设计要求和保障系统要求;在方案阶段结束时,最后确定一组协调匹配的系统战备完好性参数、保障性设计特性参数和保障系统及其资源参数的目标值和门限值(至少应确定门限值),并将可靠性维修性等的目标值和门限值转换为规定值和最低可接受值。

3. 编制依据

主要包括:武器装备的主要作战使用性能要求,通用规范,GJB 451A—2005《可靠性维修性保障性术语》,GJB 1909A—2009《装备可靠性维修性保障性要求论证》,GJB 3872—1999《装备综合保障通用要求》等。

4. 目次格式

按照 GJB 3872—1999《装备综合保障通用要求》、GJB 1909A—2009《装备可靠性维修性保障性要求论证》编写,目次格式如下:

1 范围
2 引用文件
3 概述
4 装备的使命和任务

```
5  装备使用方案、设计方案和保障方案
6  故障定义和判断准则
7  装备保障性定性定量要求及约束条件
8  装备保障性要求确定的过程和分析方法
9  装备保障性要求可验证性分析
10 装备保障性专项经费预计分析
```

3.10.2　保障性工作项目要求

1. 文件用途

根据具体装备的类型、使用要求、费用、进度、所处寿命周期阶段、复杂程度、采用新技术的比例等,选择并确定保障性工作项目,实现规定的保障性要求。

2. 编制时机

在论证阶段编制。

3. 编制依据

主要包括:研制立项综合论证报告,研制总要求,研制合同,保障性要求,GJB 3872—1999《装备综合保障通用要求》等。

4. 目次格式

按照 GJB 3872—1999《装备综合保障通用要求》编写,目次格式如下:

```
1  范围
2  引用文件
3  保障性工作项目选择原则
4  保障性工作项目选择权衡分析
5  保障性工作项目主要实施内容
```

3.10.3　综合保障计划

1. 文件用途

订购方为全面规划装备寿命周期的综合保障工作而制定的技术管理文件,主要包括对所需开展的综合保障工作的要求和安排。用于指导装备寿命周期中的各项综合保障工作,是实施综合保障工作的基本依据。

2. 编制时机

在论证阶段,应草拟综合保障计划,主要包括装备说明、使用方案、初始保障方案、初定的保障性要求、综合保障工作机构、初始的影响系统战备完好性和费用的关键因素的说明、保障性分析的目标和范围、综合保障评审的要求和安排等。

在方案阶段,应制定综合保障计划,其中应包括系统描述及有关保障条件的说明,综合保障工作机构及职责、使用方案、保障方案、保障性定量定性要求、影响系统战备完好性和费用的关键因素的说明、保障性分析要求及安排、规划保障的要求、保障性试验与评价要求、经费预算、部署保障计划、保障交接计划、保障计划、现场使用评估计划等。

在工程研制阶段,应根据双方综合保障工作的结果补充停产后保障计划和退役报废处理的保障工作安排,并对方案阶段形成的有关计划进行充实、完善。

在设计定型及生产定型阶段,应根据设计定型及生产定型阶段保障性试验与评价的结果,对计划中有关内容进行适当的补充和调整。

在生产、部署和使用阶段,主要根据实际部署和使用情况对综合保障计划进行修改和调整,完善有关停产后保障计划的内容。

3. 编制依据

主要包括:研制总要求,研制任务书,GJB 3872—1999《装备综合保障通用要求》,GJB 6388—2008《装备综合保障计划编制要求》等。

4. 目次格式

按照 GJB 6388—2008《装备综合保障计划编制要求》和 GJB 3872—1999《装备综合保障通用要求》编写,目次格式如下:

```
1  范围
2  引用文件
3  装备说明
4  使用方案
5  综合保障工作机构及其职责
6  保障性定量和定性要求
7  规划保障
8  研制与提供保障资源
9  综合保障评审要求和安排
10 保障性试验与评价要求
11 综合保障工作经费预算
12 部署保障
13 停产后保障
14 退役报废处理的保障工作安排
15 工作进度安排
```

3.10.4 综合保障工作计划(保障性大纲)

1. 文件用途

承制方规划综合保障工作的技术管理文件,是承制方和转承制方实施综合保障工作的基本依据,包括承制方开展综合保障工作的要求、程序、进度和费用等。

2. 编制时机

在论证阶段后期,承制方应根据订购方的要求,提出综合保障工作计划构想;在方案阶段,承制方应根据合同制定综合保障工作计划;在工程研制阶段、设计定型阶段、生产定型阶段、生产、部署和使用保障阶段,承制方应根据工作进展情况以及订购方的有关要求对计划进行补充和调整。

3. 编制依据

主要包括:研制总要求,研制任务书,综合保障计划,GJB 3872—1999《装备综合保障通用要求》,GJB 6388—2008《装备综合保障计划编制要求》等。

4. 目次格式

按照 GJB 6388—2008《装备综合保障计划编制要求》和 GJB 3872—1999《装备综合保障通用要求》编写,目次格式如下:

```
1 范围
2 引用文件
3 装备说明
4 综合保障工作要求
4.1 开展综合保障工作的目标
4.2 开展综合保障工作的基本途径
4.3 综合保障信息管理
4.4 综合保障与其他专业工程的协调
4.5 对转承制方和供应方综合保障工作的监督与控制
4.5.1 对转承制方综合保障工作的监督与控制
4.5.2 对供应方综合保障工作的监督与控制
5 综合保障工作机构及其职责
5.1 综合保障管理组
5.2 承制方综合保障工作机构
6 保障性要求
7 规划保障
8 研制与提供保障资源
9 综合保障评审
```

```
10 保障性试验与评价
11 综合保障工作的经费预算
12 部署保障工作的安排
13 参与停产后保障工作的安排
14 提出退役报废处理保障工作建议
15 工作进度安排
附件
```

3.10.5 保障性分析工作纲要

1. 文件用途

提出新研系统和设备的初步保障性目标,建议执行的保障性分析工作项目及子项目。

2. 编制时机

论证之初即制定保障性分析工作纲要,随着工作的进展不断对保障性分析工作纲要进行修正。

3. 编制依据

主要包括:研制总要求,研制任务书,综合保障计划,GJB 1371—1992《装备保障性分析》等。

4. 目次格式

按照 GJB 1371—1992《装备保障性分析》编写,目次格式如下:

```
1 范围
2 引用文件
3 保障性目标及风险分析
3.1 预期的保障性目标
3.2 风险分析
4 保障性分析工作项目及子项目
4.1 确定保障性分析工作项目及子项目
4.2 执行组织机构
4.3 各工作项目的费用及效益
```

3.10.6 保障性分析计划

1. 文件用途

确定并统一协调各项保障性分析工作项目;确定各管理组织及其职责,并提出完成各项工作项目的途径。

2. 编制时机

论证阶段即制定保障性分析计划。根据分析结果、工作进度及其工作内容的变化,修正保障性分析计划,并由订购方批准。

3. 编制依据

主要包括:研制合同,研制总要求,研制任务书,保障性分析工作纲要,GJB 1371—1992《装备保障性分析》等。

4. 目次格式

按照 GJB 1371—1992《装备保障性分析》编写,目次格式如下:

```
1 范围
2 引用文件
3 保障性分析工作方法
4 管理组织及其职责
5 保障性有关评审的管理
6 确定保障性分析工作项目及工作程序
7 各分析工作项目进度
8 有关工作、数据接口的说明
9 产品结构层次
9.1 产品清单
9.2 选择准则
10 保障性设计要求传达给承制方的方式
11 保障性设计要求传达给转承制方的方式及控制措施
12 资料管理程序
13 对提供设备、物资的保障性分析要求
14 各工作项目的评价和控制程序
15 各工作项目执行单位的职责
16 保障性设计问题管理程序
17 相关信息管理程序
18 订购方提供的资料
```

3.10.7 保障性分析评审程序

1. 文件用途

为承制方制定一项对有关保障性分析的设计资料进行正式评审和控制的要求,通过适时地执行该程序,保证保障性分析工作的进度与合同规定的评审点一致,以达到保障性和有关保障性的设计要求。

2. 编制时机

在论证阶段制定。

3. 编制依据

主要包括:研制合同(包括工作说明),保障性分析工作纲要,保障性分析计划,GJB 1371—1992《装备保障性分析》等。

4. 目次格式

按照 GJB 1371—1992《装备保障性分析》编写,目次格式如下:

```
1  范围
2  引用文件
3  各类人员及其职责
4  评审目的
5  评审议程
6  评审议题
7  保障性分析评审输入
8  有关判据
9  问题处理
10 评审结果的记录方法
11 评审结论
```

3.10.8 产品使用研究

1. 文件用途

确定与系统预定用途有关的保障性因素。

2. 编制时机

在论证阶段制定,当得到有关系统和设备预定用途的更为详细的资料时,修改使用研究报告的内容。

3. 编制依据

主要包括:研制合同(包括工作说明),研制总要求,综合保障计划,综合保障工作计划,GJB 1371—1992《装备保障性分析》等。

4. 目次格式

按照 GJB 1371—1992《装备保障性分析》编写,目次格式如下:

```
1  范围
2  引用文件
3  确定保障性因素
```

```
3.1 平时应用时
3.2 战时应用时
3.3 曾经进行过的任务范围及系统和设备分析
4 定量数据及详细说明
5 现场调研
5.1 拟进行现场调研的单位
5.2 拟进行现场调研的内容
5.3 调研情况
```

3.10.9 硬件、软件和保障系统标准化

1. 文件用途

根据能在费用、人员数量与技术等级、战备完好性或保障政策等方面得到益处的现有和计划的保障资源,确定系统和设备的保障性及有关保障性的设计约束,给系统和设备的硬件及软件标准化工作提供保障性方面的输入信息。

2. 编制时机

在论证阶段开始制定。

3. 编制依据

主要包括:研制总要求,产品标准化大纲,综合保障计划,综合保障工作计划,产品使用研究,GJB 1371—1992《装备保障性分析》等。

4. 目次格式

按照 GJB 1371—1992《装备保障性分析》编写,目次格式如下:

```
1 范围
2 引用文件
3 确定保障资源
4 定量保障性
5 有关保障性的设计约束
6 由标准化确定的特性
7 建议的标准化方法
8 每项约束的风险分析
```

3.10.10 比较分析

1. 文件用途

选定代表新研系统和设备特性的基准比较系统或比较系统,以便提出有关

保障性的参数,判明其可行性,确定改进目标,以及确定系统和设备保障性、费用和战备完好性的主宰因素。

2. 编制时机

在论证阶段开始制定。随着系统和设备备选方案的细化或在比较系统和分系统上得到更好的数据时,修正比较系统及其有关的参数以及保障性、费用和战备完好性的主宰因素。

3. 编制依据

主要包括:研制总要求,综合保障计划,同类产品资料,产品使用研究,GJB 1371—1992《装备保障性分析》等。

4. 目次格式

按照 GJB 1371—1992《装备保障性分析》编写,目次格式如下:

```
1  范围
2  引用文件
3  选定比较系统
4  选定基准比较系统
5  比较系统的相关数值
6  比较系统中存在的问题
7  确定比较系统的主宰因素
8  新研系统和设备中存在的主宰因素
9  相关风险与假设
10 相应修正
```

3.10.11 保障性改进的技术途径

1. 文件用途

确定与评价从设计上改进新研系统和设备保障性的技术途径。

2. 编制时机

在论证阶段开始制定。随着新研系统和设备备选方案得到进一步细化,修正设计目标。

3. 编制依据

主要包括:研制合同(包括工作说明),研制总要求,综合保障计划,比较分析工作项目得出的结果,GJB 1371—1992《装备保障性分析》等。

4. 目次格式

按照 GJB 1371—1992《装备保障性分析》编写,目次格式如下:

```
1 范围
2 引用文件
3 确定设计的技术途径
4 风险分析
5 评价方法
6 相关影响
7 设计目标的修正
```

3.10.12 保障性和有关保障性的设计因素

1. 文件用途

确定从备选设计方案与使用方案得出的保障性的定量特性；制定系统和设备的保障性及有关保障性设计的初定目标、目标值、门限值及约束。

2. 编制时机

在论证阶段开始制定。随着系统和设备备选方案的进一步细化，对保障性、费用和战备完好性目标进行修正。

3. 编制依据

主要包括：研制总要求，综合保障计划，方案论证报告，硬件、软件和保障系统标准化，比较分析，保障性改进的技术途径，GJB 1371—1992《装备保障性分析》等。

4. 目次格式

按照 GJB 1371—1992《装备保障性分析》编写，目次格式如下：

```
1  范围
2  引用文件
3  定量的使用特性与保障特性
4  对有关变量进行敏感度分析
5  相关硬件或软件的影响
6  制定目标及分析
7  有关保障性风险分析
8  设计约束
9  制定目标值及门限值
10 目标的修正
```

3.10.13 功能要求

1. 文件用途

为系统和设备的每一备选方案确定在预期的环境中所必须具备的使用、维修与保障功能,然后确定使用与维修系统和设备所必须完成的各种工作。

2. 编制时机

论证阶段即可根据需要确定功能要求。随着系统和设备设计的进一步细化,或有更好的数据时,对其进行修正。

3. 编制依据

主要包括:研制总要求,综合保障计划,保障性分析记录,可靠性计划,维修性大纲,方案论证报告,故障模式、影响及危害性分析,使用研究,比较分析,GJB 1371—1992《装备保障性分析》等。

4. 目次格式

按照 GJB 1371—1992《装备保障性分析》编写,目次格式如下:

```
1 范围
2 引用文件
3 使用、维修与保障的功能
4 独特功能要求
5 风险分析
6 使用与维修工作
6.1 修复性维修工作要求
6.2 预防性维修工作要求
6.3 使用和其他保障工作
7 发现的设计缺陷
8 保障功能要求和使用与维修工作要求的修正
```

3.10.14 保障系统的备选方案

1. 文件用途

制定可行的系统和设备保障系统备选方案,用于评价与权衡分析及确定最佳的保障系统。

2. 编制时机

在论证阶段根据需要制定。随着权衡分析的进行及系统和设备备选方案得到进一步确认时,修正备选保障系统方案。

3. 编制依据

主要包括:研制总要求,保障性和有关保障性的设计因素,功能要求,GJB 1371—1992《装备保障性分析》等。

4. 目次格式

按照 GJB 1371—1992《装备保障性分析》和 GJB/Z 151—2007《装备保障方案和保障计划编制指南》编写,目次格式如下:

```
1 范围
2 引用文件
3 备选装备技术方案描述
4 备选装备使用方案
5 备选装备保障方案
5.1 使用前的准备保障
5.2 使用过程中的保障
5.3 使用后的保障
6 备选维修保障方案
6.1 维修保障体制
6.2 维修保障策略
7 备选综合保障要素方案
7.1 人力和人员
7.2 供应保障
7.3 保障设备
7.4 技术资料
7.5 训练与训练保障
7.6 计算机资源保障
7.7 保障设施
7.8 包装、装卸、贮存和运输保障
7.9 特殊保障
8 分析备选保障系统方案的风险
```

3.10.15 备选方案的评价和权衡分析

1. 文件用途

为系统和设备的每一个备选方案确定优先的备选保障系统方案,并参与系统和设备备选方案的权衡分析,确定在费用、进度、性能、战备完好性和保障性之间达到最佳平衡所需的途径(包括保障、设计与使用方面)。

2. 编制时机

在论证阶段根据需要制定。当新研系统和设备得到更好的确认或有更精确的数据可供利用时,修正评价与权衡分析结果。

3. 编制依据

主要包括:研制总要求,综合保障计划,保障性分析记录,保障性和有关保障性的设计因素,保障系统的备选方案,GJB 1371—1992《装备保障性分析》等。

4. 目次格式

按照 GJB 1371—1992《装备保障性分析》编写,目次格式如下:

```
1  范围
2  引用文件
3  评价与权衡
4  备选方案之间的评价与权衡
5  设计、使用和保障方案之间的评价与权衡
6  敏感度评价
7  人员数量及技术等级要求的估计与评价
8  设计、使用、人员训练与专业职务设置之间的评价与权衡
9  修理级别分析
10 备选诊断方案的评价
11 参数的对比评价及达到目标的风险
12 备选方案与能源及油料要求的评价和权衡
13 备选方案与生存性、战损修复性的评价与权衡
14 备选方案与运输性要求的评价与权衡
15 备选方案与保障设施要求的评价与权衡
16 相关评价与权衡分析结果的修正
```

3.10.16 使用与维修工作分析

1. 文件用途

分析系统和设备的使用与维修工作。

2. 编制时机

在方案确认阶段根据需要制定。当得到更好的信息或从其他工程专业工作的分析中得到可以利用的数据时,修正保障性分析记录里的数据。

3. 编制依据

主要包括:研制总要求,研制合同(包括工作说明),综合保障计划,保障性和

有关保障性的设计因素,功能要求,备选方案的评价与权衡分析,GJB 1371—1992《装备保障性分析》等。

4. 目次格式

按照 GJB 1371—1992《装备保障性分析》编写,目次格式如下:

```
1  范围
2  引用文件
3  每项使用、维修与保障工作要求的详细分析
4  新的保障资源及相关要求
5  新的保障资源的管理措施
6  关键资源及相关要求
7  关键资源的管理措施
8  确定训练要求
9  建议最佳训练方式及理由
10 每项使用与维修工作对保障资源的要求
11 各种备选设计方案和解决途径
12 运输性分析
13 供应技术文件
14 确认关键信息
15 保障性分析记录
16 保障性分析记录数据的修正
```

3.10.17 早期现场分析

1. 文件用途

评估新研系统和设备对各种现有的或已计划的系统的影响;确定满足新研系统和设备要求的人员数量与技术等级;确定未获得必要的保障资源时对新研系统和设备的影响;以及确定作战环境下主要保障资源的要求。

2. 编制时机

在方案阶段开始制定,工程研制阶段和设计定型阶段逐步完善。

3. 编制依据

主要包括:研制总要求,研制合同(包括工作说明),综合保障计划,备选方案的评价与权衡分析,使用与维修工作分析,GJB 1371—1992《装备保障性分析》等。

4. 目次格式

按照 GJB 1371—1992《装备保障性分析》编写,目次格式如下:

```
1 范围
2 引用文件
3 新研系统和设备的影响评估
4 所需人员数量与技术等级
5 未获得必要数量保障资源的影响
6 生存性分析
7 确定作战环境所需的基本保障资源要求及来源
8 解决评估和分析中问题的计划措施
```

3.10.18 停产后保障分析

1. 文件用途

在关闭生产线之前,分析系统和设备寿命周期内的保障要求,以保证在系统和设备的剩余寿命期内有充足的保障资源。

2. 编制时机

在方案阶段开始制定,在生产阶段或关闭生产线之前逐步完善。

3. 编制依据

主要包括:研制总结,研制合同(包括工作说明),产品规范,早期现场分析,GJB 1371—1992《装备保障性分析》等。

4. 目次格式

按照 GJB 1371—1992《装备保障性分析》编写,目次格式如下:

```
1 范围
2 引用文件
3 预定使用寿命评估
4 供应短缺时可能出现的保障问题
5 预计保障问题的处置
6 有效保障计划
7 经费预算
```

3.10.19 保障方案

1. 文件用途

保障方案由一整套综合保障要素方案组成,并与设计方案及使用方案相协调,是保障系统完整的总体描述。

2. 编制时机

在装备研制立项综合论证中,提出初始保障方案;在研制总要求综合论证中,对每一个备选设计方案提出满足其功能要求的备选保障方案,在研制总要求综合论证结束时正式形成与所选装备设计方案相协调的保障方案。

3. 编制依据

主要包括:研制总要求,研制合同(包括工作说明),GJB 1371—1992《装备保障性分析》,GJB 4355—2002《备件供应规划要求》,GJB 5238—2004《装备初始训练与训练保障要求》,GJB 5432—2005《装备用户技术资料规划与编制要求》,GJB 5967—2007《保障设备规划与研制要求》,GJB/Z 151—2007《装备保障方案和保障计划编制指南》等。

4. 目次格式

按照 GJB/Z 151—2007《装备保障方案和保障计划编制指南》编写,目次格式如下:

```
1 范围
2 引用文件
3 装备总体技术方案描述
4 装备使用方案
5 装备保障方案
5.1 使用前的准备保障
5.2 使用过程中的保障
5.3 使用后的保障
6 维修保障方案
6.1 维修保障体制
6.2 维修保障策略
7 综合保障要素方案
7.1 人力和人员
7.2 供应保障
7.3 保障设备
7.4 技术资料
7.5 训练与训练保障
7.6 计算机资源保障
7.7 保障设施
7.8 包装、装卸、贮存和运输保障
7.9 特殊保障
```

3.10.20 保障计划

1. 文件用途

保障计划涉及综合保障的各个要素,并使各个要素之间相互协调,是装备保障方案的详细说明。一般包括使用保障计划和维修保障计划。

2. 编制时机

在研制总要求综合论证中,对每一个备选设计方案提出满足其功能要求的备选保障计划;在工程研制阶段,确定所有使用与维修工作项目,进行使用与维修工作分析,确定并优化保障资源,形成完整的保障计划;在设计定型和部署期间,结合设计更改和早期现场分析,进一步修订、完善保障计划。

3. 编制依据

主要包括:研制总要求,研制合同(包括工作说明),保障方案,GJB 1371—1992《装备保障性分析》,GJB 4355—2002《备件供应规划要求》,GJB 5238—2004《装备初始训练与训练保障要求》,GJB 5432—2005《装备用户技术资料规划与编制要求》,GJB 5967—2007《保障设备规划与研制要求》,GJB/Z 151—2007《装备保障方案和保障计划编制指南》等。

4. 目次格式

按照GJB/Z 151—2007《装备保障方案和保障计划编制指南》编写,目次格式如下:

```
1 范围
2 引用文件
3 保障方案描述
4 使用保障计划
5 维修保障计划
6 保障资源清单
6.1 人力和人员保障清单
6.2 备件供应清单
6.3 保障设备清单
6.4 技术资料品种与数量清单
6.5 训练保障资源清单
6.6 计算机资源清单
6.7 保障设施清单
6.8 其他
```

3.10.21 保障性试验、评价与验证大纲

1. 文件用途

评估新研系统和设备是否达到规定的保障性要求;判明偏离预定要求的原因;确定纠正缺陷和提高系统战备完好性的方法。

2. 编制时机

在定型阶段进行保障性试验、评价与验证之前完成。

3. 编制依据

主要包括:研制总要求,研制合同,研制计划,产品规范,同类产品资料,比较分析,保障性和有关保障性的设计因素,备选方案的评价与权衡分析,GJB 1371—1992《装备保障性分析》等。

4. 目次格式

按照 GJB 1371—1992《装备保障性分析》编写,目次格式如下:

```
1  编制大纲的依据
2  试验与评价的目标和准则
3  试验组织、参试单位及试验任务分工
4  试验网络图和试验的保障措施及要求
5  试验所需资源
6  试验项目、内容、程序及进度
7  主要测试、测量设备的名称、精度、数量
8  系统保障包的项目清单
9  有关保障性要求
9.1  规定的保障性要求
9.2  保障性设计参数
10  现场数据收集计划
11  试验安全保证要求
```

3.10.22 保障性试验、评价与验证报告

1. 文件用途

对保障性试验、评价与验证的记录和总结,指导保障性的有关改进。

2. 编制时机

在定型阶段保障性试验、评价与验证结束之后完成。

3. 编制依据

主要包括:研制总要求,研制合同,研制计划,产品规范,保障性试验、评价和验证大纲,GJB 1371—1992《装备保障性分析》等。

4. 目次格式

按照 GJB 1371—1992《装备保障性分析》编写,目次格式如下:

```
1  试验概况
2  试验项目、步骤和方法
```

> 2.X（试验项目 X）的步骤和方法
> 3 试验数据
> 4 试验中出现的主要技术问题及处理情况
> 5 系统保障包的项目清单的评价确认
> 6 试验结果分析
> 6.1 达到规定保障性要求的程度
> 6.2 保障性设计参数需改进的程度
> 6.3 暴露的保障性问题
> 7 存在的问题和改进建议
> 7.X（存在的问题 X）改进建议
> 8 现场信息收集系统分析
> 9 保障性数据分析
> 10 现场数据收集计划的修正
> 11 试验照片
> 11.1 试验样品的全貌、主要侧面照片
> 11.2 主要试验项目照片
> 11.3 试验中发生的重大技术问题的特写照片
> 12 主要试验项目的实时音像资料
> 13 有关保障性的改进

3.10.23 保障性评估报告

1. 文件用途

是对整个研制过程中开展的保障性工作情况和产品保障性满足研制总要求情况的总结性报告，是产品设计定型文件之一。

2. 编制时机

在完成产品工程研制和设计定型试验后，申请设计定型之前编写。

3. 编制依据

主要包括：研制总要求，研制合同，研制计划，综合保障工作计划，产品规范，保障性试验、评价与验证大纲，保障性试验、评价与验证报告，GJB 1371—1992《装备保障性分析》，GJB 3872—1999《装备综合保障通用要求》等。

4. 目次格式

按照 GJB 1371—1992《装备保障性分析》编写，目次格式如下：

> 1 范围
> 2 引用文件
> 3 产品概述

```
3.1 产品任务
3.2 产品组成
3.3 产品功能
4 保障性要求
4.1 保障性定性要求
4.2 保障性定量要求
5 保障性设计与分析
6 保障性试验情况
7 结论
```

3.11 安全性文件

3.11.1 安全性大纲

1. 文件用途

规定产品安全性的一般要求、管理与控制、设计与分析、危险因素的控制、验证与评价、培训、软件系统安全性等方面的工作项目。

2. 编制时机

在方案阶段编写。在方案评审时一起提交评审。

3. 编制依据

主要包括:研制总要求,研制任务书,GJB 900—1990《系统安全性通用大纲》等。

在制定安全性大纲时,应与可靠性大纲、维修性大纲、测试性大纲、保障性大纲、电磁兼容性大纲和质量保证大纲等文件综合权衡,使其相互协调,以达到最佳效果。

4. 目次格式

按照 GJB 900—1990《系统安全性通用大纲》编写,目次格式如下:

```
1 范围
2 引用文件
3 术语和定义
4 一般要求
4.1 剪裁要求
4.2 安全性大纲目标与要求
4.3 安全性信息要求
4.4 系统安全性设计要求
4.5 安全性措施优先次序要求
```

```
4.6 风险评价
5 安全性工作项目要求
5.1 管理与控制
5.1.1 制定系统安全性工作计划
5.1.2 对转承制方、供应方和建筑工程单位的安全性综合管理
5.1.3 安全性大纲评审
5.1.4 对系统安全性工作组的保障
5.1.5 建立危险报告、分析和纠正措施跟踪系统
5.1.6 试验的安全性
5.1.7 系统安全性进展报告
5.2 设计与分析
5.2.1 初步危险表
5.2.2 初步危险分析
5.2.3 分系统危险分析
5.2.4 系统危险分析
5.2.5 使用和保障危险分析
5.2.6 职业健康危险分析
5.2.7 工程更改建议的安全性评审
5.2.8 订购方提供的设备和设施的安全性分析
5.3 验证与评价
5.3.1 安全性验证
5.3.2 安全性评价
5.3.3 安全性符合有关规定的评价
5.4 安全性培训
5.4.1 系统安全性主管负责人的资格
5.4.2 培训
5.5 软件系统安全性
5.5.1 软件需求危险分析
5.5.2 概要设计危险分析
5.5.3 详细设计危险分析
5.5.4 软件编程危险分析
5.5.5 软件安全性测试
5.5.6 软件与用户接口分析
5.5.7 软件更改危险分析
```

3.11.2 系统安全性工作计划

1. 文件用途

对系统安全性工作进行计划,以实现安全性大纲所规定的全部任务。

2. 编制时机

在方案阶段编写。

3. 编制依据

主要包括：研制总要求，研制任务书，研制合同，安全性大纲，GJB 900—1990《系统安全性通用大纲》等。

4. 目次格式

按照 GJB 900—1990《系统安全性通用大纲》编写，目次格式如下：

```
1  范围
2  引用文件
3  实施安全性大纲的指导思想
4  安全性工作项目实施细则
4.1  工作项目要求
4.2  工作内容
4.3  完成状况
4.4  检查方法
5  安全性工作进度
6  安全性大纲评审点
7  安全性工作计划与产品研制计划协调的说明
8  安全性信息收集、传递、分析、处理、反馈和归档等程序的说明
9  处理已判定危险的方法或过程
10  对设计人员、使用和维护人员的安全性培训
11  对事故和危险故障的分析的报告
12  系统安全性与其他安全性领域之间的接口
13  系统安全性与其他保障领域之间的接口
```

3.11.3 系统安全性工作报告

1. 文件用途

概述在规定的报告期内安全性大纲的进展情况，以及在下一个报告期内计划的安全性工作。

2. 编制时机

定期地制定并向订购方提供系统安全性工作报告。

3. 编制依据

主要包括：安全性大纲，系统安全性工作计划，GJB 900—1990《系统安全性通用大纲》等。

4. 目次格式

按照 GJB 900—1990《系统安全性通用大纲》编写，目次格式如下：

> 1 范围
> 2 引用文件
> 3 安全性工作进展及状况概述
> 4 新发现的显著级危险和对已知危险的风险控制程度的重大变化
> 5 所有已提出的但仍未完成的纠正措施的现状
> 6 影响安全性大纲的费用和进度的重大变动
> 7 报告期内技术文件的安全性评审情况
> 8 系统安全性工作组下次会议议程

3.11.4 初步危险表

1. 文件用途

提供一份危险清单,初步列出安全性设计中可能需要特别重视的危险或需作深入分析的危险部位,旨在使订购方能尽早地选择重点管理的危险部位。

2. 编制时机

在设计初期,承制方就应考察系统方案,编制初步危险表,确定设计中可能存在的危险。

3. 编制依据

主要包括:研制总要求,研制方案,安全性大纲,系统安全性工作计划,GJB 900—1990《系统安全性通用大纲》等。

4. 目次格式

按照 GJB 900—1990《系统安全性通用大纲》编写,目次格式如下:

> 1 范围
> 2 引用文件
> 3 初步危险表

3.11.5 初步危险分析

1. 文件用途

将初步危险分析结果记录成文,以确定安全性关键的部位,评价各种危险,以及确定要采取的安全性设计准则。初步危险分析是其他危险分析的基础。

2. 编制时机

在系统研制的初期进行初步危险分析,获得设计方案的初始风险评价,以便在权衡研究和设计方案的选择中考虑安全性问题。

3. 编制依据

主要包括:研制总要求,研制方案,GJB 900—1990《系统安全性通用大纲》,安全性大纲,系统安全性工作计划,初步危险表等。

4. 目次格式

按照 GJB 900—1990《系统安全性通用大纲》编写,目次格式如下:

```
1 范围
2 引用文件
3 设计方案概述
4 分析方法
5 初步危险分析
5.1 危险品
5.2 部件接口安全性
5.3 软件命令和响应的安全性设计准则
5.4 与安全性有关的设备、保险装置和可能的备选方法
5.5 环境约束条件
5.6 操作、试验、维修和应急规程
5.7 设施、保障设备
6 安全性措施和替换方案
```

3.11.6 分系统危险分析

1. 文件用途

将分系统危险分析结果记录成文,以确定与分系统有关的危险,以及由分系统的部件和设备之间功能关系所导致的危险,确定分系统部件的使用和故障对系统安全性的影响方式。

2. 编制时机

在方案阶段和工程研制阶段编制,在设计定型阶段适应性修改。

3. 编制依据

主要包括:研制总要求,研制方案,安全性大纲,系统安全性工作计划,初步危险表,初步危险分析,GJB 900—1990《系统安全性通用大纲》等。

4. 目次格式

按照 GJB 900—1990《系统安全性通用大纲》编写,目次格式如下:

```
1 范围
2 引用文件
3 分系统概述
```

> 4 分析方法
> 5 分系统危险分析
> 5.1 故障模式及其对安全性的影响
> 5.2 软件事件、故障和偶然事件对分系统安全性的可能影响
> 5.3 软件安全性设计准则的满足程度
> 5.4 软件设计需求及纠正措施对分系统安全性的影响
> 6 安全性措施和替换方案

3.11.7 系统危险分析

1. 文件用途

将系统危险分析结果记录成文,以确定系统设计中有安全性问题的部位,特别是分系统之间的接口的危险,并评价其风险,确定系统的使用和故障模式对系统及其分系统的影响。

2. 编制时机

在方案阶段和工程研制阶段编制,在设计定型阶段适应性修改。

3. 编制依据

主要包括:研制总要求,研制方案,安全性大纲,系统安全性工作计划,初步危险表,初步危险分析,分系统危险分析,GJB 900—1990《系统安全性通用大纲》等。

4. 目次格式

按照 GJB 900—1990《系统安全性通用大纲》编写,目次格式如下:

> 1 范围
> 2 引用文件
> 3 系统概述
> 4 分析方法
> 5 系统危险分析
> 5.1 安全性准则符合程度
> 5.2 危险事件的共因分析
> 5.3 分系统与其他分系统的兼容性
> 5.4 设计更改对分系统的影响
> 5.5 人为差错的影响
> 5.6 软件事件、故障和偶然事件对系统安全性的可能影响
> 5.7 软件安全性设计准则的满足程度
> 5.8 软件设计需求及纠正措施对系统安全性的影响
> 6 安全性措施和替换方案

3.11.8 使用和保障危险分析

1. 文件用途

将使用和保障危险分析结果记录成文,以确定系统使用中与环境、人员、规程和设备有关的危险。

2. 编制时机

在方案阶段和工程研制阶段编制,在设计定型阶段适应性修改。

3. 编制依据

主要包括:研制总要求,研制方案,安全性大纲,系统安全性工作计划,初步危险表,初步危险分析,分系统危险分析,系统危险分析,GJB 900—1990《系统安全性通用大纲》等。

4. 目次格式

按照 GJB 900—1990《系统安全性通用大纲》编写,目次格式如下:

```
1 范围
2 引用文件
3 系统使用和保障概述
3.1 计划的系统配置和状态
3.2 设施的接口
3.3 计划的环境
3.4 保障工具或其他设备
3.5 操作或工作的次序,同时进行工作的影响和限制
3.6 生物因素
3.7 规定的人员安全和健康要求
3.8 可能的非计划事件
4 分析方法
5 使用和保障危险分析
5.1 在危险条件下工作需要采取的措施
5.2 为消除危险或减少风险所需的设计更改
5.3 对安全装置和设备的要求
5.4 报警、注意事项以及特别应急措施
5.5 危险器材的装卸、使用、贮存、运输、维修及处理要求
6 安全性措施和替换方案
```

3.11.9 职业健康危险分析

1. 文件用途

将职业健康危险分析结果记录成文,以确定有害健康的危险并提出保护措

施,以便将有关风险减少到订购方可接受水平。

2. 编制时机

在方案阶段和工程研制阶段编制,在设计定型阶段适应性修改。

3. 编制依据

主要包括:研制总要求,研制方案,安全性大纲,系统安全性工作计划,初步危险表,初步危险分析,分系统危险分析,系统危险分析,GJB 900—1990《系统安全性通用大纲》等。

4. 目次格式

按照 GJB 900—1990《系统安全性通用大纲》编写,目次格式如下:

---

1 范围

2 引用文件

3 系统概述

4 分析方法

5 职业健康危险分析

5.1 有毒物质

5.2 物理因素

5.3 系统、设施和人员防护装置的设计要求

6 安全性措施和替换方案

3.11.10 安全性试验大纲

1. 文件用途

用于规范安全性试验的项目、内容和方法等,以验证安全性关键的硬件、软件和规程是否符合安全性要求。

2. 编制时机

在二级定委批准转入设计定型试验阶段并确定承试单位后,由承试单位拟制,并征求总部分管有关装备的部门、军兵种装备部、研制总要求论证单位、军事代表机构或军队其他有关单位、承研承制单位的意见。

3. 编制依据

主要包括:研制总要求,通用规范,产品规范,有关试验规范等。

4. 目次格式

按照 GJB 1362A—2007《军工产品定型程序和要求》和 GJB 900—1990《系统安全性通用大纲》编写,目次格式如下:

```
1 编制大纲的依据
2 试验目的和性质
3 被试品、陪试品、配套设备的数量和技术状态
3.1 被试品的数量和技术状态
3.2 陪试品的数量和技术状态
3.3 配套设备的数量和技术状态
4 试验项目、内容和方法
5 主要测试、测量设备的名称、精度、数量
6 试验数据处理原则、方法和合格判定准则
6.1 试验数据处理原则
6.2 试验数据处理方法
6.3 试验数据合格判定准则
7 试验组织、参试单位及试验任务分工
8 试验网络图和试验的保障措施及要求
9 试验安全保证要求
```

3.11.11 安全性试验报告

1. 文件用途

用于作为产品设计定型依据之一。

2. 编制时机

试验结束后,承试单位在30个工作日内完成安全性试验报告。

3. 编制依据

主要包括:研制总要求,安全性试验大纲,有关国家军用标准等。

4. 目次格式

按照GJB 1362A—2007《军工产品定型程序和要求》和GJB 900—1990《系统安全性通用大纲》编写,目次格式如下:

```
1 试验概况
2 试验项目、步骤和方法
2.X (试验项目X)的步骤和方法
3 试验数据
4 试验中出现的主要技术问题及处理情况
5 试验结果、结论
5.1 试验结果
5.2 试验结论
```

```
6 存在的问题和改进建议
6.X（存在的问题X)改进建议
7 试验照片
7.1 试验样品的全貌、主要侧面照片
7.2 主要试验项目照片
7.3 试验中发生的重大技术问题的特写照片
8 主要试验项目的实时音像资料
9 关于编制、训练、作战使用和技术保障等方面的意见和建议
9.1 关于编制的意见和建议
9.2 关于训练的意见和建议
9.3 关于作战使用的意见和建议
9.4 关于技术保障的意见和建议
```

3.11.12 安全性评价报告

1. 文件用途

对假定事故的风险进行全面评价并记录成文。

2. 编制时机

在系统试验或使用前,或合同即将完成时。

3. 编制依据

主要包括:研制总要求,研制方案,安全性大纲,系统安全性工作计划,系统安全性工作报告,初步危险表,初步危险分析,分系统危险分析,系统危险分析,使用和保障危险分析,职业健康危险分析,安全性试验大纲,安全性试验报告,GJB 900—1990《系统安全性通用大纲》等。

4. 目次格式

按照 GJB 900—1990《系统安全性通用大纲》编写,目次格式如下:

```
1 范围
2 引用文件
3 危险分类与分级的安全性准则和方法
4 安全性分析与试验情况
5 安全性大纲执行的结果
6 危险器材
6.1 危险器材类型、数量及可能的危险
6.2 安全性防护措施和规程
6.3 器材安全性数据
7 评价结论
8 安全性措施和建议
```

3.11.13 安全性符合有关规定的评价

1. 文件用途

进行安全性符合有关规定的评价并记录成文,以确保系统的安全设计及在系统试验或使用前或合同完成时全面地评价所假定的风险。

2. 编制时机

在系统试验或使用前,或合同即将完成时。

3. 编制依据

主要包括:研制总要求,研制方案,安全性大纲,系统安全性工作计划,系统安全性工作报告,初步危险表,初步危险分析,分系统危险分析,系统危险分析,使用和保障危险分析,职业健康危险分析,安全性试验大纲,安全性试验报告,GJB 900—1990《系统安全性通用大纲》等。

4. 目次格式

按照 GJB 900—1990《系统安全性通用大纲》编写,目次格式如下:

```
1 范围
2 引用文件
3 系统设计和规程符合有关规定的验证
4 安全性分析
4.1 初步危险分析
4.2 分系统危险分析
4.3 系统危险分析
4.4 使用和保障危险分析
5 安全性问题及其预防措施
5.1 残余危险
5.2 必要的特殊安全性设计
5.3 危险器材及其预防措施和规程
```

3.11.14 安全性培训

1. 文件用途

对承制方和订购方的有关人员进行安全性培训,使得他们可以承担以下安全性方面的工作:确定危险及其分类,分析产生的原因、影响,采取防护和控制措施,制定和执行规程、检查表;消除人为差错;研制保险装置、保护设备、监控和报警装置;制定应急规程。

2. 编制时机

在工程研制阶段和设计定型阶段编制。

3. 编制依据

主要包括：安全性大纲，系统安全性工作计划，系统安全性工作报告，初步危险表，初步危险分析，分系统危险分析，系统危险分析，使用和保障危险分析，职业健康危险分析，安全性试验大纲，安全性试验报告，GJB 900—1990《系统安全性通用大纲》等。

4. 目次格式

按照 GJB 900—1990《系统安全性通用大纲》编写，目次格式如下：

```
1 范围
2 引用文件
3 试验、使用和保障人员的培训计划
4 设计、研制和生产人员的培训计划
5 订购方管理人员的培训计划
```

3.11.15 软件需求危险分析

1. 文件用途

将软件需求危险分析（工作项目 501）的结果记录成文，检查软件的需求和设计，确定软件的不安全模式，对软件系统进行初始的安全性评价。

2. 编制时机

在方案设计评审时提出安全性关键的计算机软件成分（包括过程、程序、例程、模块、功能、表、变量、值或计算机程序状态及其接口等）的清单，分析的最终结果应在软件需求评审时提交。

3. 编制依据

主要包括：安全性大纲，系统安全性工作计划，系统安全性工作报告，初步危险表，初步危险分析，GJB 900—1990《系统安全性通用大纲》等。

4. 目次格式

按照 GJB 900—1990《系统安全性通用大纲》编写，目次格式如下：

```
1 范围
2 引用文件
3 "安全性关键的"定义
4 软件需求文件分析
5 与安全性有关的文件更改建议、设计要求和测试要求
  5.1 与安全性有关的文件更改建议
  5.2 与安全性有关的设计要求
```

> 5.3 与安全性有关的测试要求
> 6 方案设计评审和软件需求评审中的软件安全性保障
> 6.1 方案设计评审
> 6.2 软件需求评审
> 6 分析结论

3.11.16 概要设计危险分析

1. 文件用途

将概要设计危险分析(工作项目502)的结果记录成文,以确保概要设计中的安全性水平。

2. 编制时机

在软件详细设计开始前基本完成,分析结果应在概要设计评审时提交。

3. 编制依据

主要包括:安全性大纲,系统安全性工作计划,系统安全性工作报告,初步危险表,初步危险分析,软件需求危险分析,GJB 900—1990《系统安全性通用大纲》等。

4. 目次格式

按照 GJB 900—1990《系统安全性通用大纲》编写,目次格式如下:

> 1 范围
> 2 引用文件
> 3 "安全性关键的"定义
> 4 危险的风险评价
> 5 概要设计分析
> 6 设计更改建议
> 7 将安全性需求纳入测试计划
> 7.1 软件测试计划中的描述建议
> 7.2 系统测试计划中的描述建议
> 7.3 系统测试大纲中的描述建议
> 8 概要设计评审中的软件安全性保障
> 9 分析结论

3.11.17 详细设计危险分析

1. 文件用途

将详细设计危险分析(工作项目503)的结果记录成文,以验证软件设计是否已正确地体现了安全性需求并对安全性关键的计算机软件成分进行分析。

2. 编制时机

在软件开始编程前基本完成,分析结果应在详细设计评审时提交。

3. 编制依据

主要包括:安全性大纲,系统安全性工作计划,系统安全性工作报告,初步危险表,初步危险分析,软件需求危险分析,概要设计危险分析,GJB 900—1990《系统安全性通用大纲》等。

4. 目次格式

按照 GJB 900—1990《系统安全性通用大纲》编写,目次格式如下:

```
1 范围
2 引用文件
3 "安全性关键的"定义
4 危险的风险评价
5 详细设计分析
6 设计更改建议
7 测试要求制定
8 手册中的安全性信息
8.1 使用维护说明书中的描述建议
8.2 计算机系统操作员手册中的描述建议
8.3 固件保障手册中的描述建议
8.4 软件用户手册中的描述建议
8.5 其他手册中的描述建议
9 详细设计评审中的软件安全性保障
10 分析结论
```

3.11.18 软件编程危险分析

1. 文件用途

将软件编程危险分析(工作项目 504)的结果记录成文,分析程序的编制和系统的接口,应利用详细设计危险分析的结果,确定其中可能导致或促成影响安全性的事件、故障和条件。

2. 编制时机

软件编程危险分析工作与软件编程同时进行,并贯穿系统的寿命周期。

3. 编制依据

主要包括:安全性大纲,系统安全性工作计划,系统安全性工作报告,初步危险表,初步危险分析,软件需求危险分析,概要设计危险分析,详细设计危险分析,GJB 900—1990《系统安全性通用大纲》等。

4. 目次格式

按照 GJB 900—1990《系统安全性通用大纲》编写,目次格式如下:

```
1 范围
2 引用文件
3 "安全性关键的"定义
4 软件分析
5 编程文档评审
6 测试准备状态评审中的安全性保障
7 分析结论
```

3.11.19 软件安全性测试

1. 文件用途

将软件安全性测试(工作项目 505)的结果记录成文,验证安全性需求的实现情况,以确保已消除所有的危险或将其风险控制到可接受水平。

2. 编制时机

在完成单元测试、综合测试、验收测试和系统测试后编制。

3. 编制依据

主要包括:安全性大纲,系统安全性工作计划,系统安全性工作报告,初步危险表,初步危险分析,软件需求危险分析,概要设计危险分析,详细设计危险分析,软件编程危险分析,GJB 900—1990《系统安全性通用大纲》等。

4. 目次格式

按照 GJB 900—1990《系统安全性通用大纲》编写,目次格式如下:

```
1 范围
2 引用文件
3 "安全性关键的"定义
4 软件测试
5 外购软件的安全性分析和测试
6 订购方提供软件的安全性分析和测试
7 危险的处理
8 软件安全性测试结论
```

3.11.20 软件与用户接口危险分析

1. 文件用途

将软件与用户接口危险分析(工作项目506)的结果记录成文,制定软件用户规程。

2. 编制时机

在方案阶段、工程研制阶段和设计定型阶段均应进行软件与用户接口危险分析,将分析结果记录成文。

3. 编制依据

主要包括:安全性大纲,系统安全性工作计划,系统安全性工作报告,初步危险表,初步危险分析,软件需求危险分析,概要设计危险分析,详细设计危险分析,软件编程危险分析,软件安全性测试,GJB 900—1990《系统安全性通用大纲》等。

4. 目次格式

按照GJB 900—1990《系统安全性通用大纲》编写,目次格式如下:

```
1 范围
2 引用文件
3 "安全性关键的"定义
4 不能由系统设计或其他措施消除或控制的危险
5 设计更改建议
6 安全操作规程
```

3.11.21 软件更改危险分析

1. 文件用途

将软件更改危险分析(工作项目507)的结果记录成文,以确定是否会引入新的危险。

2. 编制时机

在对软件进行任何更改后,进行软件更改危险分析。

3. 编制依据

主要包括:安全性大纲,系统安全性工作计划,系统安全性工作报告,初步危险表,初步危险分析,软件需求危险分析,概要设计危险分析,详细设计危险分析,软件编程危险分析,软件安全性测试,GJB 900—1990《系统安全性通用大纲》等。

4. 目次格式

按照 GJB 900—1990《系统安全性通用大纲》编写,目次格式如下:

```
1  范围
2  引用文件
3  "安全性关键的"定义
4  软件更改描述
5  软件更改的影响分析
6  软件更改的安全性测试
7  受软件更改影响的文档评审和修改
8  软件配置管理计划对软件更改危险分析的描述
```

3.12 环境适应性文件

3.12.1 环境工程工作计划

1. 文件用途

列出装备寿命期各个阶段要开展的环境工程工作项目、工作进度和接口关系,并将其纳入装备研制计划网络图,以确保环境工程工作有机纳入装备寿命期各阶段的工作中。

2. 编制时机

在论证阶段提出初稿,在方案阶段完成正式稿,在后续阶段按需要进行修改和完善。

3. 编制依据

主要包括:研制总要求,研制任务书或研制合同,GJB 4239—2001《装备环境工程通用要求》等。

4. 目次格式

按照 GJB 4239—2001《装备环境工程通用要求》编写,目次格式如下:

```
1  目的和用途
2  编制依据
3  装备使用环境概述
4  环境工程工作项目
5  计划进度
6  审查或评审
7  接口关系
```

```
8 保障资源
9 环境工程工作机构
9.1 环境工程工作系统
9.2 环境工程专家组
9.3 环境工程工作评审委员会
```

3.12.2 寿命期环境剖面

1. 文件用途

为确定产品设计和试验要考虑的环境因素类型及其具体量值或具体量值的确定原则提供规范化的基本数据支持。该文件是实施 GJB 4239 工作项目 201"确定寿命期环境剖面"的输出。

2. 编制时机

在论证阶段提出初稿,在方案阶段完成正式稿。

3. 编制依据

主要包括:产品寿命期剖面,产品有关的战技指标和任务剖面,产品使用的地域、海域和空域,产品的工作特性和在平台上的位置,其他有关文件和标准等。

4. 目次格式

按照 GJB 4239—2001《装备环境工程通用要求》编写,目次格式如下:

```
1 目的和用途
2 编制依据
3 预期发生的各种事件
4 预期的自然环境和诱发环境或其组合
5 预期出现的期限和/或次数与频度
6 寿命期环境剖面表
```

3.12.3 使用环境文件

1. 文件用途

提供一套完整而规范的寿命期遇到各种环境的数据,以便在此基础上,分析环境对产品的影响,并根据其对产品影响的严重程度、环境量值的严酷度和出现频度,进一步确定要考虑的环境类型及其量值。

2. 编制时机

在论证阶段提出初稿,在方案阶段完成正式稿,在后续阶段进行修改和完善。

3. 编制依据

主要包括:寿命期环境剖面和通用的自然环境极值数据标准等。

4. 目次格式

按照 GJB 4239—2001《装备环境工程通用要求》编写,目次格式如下:

```
1 目的和用途
2 编制依据
3 使用环境数据表
4 环境数据收集计划
5 使用环境测量计划
```

3.12.4 环境适应性要求

1. 文件用途

为研制的装备及其下层产品提供一套完整的环境适应性要求,作为装备研制总要求或产品合同(协议)中提出相应环境适应性要求和规定环境适应性验证要求的依据。

2. 编制时机

在论证阶段、方案阶段编写,最迟应在工程研制阶段早期编写。

3. 编制依据

主要包括:寿命期环境剖面,使用环境文件,其他相关文件和标准等。

4. 目次格式

按照 GJB 4239—2001《装备环境工程通用要求》编写,目次格式如下:

```
1 目的和用途
2 编制依据
3 环境适应性要求
4 环境适应性验证要求和验证方法
```

3.12.5 环境适应性设计准则

1. 文件用途

用于指导产品设计人员进行环境适应性设计。

2. 编制时机

在方案阶段、工程研制阶段早期编写。

3. 编制依据

主要包括:环境适应性要求文件,研制总要求,研制合同或技术协议,其他有关文件和标准等。

4. 目次格式

按照 GJB 4239—2001《装备环境工程通用要求》编写，目次格式如下：

```
1 目的和用途
2 编制依据
3 环境适应性设计准则
3.1 耐环境应力裕度
3.2 降额设计
3.3 降低环境应力强度或环境影响
3.4 控制工作时对周围环境影响
```

3.12.6 环境适应性设计指南

1. 文件用途

用于指导产品设计人员进行环境适应性设计。

2. 编制时机

在方案阶段、工程研制阶段早期编写。

3. 编制依据

主要包括：环境适应性要求文件，研制总要求，研制合同或技术协议，其他有关文件和标准等。

4. 目次格式

按照 GJB 4239—2001《装备环境工程通用要求》编写，目次格式如下：

```
1 目的和用途
2 编制依据
3 产品环境适应性设计指南
3.1 材料、元器件和防护工艺优选目录
3.2 通用耐环境设计方法标准或设计技术规范清单
3.3 推荐的环境适应性设计技术
3.3.1 三防设计技术
3.3.2 耐振动设计技术
3.3.3 热设计技术
```

3.12.7 环境适应性设计报告

1. 文件用途

产品设计人员进行环境适应性设计的总结。

2. 编制时机

在工程研制阶段编写。

3. 编制依据

主要包括：环境适应性要求文件，研制总要求，研制合同或技术协议，其他有关文件和标准等。

4. 目次格式

按照 GJB 4239—2001《装备环境工程通用要求》编写，目次格式如下：

```
1 目的和用途
2 编制依据
3 定量、定性指标
4 设计裕度
5 采取的环境适应性设计技术和措施
6 环境适应性研制试验过程
7 环境适应性研制试验数据
7.1 产品耐环境应力裕度，及其工作极限与破坏极限
7.2 产品环境的响应特性数据
8 存在的主要薄弱环节，未来改进设计的方向
```

3.12.8 环境试验与评价总计划

1. 文件用途

提出装备寿命期内，特别是研制生产阶段应开展的各种试验与评价任务，包括自然环境试验、实验室环境试验和使用环境试验三个方面的任务及这些任务的安排和顺序。可为及早对开展环境试验及其他相应的试验（如可靠性试验，安全性试验和寿命试验）所需要的设备、时间、费用、人力等资源做出相应估计并提供信息，为更好地协调环境试验工作与其他研制工作，以最佳的效费比安排和实施这些试验提供依据；可作为环境工程技术人员、型号管理人员、产品设计人员和试验技术人员开展相应试验工作的依据。是制定环境试验大纲的依据。

2. 编制时机

在方案阶段提出初稿、工程研制阶段完成最终稿。

3. 编制依据

主要包括：研制立项综合论证报告，研制总要求，研制计划，研制任务书或研制合同，研制方案，产品规范，通用规范，GJB 4239—2001《装备环境工程通用要求》等。

4. 目次格式

按照 GJB 4239—2001《装备环境工程通用要求》编写,目次格式如下:

---
1 目的和用途
2 编制依据
3 自然环境试验计划
4 实验室环境试验计划
5 使用环境试验计划

3.12.9 环境试验大纲

1. 文件用途

为环境试验的实施规定一系列的要求,以确保环境试验达到预定的目的,试验结果正确,且具有可追溯性。环境试验大纲是制定环境试验程序的依据。

2. 编制时机

在工程研制阶段后期开始编制,在设计定型阶段通过评审并经批复。

3. 编制依据

主要包括:研制总要求,研制合同,研制计划,产品规范,装备环境适应性要求文件,有关环境试验方法的通用标准和规范等。

4. 目次格式

按照 GJB 4239—2001《装备环境工程通用要求》编写,目次格式如下:

---
1 主题内容和适用范围
2 编制依据
2.1 编制依据文件
2.2 引用的标准和文件
3 试验样品的描述
4 试验项目和试验顺序
5 试验条件及其容差
6 试验设备和检测仪表要求
7 试验样品
7.1 试验样品检测要求
7.2 试验样品处理要求
7.3 试验样品安装要求
8 试验数据记录要求
9 合格判据

> 10 失效或故障处理原则和记录要求
> 11 试验中断处理及记录要求
> 12 试验组织、管理和质量保证要求
> 13 试验报告要求

3.12.10 环境鉴定试验报告

1. 文件用途

提供产品进行过各项环境试验的证明和试验实施过程的详细信息,作出产品是否通过该项环境试验的结论或者提供试验中获取的产品环境响应数据等信息,为评价试验过程及试验结果的可信性及必要时追溯试验实施过程情况提供全面的信息支持,并为评价产品对环境适应性要求的符合性提供信息支持。

2. 编制时机

在完成环境试验后一个月内提供。

3. 编制依据

主要包括:研制总要求,研制合同,研制计划,产品规范,环境试验大纲等。

4. 目次格式

按照 GJB 4239—2001《装备环境工程通用要求》编写,目次格式如下:

> 1 试验目的
> 2 试验依据
> 3 试验地点、日期和参试人员
> 4 受试产品说明
> 5 试验项目和顺序
> 6 试验条件及其容差
> 7 试验设备和测试仪器说明
> 8 试验合格判据
> 9 试验实施过程
> 9.1 概述
> 9.2 初始检测
> 9.3 预处理(选择项)
> 9.4 夹具特性调查(仅适用于振动试验)
> 9.5 试验样品安装和功能、性能检测
> 9.6 试验参数设置和相容性运行(选择项)
> 9.7 试验应力施加和中间检测
> 9.8 试验中断处理
> 9.9 试验恢复(选择项)

```
9.10  最终检测
10  试验数据及分析
11  产品故障和问题处理情况
12  试验结果与结论
```

3.12.11 环境鉴定试验总报告

1. 文件用途

汇总和分析各单项环境试验的结论,给出产品环境适应性水平是否满足研制总要求和(或)合同协议书中规定的环境适应性要求的结论。

2. 编制时机

在完成所有环境试验后一个月内提供。

3. 编制依据

主要包括:环境鉴定试验大纲,环境鉴定试验程序,环境鉴定试验报告,其他有关文件。

4. 目次格式

按照 GJB 4239—2001《装备环境工程通用要求》编写,目次格式如下:

```
1  试验目的
2  试验依据
3  试验地点、日期和参试人员
4  受试产品说明
5  试验项目和顺序
6  试验条件及其容差
7  试验设备和测试仪器说明
8  试验合格判据
9  试验实施过程
10  试验数据及分析
11  产品故障和问题处理情况
12  试验结果与结论
```

3.12.12 环境适应性评价报告

1. 文件用途

全面描述工程研制阶段装备环境工程工作开展情况,说明研制装备的环境适应性水平与研制总要求或合同(协议)中规定的指标要求的符合性,为产品设计定型决策提供依据。

2. 编制时机

在定型阶段编写。

3. 编制依据

主要包括：研制总要求，研制合同或技术协议，型号系统相关文件，环境试验报告，外场试用情况报告，其他相关标准等。

4. 目次格式

按照 GJB 4239—2001《装备环境工程通用要求》编写，目次格式如下：

```
1 目的和用途
2 编制依据
3 环境适应性要求
4 环境适应性设计工作
5 环境试验及其结果
6 产品故障及其问题解决情况
7 环境适应性符合性情况
8 遗留问题与建议
```

3.13 电磁兼容性文件

3.13.1 电磁环境

1. 文件用途

用于明确产品的电磁环境，为产品研制总要求的制定提供技术依据，并作为产品设计的一个输入。

2. 编制时机

在论证阶段制定。

3. 编制依据

主要包括：武器装备使用环境，通用规范，GJB/Z 17—1991《军用装备电磁兼容性管理指南》等。

4. 目次格式

按照 GJB/Z 17—1991《军用装备电磁兼容性管理指南》编写，目次格式如下：

```
1 范围
2 引用文件
```

3 电磁环境构成
4 电磁环境影响
5 分析确定过程
5.1 环境剖面
5.2 功能特性
5.3 工作和生存
5.4 敏感性
5.5 未来考虑
5.6 环境电平
6 分析确定结果

3.13.2 电磁兼容性要求

1. 文件用途

规定系统电磁兼容性的总要求,包括系统电磁环境的控制、避雷、静电、搭接和接地要求,可作为产品研制总要求的一部分,是产品研制的一个设计输入。

2. 编制时机

在论证阶段、方案阶段早期制定。

3. 编制依据

主要包括:武器装备使用环境,通用规范,电磁环境,GJB 1389—1992《系统电磁兼容性要求》,GJB 151A—1997《军用设备和分系统电磁发射和敏感度要求》,GJB 152A—1997《军用设备和分系统电磁发射和敏感度测量》,GJB/Z 17—1991《军用装备电磁兼容性管理指南》等。

4. 目次格式

按照GJB/Z 17—1991《军用装备电磁兼容性管理指南》编写,目次格式如下:

1 范围
2 引用文件
3 电磁环境
4 电磁兼容性要求
4.1 分系统或设备的关键类别
4.2 性能降级准则
4.3 安全系数
4.4 干扰与敏感度控制
4.5 电线和电缆布线
4.6 电源

```
4.7  尖峰信号
4.8  搭接和接地
4.9  雷电防护
4.10 静电防护
4.11 人体保护
4.12 电磁对易燃易爆物和军械的危害
4.13 外界环境
4.14 抑制元件
```

3.13.3 电磁兼容性大纲

1. 文件用途

电磁兼容性大纲将电磁兼容性要求与装备的研制、质量、进度和工程管理相结合,确定电磁兼容性工作的方针和原则,建立电磁兼容性管理和协调网络以及工作程序,以达到电磁兼容性工作分工明确、责任落实,计划合理,评审严格的目的,将电磁兼容性作为装备研制的基本设计性能贯穿研制的全过程,确保使用方最终获得一个满足电磁兼容性要求的装备。它是装备研制过程中电磁兼容性工作的最高层管理文件,也是其他电磁兼容性计划和文件的基础。

2. 编制时机

在方案阶段早期编写。

3. 编制依据

主要包括:研制立项综合论证报告,研制总要求,电磁兼容性要求,通用规范,系统规范,GJB 1389—1992《系统电磁兼容性要求》,GJB/Z 17—1991《军用装备电磁兼容性管理指南》等。

4. 目次格式

按照 GJB/Z 17—1991《军用装备电磁兼容性管理指南》编写,目次格式如下:

```
1 范围
2 引用文件
3 电磁兼容性管理的目标、内容、要求和方法
3.1 电磁兼容性管理目标
3.2 电磁兼容性管理内容
3.3 电磁兼容性管理要求
3.4 电磁兼容性管理方法
```

> 4 各部门的职责,权限和工作范围,以及与有关单位之间的联系
> 4.X（部门 X）
> 5 电磁兼容性预测与分析的计划和方法
> 5.1 电磁兼容性预测与分析的计划
> 5.2 电磁兼容性预测与分析的方法
> 6 各研制阶段应达到的工作目标,要求和进度,以及评审时间
> 6.1 论证阶段
> 6.2 方案阶段
> 6.3 工程研制阶段
> 6.4 设计定型阶段
> 7 电磁兼容性大纲的修改要求和措施

3.13.4 电磁兼容性技术组

1. 文件用途

明确电磁兼容性技术组的组成、工作内容和工作方式,以发挥电磁兼容性技术组的作用。

2. 编制时机

在方案阶段早期建立电磁兼容性技术组并形成文件。

3. 编制依据

主要包括:电磁兼容性要求,电磁兼容性大纲,GJB 1389—1992《系统电磁兼容性要求》,GJB/Z 17—1991《军用装备电磁兼容性管理指南》等。

4. 目次格式

按照 GJB/Z 17—1991《军用装备电磁兼容性管理指南》编写,目次格式如下:

> 1 范围
> 2 引用文件
> 3 电磁兼容性技术组的作用
> 4 电磁兼容性技术组的组成
> 5 电磁兼容性技术组工作内容
> 6 电磁兼容性技术组工作方式

3.13.5 电磁兼容性控制计划

1. 文件用途

全面说明有关电磁兼容性的计划安排和技术措施,建立研制过程中电磁兼

容性工作的依据,以保证实现合同中所规定的各项电磁兼容性要求。

2. 编制时机

在方案阶段制定。

3. 编制依据

主要包括:研制立项综合论证报告,研制总要求,电磁兼容性要求,通用规范,系统规范,电磁兼容性大纲,电磁兼容性技术组,GJB 1389—1992《系统电磁兼容性要求》,GJB/Z 17—1991《军用装备电磁兼容性管理指南》等。

4. 目次格式

按照 GJB/Z 17—1991《军用装备电磁兼容性管理指南》编写,目次格式如下:

```
1 范围
2 引用文件
3 目的
4 计划安排与技术措施
4.1 管理
4.2 频谱保障
4.3 防电磁干扰结构设计
4.4 电子、电气布线设计
4.5 电磁兼容性电路设计
4.6 标准、规范及验证要求
4.7 分析
4.8 修改
```

3.13.6 电磁兼容性设计方案

1. 文件用途

开展产品电磁兼容性设计的输出,描述产品拟采取的电磁兼容性控制技术措施,对采取的措施进行电磁兼容性预测与分析,并提出初步的试验验证工作安排,确保产品满足电磁兼容性要求。

2. 编制时机

在方案阶段编写。

3. 编制依据

主要包括:研制立项综合论证报告,研制总要求,电磁兼容性要求,通用规范,系统规范,电磁兼容性大纲,电磁兼容性控制计划,GJB 1389—1992《系统电磁兼容性要求》,GJB 151A—1997《军用设备和分系统电磁发射和敏感度要求》,

GJB 152A—1997《军用设备和分系统电磁发射和敏感度测量》,GJB/Z 17—1991《军用装备电磁兼容性管理指南》等。

4. 目次格式

按照 GJB 1389—1992《系统电磁兼容性要求》编写,目次格式如下:

```
1  范围
2  引用文件
3  电磁环境条件
4  电磁兼容性要求
5  电磁兼容性设计准则
6  电磁兼容性设计方案
6.1  分系统或设备的关键类别
6.2  性能降级准则
6.3  安全系数
6.4  干扰与敏感度控制
6.5  电线和电缆布线
6.6  电源
6.7  尖峰信号
6.8  搭接和接地
6.9  雷电防护
6.10 静电防护
6.11 人体保护
6.12 电磁对易燃易爆物和军械的危害
6.13 外界环境
6.14 抑制元件
7  电磁兼容性预测与分析
8  电磁兼容性试验验证
```

3.13.7 电磁兼容性预测与分析

1. 文件用途

为确定工程系统电磁兼容性问题的范围和程度,使工程管理人员和设计人员,以及生产和使用维修人员事先预计和发现潜在的电磁兼容性问题,为工程研制提供决策依据。

2. 编制时机

在方案阶段,为评定系统电磁兼容性设计方案,协助确定系统的主要特性和技术条件,需要进行系统电磁兼容性预测和分析。

在工程研制阶段,为确定产品的具体性能参数和功能级的组成,如放大器、混频器、滤波器、调制器、检波器、显示或读出装置、电源等,需要进行产品电磁兼容性预测和分析。

在设计定型阶段,进行装备电磁兼容性预测和分析,通过频率管理并在使用中进行时域、空域上的电磁控制,分析和解决可能存在的电磁问题,评定装备的总体电磁兼容性能。

3. 编制依据

主要包括:研制立项综合论证报告,研制总要求,电磁兼容性要求,通用规范,系统规范,电磁兼容性大纲,电磁兼容性控制计划,电磁兼容性设计方案,GJB 1389—1992《系统电磁兼容性要求》,GJB 151A—1997《军用设备和分系统电磁发射和敏感度要求》,GJB 152A—1997《军用设备和分系统电磁发射和敏感度测量》,GJB/Z 17—1991《军用装备电磁兼容性管理指南》等。

4. 目次格式

按照GJB/Z 17—1991《军用装备电磁兼容性管理指南》编写,目次格式如下:

```
1 范围
2 引用文件
3 预测与分析类型
4 预测与分析内容
4.X （预测与分析内容 X）
4.X.1 预测与分析方法
4.X.2 预测与分析过程
4.X.3 预测与分析结果
5 预测与分析结论
```

3.13.8 电磁兼容性试验计划

1. 文件用途

统筹安排和协调工程研制中的电磁兼容性与其他方面的工作,确定电磁兼容性试验的内容、类型、方案和进度,保证军用装备具备良好的电磁兼容性能。

2. 编制时机

在研制过程中需要进行一系列的电磁兼容性试验,需要制定专门的电磁兼容性试验计划,并及时提交主管部门批准。

在论证阶段和方案阶段早期,为确定电磁兼容性要求,提供电磁兼容性设计依据,需要进行工程总体设计电磁兼容性试验。

在工程研制阶段后期和设计定型阶段,需要进行产品电磁发射和敏感度试验。

在设计定型阶段,为进一步验证电磁兼容性设计效果,在设备和分系统安装后,应进行安装检测试验,对有关电磁兼容性的控制效果和工艺质量进行验证和检验。

在设计定型阶段,为验证军用装备在各种工作状态下,设备、分系统之间,系统与环境之间的电磁兼容性,考核与合同要求的一致性,需要进行总体电磁兼容性评价试验。

3. 编制依据

主要包括:研制立项综合论证报告,研制总要求,电磁兼容性要求,通用规范,系统规范,电磁兼容性大纲,电磁兼容性控制计划,电磁兼容性设计方案,GJB 1389—1992《系统电磁兼容性要求》,GJB 151A—1997《军用设备和分系统电磁发射和敏感度要求》,GJB 152A—1997《军用设备和分系统电磁发射和敏感度测量》,GJB/Z 17—1991《军用装备电磁兼容性管理指南》等。

4. 目次格式

按照GJB/Z 17—1991《军用装备电磁兼容性管理指南》编写,目次格式如下:

```
1 范围
2 引用文件
3 产品技术状态说明
4 试验内容和要求
4.X（试验内容 X）和要求
5 试验进度安排
6 试验设施与设备
6.1 试验设施
6.2 试验设备
7 经费预算
8 可能存在的问题及解决方案
8.X（可能存在的问题 X）及解决方案
9 试验计划修改措施
```

3.13.9 电磁兼容性试验大纲

1. 文件用途

确定电磁兼容性试验的项目、内容和方法,试验数据处理原则、方法和合格判定准则等,以考核产品电磁兼容性能,作为开展设计定型试验的依据。

2. 编制时机

在研制过程中需要进行一系列的电磁兼容性试验,需要按照电磁兼容性试验计划,制定专门的电磁兼容性试验大纲,并及时提交主管部门批准。

3. 编制依据

主要包括:研制立项综合论证报告,研制总要求,电磁兼容性要求,通用规范,系统规范,电磁兼容性大纲,电磁兼容性控制计划,电磁兼容性设计方案,电磁兼容性试验计划,GJB 1389—1992《系统电磁兼容性要求》,GJB 151A—1997《军用设备和分系统电磁发射和敏感度要求》,GJB 152A—1997《军用设备和分系统电磁发射和敏感度测量》,GJB/Z 17—1991《军用装备电磁兼容性管理指南》等。

4. 目次格式

按照 GJB 1362A—2007《军工产品定型程序和要求》编写,目次格式如下:

```
1 编制大纲的依据
2 试验目的和性质
3 被试品、陪试品、配套设备的数量和技术状态
3.1 被试品的数量和技术状态
3.2 陪试品的数量和技术状态
3.3 配套设备的数量和技术状态
4 试验项目、内容和方法
5 主要测试、测量设备的名称、精度、数量
6 试验数据处理原则、方法和合格判定准则
6.1 试验数据处理原则
6.2 试验数据处理方法
6.3 试验数据合格判定准则
7 试验组织、参试单位及试验任务分工
8 试验网络图和试验的保障措施及要求
9 试验安全保证要求
```

如产品《电磁发射和敏感度试验大纲》的目次格式如下:

```
1 编制大纲的依据
2 试验目的和性质
3 被试品、陪试品、配套设备的数量和技术状态
3.1 被试品的数量和技术状态
3.2 陪试品的数量和技术状态
```

> 3.3 配套设备的数量和技术状态
> 4 试验项目、内容和方法
> 4.1 CE101 25Hz～10kHz 电源线传导发射
> 4.2 CE102 10kHz～10MHz 电源线传导发射
> 4.3 CE106 10kHz～40GHz 天线端子传导发射
> 4.4 CE107 电源线尖峰信号(时域)传导发射
> 4.5 CS101 25Hz～50kHz 电源线传导敏感度
> 4.6 CS103 15kHz～10GHz 天线端子互调传导敏感度
> 4.7 CS104 25kHz～20GHz 天线端子无用信号抑制传导敏感度
> 4.8 CS105 25kHz～20GHz 天线端子交调传导敏感度
> 4.9 CS106 电源线尖峰信号传导敏感度
> 4.10 CS109 50Hz～100kHz 壳体电流传导敏感度
> 4.11 CS114 10kHz～400MHz 电缆束注入传导敏感度
> 4.12 CS115 电缆束注入脉冲激励传导敏感度
> 4.13 CS116 10kHz～100MHz 电缆和电源线阻尼正弦瞬变传导敏感度
> 4.14 RE101 25Hz～100kHz 磁场辐射发射
> 4.15 RE102 10kHz～18GHz 电场辐射发射
> 4.16 RE103 10kHz～40GHz 天线谐波和乱真输出辐射发射
> 4.17 RS101 25Hz～100kHz 磁场辐射敏感度
> 4.18 RS103 10kHz～40GHz 电场辐射敏感度
> 4.19 RS105 瞬变电磁场辐射敏感度
> 5 主要测试、测量设备的名称、精度、数量
> 6 试验数据处理原则、方法和合格判定准则
> 6.1 试验数据处理原则
> 6.2 试验数据处理方法
> 6.3 试验数据合格判定准则
> 7 试验组织、参试单位及试验任务分工
> 8 试验网络图和试验的保障措施及要求
> 9 试验安全保证要求

3.13.10 电磁兼容性试验报告

1. 文件用途

客观描述电磁兼容性试验内容和试验结果,用于作为产品工程研制、设计改进或设计定型的依据。

2. 编制时机

在完成电磁兼容性试验后 30 天内完成。

3. 编制依据

主要包括:研制立项综合论证报告,研制总要求,电磁兼容性要求,通用规范,系统规范,电磁兼容性大纲,电磁兼容性控制计划,电磁兼容性试验计划,GJB 1389—1992《系统电磁兼容性要求》,GJB 151A—1997《军用设备和分系统电磁发射和敏感度要求》,GJB 152A—1997《军用设备和分系统电磁发射和敏感度测量》,GJB/Z 17—1991《军用装备电磁兼容性管理指南》等。

4. 目次格式

按照 GJB 1362A—2007《军工产品定型程序和要求》编写,目次格式如下:

```
1 试验概况
2 试验项目、步骤和方法
2.X (试验项目 X)的步骤和方法
3 试验数据
4 试验中出现的主要技术问题及处理情况
5 试验结果、结论
5.1 试验结果
5.2 试验结论
6 存在的问题和改进建议
6.X (存在的问题 X)改进建议
7 试验照片
7.1 试验样品的全貌、主要侧面照片
7.2 主要试验项目照片
7.3 试验中发生的重大技术问题的特写照片
8 主要试验项目的实时音像资料
```

如产品《电磁发射和敏感度试验报告》的目次格式如下:

```
1 试验概况
2 试验项目、步骤和方法
3 试验数据
3.1 CE101 25Hz~10kHz 电源线传导发射
3.2 CE102 10kHz~10MHz 电源线传导发射
3.3 CE106 10kHz~40GHz 天线端子传导发射
3.4 CE107 电源线尖峰信号(时域)传导发射
3.5 CS101 25Hz~50kHz 电源线传导敏感度
3.6 CS103 15kHz~10GHz 天线端子互调传导敏感度
```

3.7 CS104 25kHz~20GHz 天线端子无用信号抑制传导敏感度
3.8 CS105 25kHz~20GHz 天线端子交调传导敏感度
3.9 CS106 电源线尖峰信号传导敏感度
3.10 CS109 50Hz~100kHz 壳体电流传导敏感度
3.11 CS114 10kHz~400MHz 电缆束注入传导敏感度
3.12 CS115 电缆束注入脉冲激励传导敏感度
3.13 CS116 10kHz~100MHz 电缆和电源线阻尼正弦瞬变传导敏感度
3.14 RE101 25Hz~100kHz 磁场辐射发射
3.15 RE102 10kHz~18GHz 电场辐射发射
3.16 RE103 10kHz~40GHz 天线谐波和乱真输出辐射发射
3.17 RS101 25Hz~100kHz 磁场辐射敏感度
3.18 RS103 10kHz~40GHz 电场辐射敏感度
3.19 RS105 瞬变电磁场辐射敏感度
4 试验中出现的主要技术问题及处理情况
4.X（出现的主要技术问题 X）及处理情况
5 试验结果、结论
5.1 试验结果
5.2 试验结论
6 存在的问题和改进建议
6.X（存在的问题 X）改进建议
7 试验照片
7.1 试验样品的全貌、主要侧面照片
7.2 主要试验项目照片
7.3 试验中发生的重大技术问题的特写照片
8 主要试验项目的实时音像资料

3.13.11 电磁兼容性综合评价报告

1. 文件用途

描述产品研制过程中开展的电磁兼容性工作和电磁兼容性试验结果,对产品电磁兼容性进行综合评价,作为产品设计定型的依据之一。

2. 编制时机

在设计定型阶段编写。

3. 编制依据

主要包括:研制立项综合论证报告,研制总要求,电磁兼容性要求,通用规范,系统规范,电磁兼容性大纲,电磁兼容性控制计划,电磁兼容性试验预测与分析,电磁兼容性试验计划,电磁兼容性试验报告,GJB 1389—1992《系统电磁兼容性要求》,GJB 151A—1997《军用设备和分系统电磁发射和敏感度要求》,GJB 152A—1997《军用设备和分系统电磁发射和敏感度测量》,GJB/Z 17—1991《军用装备电磁兼容性管理指南》等。

4. 目次格式

按照GJB/Z 17—1991《军用装备电磁兼容性管理指南》编写,目次格式如下:

```
1  范围
2  引用文件
3  电磁环境条件
4  电磁兼容性要求
5  电磁兼容性设计准则
6  电磁兼容性设计方案
6.1  分系统或设备的关键类别
6.2  性能降级准则
6.3  安全系数
6.4  干扰与敏感度控制
6.5  电线和电缆布线
6.6  电源
6.7  尖峰信号
6.8  搭接和接地
6.9  雷电防护
6.10  静电防护
6.11  人体保护
6.12  电磁对易燃易爆物和军械的危害
6.13  外界环境
6.14  抑制元件
7  电磁兼容性试验内容和结果
7.X  (试验内容 X)和结果
8  电磁兼容问题及解决情况
8.X  (电磁兼容问题 X)及解决情况
8.X.1  问题现象
8.X.2  问题原因
8.X.3  解决措施
8.X.4  验证情况
9  遗留问题及解决措施建议
9.X  (遗留问题 X)及解决措施建议
10  结论性评价意见
```

3.13.12 电磁兼容性培训计划

1. 文件用途

用于全面规划电磁兼容性培训工作,通过培训提高各级工程管理人员对电磁兼容性重要性的认识和管理水平,提高工程技术人员的电磁兼容性技术水平。

2. 编制时机

在方案阶段、工程研制阶段、设计定型阶段、使用阶段分别编制针对各类人员的培训计划。

在方案阶段和工程研制阶段,为装备的管理人员、设计人员,生产人员提供分析设计、生产技术和管理方法等方面的电磁兼容性专业技术培训。

在设计定型阶段和使用阶段,为操作和维修人员提供识别电磁能量造成的性能降低、达到并保持最佳电磁兼容性水平方面的电磁兼容性专业技术培训。

3. 编制依据

主要包括:研制立项综合论证报告,研制总要求,电磁兼容性要求,通用规范,系统规范,产品规范,电磁兼容性大纲,电磁兼容性控制计划,电磁兼容性试验预测与分析,电磁兼容性试验报告,电磁兼容性综合评价报告,研制计划,GJB 1389—1992《系统电磁兼容性要求》,GJB/Z 17—1991《军用装备电磁兼容性管理指南》等。

4. 目次格式

按照GJB/Z 17—1991《军用装备电磁兼容性管理指南》编写,目次格式如下:

```
1 范围
2 引用文件
3 培训目的
4 培训对象
5 培训内容
6 培训方式
7 培训经费
8 培训计划定期修改要求
```

3.13.13 频率使用管理文件

1. 文件用途

用于指导装备管理人员和装备使用维护人员对装备频率的使用和管理,避免出现电磁兼容性问题,确保装备的正常使用维护和性能发挥。

2. 编制时机

在工程研制阶段开始编制,在设计定型阶段定稿。

3. 编制依据

主要包括:研制立项综合论证报告,研制总要求,电磁兼容性要求,通用规范,系统规范,产品规范,电磁兼容性大纲,电磁兼容性控制计划,电磁兼容性试验预测与分析,电磁兼容性试验报告,电磁兼容性综合评价报告,GJB 1389—1992《系统电磁兼容性要求》,GJB/Z 17—1991《军用装备电磁兼容性管理指南》等。

4. 目次格式

按照 GJB/Z 17—1991《军用装备电磁兼容性管理指南》编写,目次格式如下:

```
1 范围
2 引用文件
3 频率管理职责分工
4 频率使用计划流程
5 频率使用方法
6 频率使用限制
```

3.14　人机工程文件

3.14.1　人机工程要求

1. 文件用途

在研制军事系统时,提出人机工程要求,按照人机工程实施程序开展人机工程工作,以使操作者与系统有效地结合。为订购方对人机工程项目需要的管理与控制提供基本依据。

2. 编制时机

在方案阶段编写。

3. 编制依据

主要包括:研制总要求,通用规范,GJB 3207—1998《军事装备和设施的人机工程要求》,GJB 2873—1997《军事装备和设施的人机工程设计准则》等。

4. 目次格式

按照 GJB 3207—1998《军事装备和设施的人机工程要求》编写,目次格式如下:

1 范围
2 引用文件
3 定义
4 一般要求
4.1 工作目的和工作范围
4.1.1 分析
4.1.2 设计与研制
4.1.3 测试与评价
4.2 人机工程大纲方案
4.3 风险管理
4.4 评审
4.4.1 主要技术评审
4.4.2 分系统评审
4.5 协调与观察
4.6 资料
4.6.1 可追溯性
4.6.2 存取
4.7 分承制方和供应方
4.8 非重复性
5 详细要求
5.1 分析
5.1.1 规定和分配系统功能
5.1.2 设备选择
5.1.3 任务和工作负荷分析
5.1.4 系统和分系统的初步设计
5.2 详细设计中的人机工程
5.2.1 试验和研究
5.2.2 工程图样
5.2.3 工作环境、工作站和设施设计
5.2.4 性能和设计规范中的人机工程要求
5.2.5 规程编制
5.2.6 软件编制
5.2.7 手册编制
5.3 试验和评价中的人机工程
5.3.1 计划制定
5.3.2 实施
5.3.3 故障和失误分析

3.14.2 人机工程设计准则

1. 文件用途

确定在产品研制过程中进行人机工程设计需要遵循的准则。为人机工程设计提供具体的指导。

2. 编制时机

在方案阶段制定。

3. 编制依据

主要包括：研制总要求，通用规范，人机工程要求，GJB 2873—1997《军事装备和设施的人机工程设计准则》，GJB 3207—1998《军事装备和设施的人机工程要求》，GJB/Z 131—2002《军事装备和设施的人机工程设计手册》等。

4. 目次格式

按照 GJB 2873—1997《军事装备和设施的人机工程设计准则》编写，目次格式如下：

```
1 范围
2 引用文件
3 定义
4 设计准则
4.1 目标
4.2 标准化
4.3 功能分配
4.4 人机工程设计
4.5 故障—安全保护设计
4.6 设计简化
4.7 交互作用
4.8 安全性
4.9 坚固性
4.10 核、生物、化学环境耐受性
4.11 核电磁脉冲防护设计
5 详细设计要求
```

3.14.3 人机工程方案计划

1. 文件用途

明确承制方应承担或应完成的人机工程项目范围，包括相关的人机工程标准中规定的任务和合同规定要交付的项目等。

2. 编制时机

在方案阶段制定。

3. 编制依据

主要包括：研制总要求，研制合同，人机工程要求，人机工程设计准则，GJB/Z 134—2002《人机工程实施程序指南》等。

4. 目次格式

按照 GJB/Z 134—2002《人机工程实施程序指南》附录 B 编写，目次格式如下：

```
1 范围
2 引用文件
3 人机工程任务
4 人机工程管理
5 进度安排
6 附录
```

3.14.4 人机工程动态仿真计划

1. 文件用途

明确人机工程动态仿真的工作内容、计划进度等。

2. 编制时机

只有当必须用来收集人的关键的效能数据时才需要采用动态仿真。需要采用动态仿真时，在方案阶段或工程研制阶段早期提出人机工程动态仿真计划。应在提供给订购方之前，与有关的承制方工程技术人员进行协调。

3. 编制依据

主要包括：研制总要求，研制合同，人机工程要求，人机工程设计准则，人机工程方案计划，GJB/Z 134—2002《人机工程实施程序指南》等。

4. 目次格式

按照 GJB/Z 134—2002《人机工程实施程序指南》编写，目次格式如下：

```
1 范围
2 引用文件
3 人机工程动态仿真任务
4 人机工程动态仿真管理
5 进度安排
6 附录
```

3.14.5 人机工程试验计划

1. 文件用途

明确人机工程试验的试验项目内容、计划进度等。给订购方和承制方有关人员提供设备/软件的试验细节,以表明其与系统规范的一致性。

2. 编制时机

在工程研制阶段编写。在提供给订购方之前,应与承制方的试验与评定人员进行协调。

3. 编制依据

主要包括:研制总要求,研制合同,人机工程要求,人机工程设计准则,人机工程方案计划,GJB/Z 134—2002《人机工程实施程序指南》等。

4. 目次格式

按照 GJB/Z 134—2002《人机工程实施程序指南》编写,目次格式如下:

```
1 范围
2 引用文件
3 人机工程试验任务
4 人机工程试验管理
5 进度安排
6 附录
```

3.14.6 人机工程系统分析报告

1. 文件用途

提供人员与设备/软件功能分配的结果。订购方利用人机工程系统分析报告来评估系统功能、分配给操作者与维修者的任务是否适宜和可行。也可作为方案初期提出人机工程要求的一种方式。

2. 编制时机

在方案阶段或工程研制阶段提出。在正式提交订购方之前,应与承制方项目工程人员进行协调。

3. 编制依据

主要包括:研制总要求,人机工程要求,人机工程设计准则,GJB/Z 134—2002《人机工程实施程序指南》,GJB 3207—1998《军事装备和设施的人机工程要求》等。

4. 目次格式

按照 GJB/Z 134—2002《人机工程实施程序指南》编写,目次格式如下:

```
1 范围
2 引用文件
3 人机工程分析职责
4 人机工程分析方法
4.X（采取的人机工程分析方法 X）
5 人机工程分析结论
```

3.14.7 关键任务分析报告

1. 文件用途

提供一份待审查的关键任务目录，以及选择它们的原则。订购方利用关键任务分析报告确认人机工程技术风险已经减至最低，并且确认关键任务的有关问题已解决。

2. 编制时机

在方案阶段开始编制，在项目关键设计审查之前完成。

3. 编制依据

主要包括：研制总要求，人机工程要求，人机工程设计准则，GJB/Z 134—2002《人机工程实施程序指南》，GJB 3207—1998《军事装备和设施的人机工程要求》等。

4. 目次格式

按照 GJB/Z 134—2002《人机工程实施程序指南》编写，目次格式如下：

```
1 范围
2 引用文件
3 关键任务选择原则
4 关键任务
4.X（关键任务 X）
4.X.1 操作者或维修者所需的信息
4.X.2 操作者或维修者可用的信息
4.X.3 评价程序
4.X.4 评价后所作的决定
4.X.5 应采取的动作
4.X.6 采取动作需要身体做的各种运动
4.X.7 运动需要的工作空间
4.X.8 可用的工作空间
4.X.9 工作位置和环境条件
```

```
4.X.10  动作的频率和耐力
4.X.11  时间基准
4.X.12  通知操作者或维修者采取适当行动的反馈信息
4.X.13  所需的工具和设备
4.X.14  需要配备的操作者数量及他们的专长和经验
4.X.15  需要的辅助用品、训练器材和参考资料
4.X.16  需要的通信手段及类型
4.X.17  所涉及的特殊危害
4.X.18  当操作者不只一人时,各操作者之间的相互影响
4.X.19  操作者的作业极限
4.X.20  硬件和软件的运行极限
```

3.14.8 操作者设计方法文件

1. 文件用途

阐述布局、详细设计、具有操作者接口的座舱设备的安排,以及与设备有关的操作者任务等。订购方利用操作者设计方法文件评估操作者接口,以确保其满足人员作业和人机工程要求。

2. 编制时机

在方案阶段和工程研制阶段编制。在正式提交订购方之前,应与承制方项目工程人员进行协调。

3. 编制依据

主要包括:研制总要求,人机工程要求,人机工程设计准则,人机工程方案计划,GJB/Z 134—2002《人机工程实施程序指南》等。

4. 目次格式

按照 GJB/Z 134—2002《人机工程实施程序指南》编写,目次格式如下:

```
1  范围
2  引用文件
3  具有操作者接口的设备目录
4  人机工程规范和图样目录
5  产品人机工程设计特性说明
5.1  座舱和设备
5.2  控制/显示面板
5.3  操作者对座舱设备项目的视觉和操作者的外部视觉、环境因素
5.4  正常和应急入口和出口
```

> 5.5 座舱照明特性和照明控制系统
> 5.6 座舱警告、注意和提示信号
> 5.7 座位约束系统
> 5.8 通信系统和通信系统控制
> 5.9 特殊设计、布局
> 5.10 由任务及系统环境所要求的特性
> 5.11 多操作者工作站设计
> 6 其他信息
> 6.1 座舱几何布局
> 6.2 人机工程设计、布局及具有操作者接口的座舱布置的原理
> 6.3 与 GJB2873—1997 的偏离的理论依据

3.14.9 维修者设计方法文件

1. 文件用途

阐述具有维修者接口设备的特性、布局、安装,以及与设备有关的维修者任务等。订购方利用维修者设计方法文件评估维修者接口,以确保其满足人员维修作业和人机工程要求。

2. 编制时机

在方案阶段和工程研制阶段编制。

3. 编制依据

主要包括:研制总要求,人机工程要求,人机工程设计准则,人机工程方案计划,GJB/Z 134—2002《人机工程实施程序指南》等。

4. 目次格式

按照 GJB/Z 134—2002《人机工程实施程序指南》编写,目次格式如下:

> 1 范围
> 2 引用文件
> 3 具有维修者接口的设备目录
> 4 人机工程规范和图样目录
> 5 产品人机工程设计特性说明
> 5.1 位置与布局
> 5.2 人机工程设计
> 5.3 产品安装
> 6 其他信息
> 6.1 维修要求

> 6.2 维修者要求
>
> 6.3 任务要求
>
> 6.4 环境考虑
>
> 6.5 安全性和限制
>
> 6.6 特殊工具和设备目录
>
> 6.7 保障设备布局、设计和安装任务的分析结果
>
> 6.8 与 GJB 2873—1997 的偏离的理论依据
>
> 6.9 草图、图样或照片
>
> 6.10 基线设计选择方案

3.14.10 人机工程试验报告

1. 文件用途

提供人的操作效能评价结果、设备/软件的物理性能与人机工程准则的一致性,并用来报告与人机工程有关的事件。订购方利用人机工程试验报告来确定人员作业要求、选拔准则、培训方案,以及人员与设备或软件接口的相容性。

2. 编制时机

在方案阶段、工程研制阶段和设计定型阶段,完成人机工程试验后编制。在正式提交订购方之前,应与承制方试验与评定机构的有关人员进行协调。

3. 编制依据

主要包括:研制总要求,人机工程要求,人机工程设计准则,人机工程方案计划,人机工程试验计划,GJB/Z 134—2002《人机工程实施程序指南》等。

4. 目次格式

按照 GJB/Z 134—2002《人机工程实施程序指南》编写,目次格式如下:

> 1 试验概况
>
> 2 试验项目、步骤和方法
>
> 2.X（试验项目 X)的步骤和方法
>
> 3 试验数据
>
> 4 试验中出现的主要技术问题及处理情况
>
> 5 试验结果、结论
>
> 5.1 试验结果
>
> 5.2 试验结论
>
> 6 存在的问题和改进建议
>
> 6.X（存在的问题 X）改进建议
>
> 7 试验照片

> 7.1 试验样品的全貌、主要侧面照片
> 7.2 主要试验项目照片
> 7.3 试验中发生的重大技术问题的特写照片
> 8 主要试验项目的实时音像资料
> 9 关于编制、训练、作战使用和技术保障等方面的意见和建议
> 9.1 关于编制的意见和建议
> 9.2 关于训练的意见和建议
> 9.3 关于作战使用的意见和建议
> 9.4 关于技术保障的意见和建议

3.14.11 人机工程进展报告

1. 文件用途

记录人机工程的重要日常活动,包括对所有人机工程设计建议和活动项目的情况总结。订购方利用人机工程进展报告确认人机工程工作进展情况、存在的技术问题以及下次报告日期的计划。

2. 编制时机

只在必要时才编制人机工程进展报告。

3. 编制依据

主要包括:研制总要求,人机工程要求,人机工程设计准则,人机工程方案计划,人机工程试验计划,GJB/Z 134—2002《人机工程实施程序指南》等。

4. 目次格式

按照GJB/Z 134—2002《人机工程实施程序指南》编写,目次格式如下:

> 1 范围
> 2 引用文件
> 3 工作进展情况
> 3.X（工作项目 X）进展情况
> 4 存在的技术问题
> 4.X（存在的技术问题 X）
> 5 下一步工作建议
> 5.X（工作建议 X）

3.14.12 人机工程评估报告

1. 文件用途

对整个研制过程中开展的人机工程工作情况进行全面总结,评估产品人机

工程设计是否符合人机工程设计准则和人机工程要求。

2. 编制时机

在设计定型阶段编制。

3. 编制依据

主要包括:研制总要求,人机工程要求,人机工程设计准则,人机工程方案计划,人机工程试验计划,人机工程系统分析报告,人机工程试验报告,GJB/Z 134— 2002《人机工程实施程序指南》等。

4. 目次格式

按照 GJB/Z 134—2002《人机工程实施程序指南》编写,目次格式如下:

```
1 范围
2 引用文件
3 人机工程设计准则
4 人机工程工作内容
5 出现的主要技术问题及处理情况
6 人机工程试验结果
7 存在的问题和改进建议
7.X（存在的问题 X）改进建议
8 结论性意见
```

3.15 项目成果文件

3.15.1 研制总结(成果鉴定用)

1. 文件用途

研制总结是对产品研制工作和技术进行系统综述、全面总结的结论性文件,是研制成果鉴定的依据之一。

2. 编制时机

在完成设计定型,申请进行成果鉴定之前编制。

3. 编制依据

主要包括:研制立项综合论证报告,研制总要求,研制合同,研制计划,研制任务书,研制方案,设计计算报告,产品规范,设计定型试验大纲,设计定型试验报告,质量分析报告,标准化审查报告,应用证明等。

4. 目次格式

推荐的目次格式如下:

```
1  任务来源及作用意义
1.1  任务来源
1.2  作用意义
2  研制工作的主要过程
2.1  论证阶段
2.2  方案阶段
2.3  工程研制阶段
2.4  设计定型阶段
3  采用的主要原理、技术
4  发生的重大技术问题及处理结果
4.X（重大技术问题 X）
4.X.1  问题描述
4.X.2  原因分析
4.X.3  解决方法
4.X.4  验证情况
5  试验、试用的主要情况及结论
6  总体性能指标与国内外同类先进技术的比较
7  技术成熟程度
8  主要技术进步点
8.X（技术进步点 X）
9  军事、社会、经济效益及推广应用前景
10  存在的主要问题及解决措施、时限等
10.X（存在的主要问题 X）
```

3.15.2 科技成果鉴定证书

1. 文件用途

装备管理机关聘请同行专家，按照规定的形式和程序，对装备科技成果进行审查和评价，并做出相应的结论。成果鉴定的目的是准确判别科技成果的质量和水平，激励广大科技人员的积极性，促进科技成果在武器装备发展建设中的推广应用。

2. 编制时机

在召开成果鉴定会之前草拟，在成果鉴定会上形成鉴定意见，在成果鉴定会后 30 天内完成并连同电子文档送上级主管机关审核。

3. 编制依据

主要包括：研制立项综合论证报告，研制总要求，研制合同，研制计划，研制

任务书,研制方案,设计计算报告,产品规范,设计定型试验大纲,设计定型试验报告,质量分析报告,标准化审查报告,研制总结,应用证明等。

4. 目次格式

军队科研机构研究成果拟进行成果鉴定,按照《中国人民解放军装备科技成果鉴定办法》编写,目次格式如下:

一、简要技术说明及主要技术性能指标
二、推广应用前景及效益预测
三、主要技术资料目录及来源
四、鉴定意见
五、主持鉴定单位意见
六、组织鉴定单位意见
七、主要完成人员名单
八、鉴定专家名单

3.15.3 科技成果汇报播放文件

1. 文件用途

反映该成果特色和应用情况,便于评委对成果情况形成感性认识。

2. 编制时机

在产品完成研制,已通过设计定型并装备部队使用,拟申报军队科学技术奖、国防科技成果奖或国家科学技术奖励时。

3. 编制依据

主要包括:研制立项综合论证报告,研制总要求,研制合同,研制计划,研制任务书,研制方案,设计计算报告,产品规范,设计定型试验大纲,设计定型试验报告,质量分析报告,标准化审查报告,研制总结,成果鉴定证书,专利文件,应用证明等。

4. 目次格式

格式为 OfficeXP 以上版本的 PowerPoint 播放文件,时间在 6min 之内,PowerPoint 播放文件制作模式。内容如下:

片头
一、立项背景
二、主要研究内容
三、创新点
四、评价与应用

3.15.4　军队科学技术奖推荐书

1. 文件用途

是军队科学技术奖评审的基本技术文件和主要依据。

2. 编制时机

在产品完成研制,已通过设计定型并装备部队使用,拟申报军队科学技术奖时。

3. 编制依据

主要包括:研制立项综合论证报告,研制总要求,研制合同,研制计划,研制任务书,研制方案,设计计算报告,产品规范,设计定型试验大纲,设计定型试验报告,质量分析报告,标准化审查报告,研制总结,成果鉴定证书,专利文件,应用证明,《军队科学技术奖励条例》等。

4. 目次格式

军队科学技术奖推荐书必须按规定的格式和栏目如实、全面填写。各单位推荐的奖励项目一律采用"全军武器装备科技奖录入系统"软件打印,不得在其他系统修改、排版;推荐书的规格为A4纸竖装,正文采用宋体四号字(行间距为1.25倍行距),推荐书及其附件应合装成册,装订后不加封面。除软件系统要求填写的栏目外,不得附加其他材料。确保上报的数据文件与推荐书内容一致。目次格式如下:

```
一、项目基本情况
二、项目简介
三、项目的详细内容
    1. 立项背景
    2. 详细技术内容
    3. 创新点
    4. 保密要点
    5. 与当前国内外同类研究、同类技术的综合比较
    6. 应用情况
    7. 经济效益
    8. 军事(社会)效益
四、本项目曾获科技奖励情况
五、申请、获得专利情况
六、主要完成人情况表
七、主要完成单位情况表
八、推荐评审意见
```

> 1. 推荐单位意见
> 2. 推荐部门意见
> 3. 专业评审组意见
> 4. 评审委员会意见
>
> 附件目录
> . 科学技术成果鉴定证书
> . 定型批复文件
> . 军用标准的相关文件
> . 军事计量的相关文件
> . 发明专利的相关文件
> . 应用证明
> . 完成人证明

3.15.5 国防科学技术奖申报书

1. 文件用途

是国防科学技术奖评审的基本技术文件和主要依据。

2. 编制时机

在产品完成研制,已通过设计定型并装备部队使用,拟申报国防科学技术奖时。

3. 编制依据

主要包括:研制立项综合论证报告,研制总要求,研制合同,研制计划,研制任务书,研制方案,设计计算报告,产品规范,设计定型试验大纲,设计定型试验报告,质量分析报告,标准化审查报告,研制总结,成果鉴定证书,知识产权文件,应用证明等。

4. 目次格式

国防科学技术奖申报书必须严格按规定的格式、栏目及所列标题如实、全面地填写。要严格按规定格式打印,尺寸规格为 A4 纸(高 297mm,宽 210mm)竖装,文字及图表应限定在高 257mm、宽 170mm 的规格内排印,左边为装订边,宽度不小于 25mm,正文内容文字不小于 5 号字;申报书及其附件材料应合装成册,附件材料尺寸规格应与申报书一致;装订后勿另附加封面、封底。目次格式如下:

> 一、项目基本情况
> 二、项目简介
> 三、项目详细内容

> 1. 立项背景(相关科学技术状况及其存在的问题)
> 2. 详细科学技术内容
> 3. 该项目与当前国内外同类研究、同类技术(产品)的综合比较
> 4. 创新点
> 5. 保密要点
> 6. 应用情况及前景
> 7. 经济、军事及社会效益情况表
>
> 四、本项目及相关项目曾获科技奖励情况
>
> 五、本项目知识产权情况
>
> 六、主要完成人情况表
>
> 七、主要完成单位情况表
>
> 八、申报单位意见
>
> 实物照片
>
> 附件材料
>
> 1. 技术评价证明
> 2. 应用证明
> 3. 知识产权状况报告
> 4. 研制(研究)技术总结报告
> 5. 主要完成单位和主要完成人协调一致证明(原件)
> 6. 型号等系统工程的子项目单独报奖证明(原件)
> 7. 主要完成人证明(原件)
> 8. 软科学、情报及管理等成果的专题研究报告、论著或出版物;标准、规范、技术手册等成果的正式实施出版物
> 9. 其他必要的证明材料

3.15.6 国家科学技术奖励推荐书

1. 文件用途

《国家科学技术奖励推荐书》适用于《国家科学技术奖励条例》中设置的国家自然科学奖、国家技术发明奖、国家科学技术进步奖,是国家科学技术奖励评审的基本技术文件和主要依据。

2. 编制时机

在产品完成研制,已通过设计定型并装备部队使用,拟申报国家科学技术奖励时。

3. 编制依据

主要包括:研制立项综合论证报告,研制总要求,研制合同,研制计划,研制

任务书,研制方案,设计计算报告,产品规范,设计定型试验大纲,设计定型试验报告,质量分析报告,标准化审查报告,研制总结,成果鉴定证书,专利文件,应用证明,《国家科学技术奖励条例》等。

4. 目次格式

《国家科学技术奖励推荐书》必须严格按规定的格式、栏目及所列标题如实、全面填写。要严格按规定格式打印,大小为 A4,正文内容使用宋体四号,指定附件备齐后应合装成册,其规格大小应与推荐书一致。装订后《国家科学技术奖励推荐书》不需另加封面。目次格式如下:

```
一、项目基本情况
二、项目简介
三、项目详细内容
    1. 立项背景
    2. 详细科学技术内容
    3. 发现、发明及创新点
    4. 保密要点
    5. 与当前国内外同类研究、同类技术的综合比较
    6. 应用情况
    7. 经济效益
四、本项目曾获科技奖励情况
五、专利情况
六、主要完成人情况表
七、主要完成单位情况表
八、推荐评审意见
九、附件
    ① 技术评价证明
    ② 应用证明
```

参 考 文 献

- [1] GB 3100—1993. 量和单位·国际单位制及其应用. 1993.
- [2] GB 3101—1993. 量和单位·有关量、单位和符号的一般原则. 1993.
- [3] GB 3102—1993. 量和单位. 1993.
- [4] GB/T 7027—2002. 信息分类和编码的基本原则与方法. 2002.
- [5] GB/T 7714—2005. 文后参考文献著录规则. 2005.
- [6] GB/T 15834—1995. 标点符号用法. 1995.
- [7] GB/T 15835—1995. 出版物上数字用法的规定. 1995.
- [8] GJB0.1—2001. 军用标准文件编制工作导则 第1部分：军用标准和指导性技术文件编写规定. 2001.
- [9] GJB0.2—2001. 军用标准文件编制工作导则 第2部分：军用规范编写规定. 2001.
- [10] GJB0.3—2001. 军用标准文件编制工作导则 第3部分：出版印刷规定. 2001.
- [11] GJB 150—1986. 军用设备环境试验方法. 1986.
- [12] GJB 150A—2009. 军用装备实验室环境试验方法. 2009.
- [13] GJB 151A—1997. 军用设备和分系统电磁发射和敏感度要求. 1997.
- [14] GJB 152A—1997. 军用设备和分系统电磁发射和敏感度测量. 1997.
- [15] GJB 190—1986. 特性分类. 1986.
- [16] GJB 368A—1994. 装备维修性通用大纲. 1994.
- [17] GJB 368B—2009. 装备维修性工作通用要求. 2009.
- [18] GJB 438A—1997. 武器系统软件开发文档. 1997.
- [19] GJB 438B—2009. 军用软件开发文档通用要求. 2009.
- [20] GJB 439—1988. 军用软件质量保证规范. 1988.
- [21] GJB 450A—2004. 装备可靠性工作通用要求. 2004.
- [22] GJB 451A—2005. 可靠性维修性保障性术语. 2005.
- [23] GJB 467A—2008. 生产提供过程质量控制. 2008.
- [24] GJB 571A—2005. 不合格品管理. 2005.
- [25] GJB 726A—2004. 产品标识和可追溯性要求. 2004.
- [26] GJB 813—1990. 可靠性模型的建立和可靠性预计. 1990.
- [27] GJB 841—1990. 故障报告、分析和纠正措施系统. 1990.
- [28] GJB 899—1990. 可靠性鉴定和验收试验. 1990.
- [29] GJB 899A—2009. 可靠性鉴定和验收试验. 2009.
- [30] GJB 900—1990. 系统安全性通用大纲. 1990.
- [31] GJB 906—1990. 成套技术资料质量管理要求. 1990.
- [32] GJB 907A—2006. 产品质量评审. 2006.

[33] GJB 908A—2008. 首件鉴定. 2008.
[34] GJB 909A—2005. 关键件和重要件的质量控制. 2005.
[35] GJB 939—1990. 外购器材的质量管理. 1990.
[36] GJB 1032—1990. 电子产品环境应力筛选方法. 1990.
[37] GJB 1181—1991. 军用装备包装、装卸、贮存和运输通用大纲. 1991.
[38] GJB 1268A—2004. 军用软件验收要求. 2004.
[39] GJB 1269A—2000. 工艺评审. 2000.
[40] GJB 1310A—2004. 设计评审. 2004.
[41] GJB 1317A—2006. 军用检定规程和校准规程编写通用要求. 2006.
[42] GJB 1362A—2007. 军工产品定型程序和要求. 2007.
[43] GJB 1364—1992. 装备费用—效能分析. 1992.
[44] GJB 1371—1992. 装备保障性分析. 1992.
[45] GJB 1378A—2007. 装备以可靠性为中心的维修分析. 2007.
[46] GJB 1389—1992. 系统电磁兼容性要求. 1992.
[47] GJB 1389A—2005. 系统电磁兼容性要求. 2005.
[48] GJB 1405A—2006. 装备质量管理术语. 2006.
[49] GJB 1406A—2005. 产品质量保证大纲要求. 2005.
[50] GJB 1407—1992. 可靠性增长试验. 1992.
[51] GJB 1686A—2005. 装备质量信息管理通用要求. 2005.
[52] GJB 1775—1993. 装备质量与可靠性信息分类和编码通用要求. 1993.
[53] GJB 1909—1994. 装备可靠性维修性参数选择和指标确定要求. 1994.
[54] GJB 1909A—2009. 装备可靠性维修性保障性要求论证. 2009.
[55] GJB 2072—1994. 维修性试验与评定. 1994.
[56] GJB 2115—1994. 军用软件项目管理规程. 1994.
[57] GJB 2116—1994. 武器装备研制项目工作分解结构. 1994.
[58] GJB 2434A—2004. 军用软件产品评价. 2004.
[59] GJB 2547—1995. 装备测试性大纲. 1995.
[60] GJB 2547A. 装备测试性工作通用要求(报批稿).
[61] GJB 2691—1996. 军用飞机设计定型飞行试验大纲和报告要求. 1996.
[62] GJB 2737—1996. 武器装备系统接口控制要求. 1996.
[63] GJB 2742—1996. 工作说明编写要求. 1996.
[64] GJB 2786—1996. 武器系统软件开发. 1996.
[65] GJB 2786A—2009. 军用软件开发通用要求. 2009.
[66] GJB 2873—1997. 军事装备和设施的人机工程设计准则. 1997.
[67] GJB 2961—1997. 修理级别分析. 1997.
[68] GJB 2993—1997. 武器装备研制项目管理. 1997.
[69] GJB 3206—1998. 技术状态管理. 1998.
[70] GJB 3206A—2010. 技术状态管理. 2010.
[71] GJB 3207—1998. 军事装备和设施的人机工程要求. 1998.
[72] GJB 3273—1998. 研制阶段技术审查. 1998.

[73] GJB 3363—1998. 生产性分析. 1998.
[74] GJB 3385—1998. 测试与诊断术语. 1998.
[75] GJB 3404—1998. 电子元器件选用管理要求. 1998.
[76] GJB 3660—1999. 武器装备论证评审要求. 1999.
[77] GJB 3837—1999. 装备保障性分析记录. 1999.
[78] GJB 3872—1999. 装备综合保障通用要求. 1999.
[79] GJB 4054—2000. 武器装备论证手册编写规则. 2000.
[80] GJB 4072A—2006. 军用软件质量监督要求. 2006.
[81] GJB 4239—2001. 装备环境工程通用要求. 2001.
[82] GJB 4355—2002. 备件供应规划要求. 2002.
[83] GJB 4599—1997. 军工定型产品文件、资料报送要求. 1997.
[84] GJB 4757—1997. 武器装备技术通报编制规范. 1997.
[85] GJB 4771—1997. 航空军工产品技术说明书编写基本要求. 1997.
[86] GJB 4827—1998. 装甲车辆经济性评定. 1998.
[87] GJB 5000A—2008. 军用软件研制能力成熟度模型. 2008.
[88] GJB 5109—2004. 装备计量保障通用要求 检测和校准. 2004.
[89] GJB 5159—2004. 军工产品定型电子文件要求. 2004.
[90] GJB 5234—2004. 军用软件验证和确认. 2004.
[91] GJB 5235—2004. 军用软件配置管理. 2004.
[92] GJB 5236—2004. 军用软件质量度量. 2004.
[93] GJB 5238—2004. 装备初始训练与训练保障要求. 2004.
[94] GJB 5432—2005. 装备用户技术资料规划与编制要求. 2005.
[95] GJB 5439—2005. 航空电子接口控制文件编制要求. 2005.
[96] GJB 5570—2006. 机载设备故障分析手册编制要求. 2006.
[97] GJB 5572—2006. 机载设备维修手册编制要求. 2006.
[98] GJB 5852—2006. 装备研制风险分析要求. 2006.
[99] GJB 5880—2006. 软件配置管理. 2006.
[100] GJB 5881—2006. 技术文件版本标识及管理要求. 2006.
[101] GJB 5882—2006. 产品技术文件分类与代码. 2006.
[102] GJB 5922—2007. 飞机技术通报编制要求. 2007.
[103] GJB 5967—2007. 保障设备规划与研制要求. 2007.
[104] GJB 6177—2007. 军工产品定型部队试验试用大纲通用要求. 2007.
[105] GJB 6178—2007. 军工产品定型部队试验试用报告通用要求. 2007.
[106] GJB 6387—2008. 武器装备研制项目专用规范编写规定. 2008.
[107] GJB 6388—2008. 装备综合保障计划编制要求. 2008.
[108] GJB 6921—2009. 军用软件定型测评大纲编制要求. 2009.
[109] GJB 6922—2009. 军用软件定型测评报告编制要求. 2009.
[110] GJB 9001A—2001. 质量管理体系要求. 2001.
[111] GJB 9001B—2009. 质量管理体系要求. 2009.
[112] GJB/Z 17—1991. 军用装备电磁兼容性管理指南. 1991.

[113] GJB/Z 23—1991. 可靠性和维修性工程报告编写一般要求. 1991.
[114] GJB/Z 27—1992. 电子设备可靠性热设计手册. 1992.
[115] GJB/Z 34—1993. 电子产品定量环境应力筛选指南. 1993.
[116] GJB/Z 35—1993. 元器件降额准则. 1993.
[117] GJB/Z 57—1994. 维修性分配与预计手册. 1994.
[118] GJB/Z 69—1994. 军用标准的选用和剪裁导则. 1994.
[119] GJB/Z 72—1995. 可靠性维修性评审指南. 1995.
[120] GJB/Z 77—1995. 可靠性增长管理手册. 1995.
[121] GJB/Z 89—1997. 电路容差分析指南. 1997.
[122] GJB/Z 91—1997. 维修性设计技术手册. 1997.
[123] GJB/Z 94—1997. 军用电气系统安全设计手册. 1997.
[124] GJB/Z 99—1997. 系统安全工程手册. 1997.
[125] GJB/Z 102—1997. 软件可靠性和安全性设计准则. 1997.
[126] GJB/Z 106A—2005. 工艺标准化大纲编制指南. 2005.
[127] GJB/Z 108A—2006. 电子设备非工作状态可靠性预计手册. 2006.
[128] GJB/Z 113—1998. 标准化评审. 1998.
[129] GJB/Z 114A—2005. 产品标准化大纲编制指南. 2005.
[130] GJB/Z 131—2002. 军事装备和设施的人机工程设计手册. 2002.
[131] GJB/Z 134—2002. 人机工程实施程序指南. 2002.
[132] GJB/Z 142—2004. 军用软件安全性分析指南. 2004.
[133] GJB/Z 147—2006. 装备综合保障评审指南. 2006.
[134] GJB/Z 151—2007. 装备保障方案和保障计划编制指南. 2007.
[135] GJB/Z 299C—2006. 电子设备可靠性预计手册. 2006.
[136] GJB/Z 457—2006. 机载电子设备通用指南. 2006.
[137] GJB/Z 768A—1998. 故障树分析指南. 1998.
[138] GJB/Z 1391—2006. 故障模式、影响及危害性分析指南. 2006.
[139] GJB/Z 20221—1994. 武器装备论证通用规范. 1994.
[140] GJB/Z 20517—1998. 武器装备寿命周期费用估算. 1998.
[141] 《军工产品质量管理条例》,国务院、中央军委批准,国防科工委颁发,〔1987〕第 699 号.
[142] 《武器装备研制合同暂行办法》,国务院、中央军委〔1987〕7 号.
[143] 《武器装备研制的标准化工作规定》,国防科工委,1990.
[144] 《武器装备研制合同暂行办法实施细则》,总参谋部、国防科工委、国家计委〔1995〕技综字第 2439 号.
[145] 《常规武器装备研制程序》,总参谋部、国防科工委、国家计委、财政部〔1995〕技综字第 2709 号.
[146] 《中国人民解放军装备条例》,中央军委〔2000〕军字第 96 号.
[147] 《中国人民解放军装备采购条例》,中央军委〔2002〕军字第 5 号.
[148] 《中国人民解放军装备科研条例》,中央军委〔2004〕军字第 4 号.
[149] 《武器装备研制生产标准化工作规定》,国防科工委,2004.
[150] 《军工产品定型工作规定》,国务院、中央军委〔2005〕32 号文.
[151] 《军用软件质量管理规定》,〔2005〕装字第 4 号.

[152] 《军用软件产品定型管理办法》,国务院、中央军委军工产品定型委员会〔2005〕军定字第62号.
[153] 《国防科研试制费管理规定》,财政部、总装备部〔2006〕132号文.
[154] 龚庆祥,赵宇,顾长鸿. 型号可靠性工程手册. 北京:国防工业出版社,2007.
[155] 阮镰,陆民燕,韩峰岩. 装备软件质量和可靠性管理. 北京:国防工业出版社,2006.
[156] 祝耀昌. 产品环境工程概论. 北京:航空工业出版社,2003.
[157] 秦英孝,关祥武,严勇,等. 军事代表科技写作概论. 北京:国防工业出版社,2004.
[158] 赵生禄,张林,张五一,等. 军事代表业务技术工作概论. 北京:国防工业出版社,2008.
[159] [美]国防系统管理学院编. 系统工程管理指南. 周宏佐,曹纯,陆镛,等译. 北京:国防工业出版社,1991.